Eine solare Welt

Frank H. Asbeck

Eine solare Welt

Der SolarWorld-Chef über die Zukunft
unserer Energieversorgung

Kiepenheuer & Witsch

Mitarbeit: Enrik Lauer, Berlin; Heribert Brinkmann und
Natascha Plankermann, Düsseldorf; Georg Gansen, Bonn

FSC

Mix

Produktgruppe aus vorbildlich
bewirtschafteten Wäldern und
anderen kontrollierten Herkünften

Zert.-Nr. SGS-COC-1940
www.fsc.org
© 1996 Forest Stewardship Council

Verlag Kiepenheuer & Witsch, FSC-DEU-0096

3. Auflage 2010

© 2009 by Verlag Kiepenheuer & Witsch GmbH & Co. KG, Köln
Umschlaggestaltung: Rudolf Linn, Köln
Umschlagmotiv: © SolarWorld AG, Bonn
Autorenfoto: © SolarWorld AG, Bonn
Gesetzt aus der Frutiger und der Sabon
Satz: Buch-Werkstatt, Bad Aibling
Druck und Bindung: GGP Media GmbH, Pößneck
ISBN 978-3-462-04080-7

Inhalt

Für eine solare Welt

Das Himmelslicht der Jäger, der Sammler und der Nomaden ist der Mond.

Jäger folgen dem Wild, Nomaden ihren Herden. Zwar ziehen Beute und Vieh auf der Suche nach Nahrung entsprechend den Jahreszeiten oder den Regen- und Trockenperioden umher. Doch an der Wiege der Menschheit, in den Savannen Ostafrikas, sind die saisonalen Unterschiede von Wetter und Tageslänge wenig dramatisch, ihre exakte Vorhersage daher kaum von existenzieller Bedeutung. Lässt sich der Lauf der Sonne nicht ohne präzise astronomische Beobachtungen und ohne exakte Berechnungen bestimmen, so ist der Wechsel der Mondphasen dagegen von eher schlichter Anschaulichkeit. Im Schnitt liegen 29,5 Tage zwischen zwei Vollmondnächten. Dieser Zyklus entspricht in etwa dem weiblichen Monatszyklus. Daher ist der Kult des Mondes, meist in Gestalt weiblicher Gottheiten, eine der ältesten Formen menschlicher Religiosität. Und der fahle, zu- und abnehmende Schein unseres Erdtrabanten ordnete für Zehntausende von Jahren die Zeit der Menschen nach Monaten.

Die Sonne dagegen bestimmt den Jahreslauf des Bauern.

Wer von den anfänglich höchst kargen Früchten des Bodens und seiner Arbeit leben muss, für den wird die genaue Bestimmung der Jahreszeiten und damit die Festlegung der Termine von Aussaat und Ernte zur Existenzfrage. Das galt zumal für die ältesten agrarischen Hochkulturen der Menschheit: jene im Zweistromland von Euphrat und Tigris sowie entlang des Nils. Ihre gesamte Existenz hing von der korrekten Vorausberechnung der jährlichen Schwemmen ab, die die Felder bewässerten und mit fruchtbarem Schlamm düngten. Das Hochwasser in den Flussniederungen verdankte sich den Niederschlägen in den fernen Hochgebirgen der heutigen Türkei und des heutigen Äthiopien. Und die hingen, wie das Wetter im Allgemeinen, vom Lauf der Sonne ab. Folglich steht die Verehrung der Sonne, meist in Form männlicher Gottheiten, im Zentrum aller Kulturen sesshafter Ackerbauern. Ihr Lauf ordnet seit Beginn der sogenannten Neolithischen Revolution vor etwa 10 000 Jahren die Zeit der Menschen vorwiegend nach Jahren.

Der Wechsel vom Mond- zum Sonnenkalender war eine der größten Triebkräfte des Forschergeistes, die es je gegeben hat. Denn den Sonnenlauf vorauszuberechnen und ihn mit dem erheblich abweichenden Mondzyklus zu vereinbaren, das verlangte erstmals in der Geschichte der Menschheit exakte Wissenschaft anstelle überlieferter Erfahrung. Der Ackerbau steht deshalb an der Wiege der Astronomie und der Mathematik. Wie sich überhaupt mit der Sesshaftigkeit des Menschen nahezu alles veränderte. Sie war, um den Titel eines Buches von Friedrich Engels zu zitieren, »der Ursprung der Familie« (genauer: der patriarchalischen Familie), »des Privateigentums und des Staates«. Und sie war der Ursprung zweier bedeutender kultureller Innovationen, ohne die seitdem kein gesellschaftliches Leben mehr denkbar scheint: zunächst der Schrift, später des Geldes.

Doch sosehr auch die Erde von der Sonne und ihrer unendlichen Energie abhängt, sosehr unser Leben, seit wir sesshaft wurden und Landwirtschaft betreiben, sich dem Lauf der Sonne unterwirft, sowenig konnten wir bisher unseren Energiebedarf unmittelbar aus der Kraft der Sonne decken. Ohne Ausnahme mussten wir den Umweg über andere Energieträger nehmen. Wohl ist alle Energie auf der Erde letztlich umgewandelte Sonnenenergie. Aber deren unerschöpfliche Kraft unmittelbar anzuzapfen, das beherrschen wir im Prinzip erst seit gut fünfzig Jahren – obwohl unser Energiebedarf über die Jahrhunderte dramatisch gestiegen ist.

Um unseren eigenen Organismus am Leben zu erhalten, um uns selbst zu bewegen und um zu arbeiten – das heißt: um andere Dinge zu bewegen –, müssen wir Energieträger verbrennen. Wir ernähren uns dazu entweder direkt von Pflanzen oder von Pflanzenfressern. Denn nur Pflanzen können bekanntlich eben dies: sich direkt mithilfe der Sonne ernähren, indem sie durch Photosynthese Kohlendioxid und Lichtenergie in chemische Energie umsetzen.

Wenn Arbeit die längste Zeit der Menschheitsgeschichte ganz überwiegend Muskelarbeit bedeutete, bedeutete Energiegewinnung eben überwiegend Nahrungsverwertung, ganz gleich ob wir selbst chemische Energie aus pflanzlicher oder fleischlicher Kost gewannen oder ob wir tierische Muskelkraft für unsere Zwecke einsetzten.

Nun ist der körpereigene Energiebedarf des Menschen relativ konstant. Weil wir Wohlstandsbürger uns immer weniger körperlich betätigen, hat er im Laufe der jüngeren Zivilisationsgeschichte sogar abgenommen. Der tägliche Grundumsatz einer Frau von durchschnittlicher Größe und Gewicht liegt bei 1500, der eines Mannes bei 1700 Kilokalorien. Dabei werden 70 bis 80 Prozent der umgesetzten Energie in Form von Wärme abgegeben. So entspricht die »Heizleistung« eines Menschen im Ruhezustand in etwa derjenigen einer traditionellen 60-Watt-Birne. Die beleuchtet nämlich nur mit fünf Prozent der eingesetzten Energie das Zimmer, während sie es mit den übrigen 95 Prozent beheizt.

Bei leichter Tätigkeit verbraucht ein Mensch weitere 700 Kilokalorien, bei mittelschwerer körperlicher Arbeit 2400 und bei Schwerstarbeit bis zu 5000 Kilokalorien. Dabei scheint die Energieeffizienz des Menschen, sprich der Wirkungsgrad der eingesetzten Nahrungsenergie in Bezug auf das eigentliche Ziel – die nutzbare Arbeitsenergie – eher bescheiden zu sein: Denn nur ein Fünftel der aufgenommenen Nahrung stecken wir in das Verdienen unseres Brotes. Vier Fünftel sind bloße Abwärme, die wir durch Schwitzen herunterkühlen müssen.

Seit wir im Schweiße unseres Angesichts unser Brot verdienen, müssen wir allerdings nicht nur selbst essen. Wir müssen zunächst auch unsere Nutztiere füttern, die deshalb nicht nur Nahrungslieferanten, sondern auch Nahrungskonkurrenten sind. Vor allem aber benötigen wir Energie, um die immer zahlreicheren Apparate und Prozesse anzutreiben, mit denen wir im Laufe der Geschichte Muskelkraft ersetzt haben. Produktion, Verarbeitung, Transport, Verwaltung, Konsum, ja selbst die Entsorgung der Reste unseres stofflichen Verbrauchs – all das benötigt Energie. Selbst wenn wir nicht arbeiten, sind wir nur selten untätig. Im Gegenteil: Die Freizeit ist heute einer der größten Energiefresser. Ob wir verreisen, ob wir ins Kino, ins Konzert oder ins Theater, ins Fitnessstudio oder in ein Restaurant gehen, ob wir shoppen, fernsehen oder in unserer gut geheizten Wohnung Löcher in die Luft gucken – ausnahmslos verbrauchen wir dabei Strom und Brennstoffe.

Mit einem Wort: Was wächst, ist unser zivilisatorischer Energiebedarf. Seit wir unsere Lebensmittel nicht mehr jagen und sammeln, sondern herstellen, rauchen sozusagen unsere über die Jahrhunderte immer höher in den Himmel wachsenden Schlote immer stärker. Die erschreckend simple Formel seit Anbeginn der Zivilisation lautet: mehr Wohlstand gleich mehr Verbrennung. Verbrennung von mehr Nahrung, mehr Muskelkraft, mehr Biomasse – und schließlich Verbrennung von fossilen Energieträgern.

KLEINE GESCHICHTE UNSERER ENERGIEBILANZ

Vor etwa einer halben Million Jahren machten sich unsere Vorfahren zum ersten Mal das Feuer zunutze. Erst, um sich zu wärmen oder um wilde Tiere und Feinde zu vertreiben, dann auch zum Kochen. Der Energieverbrauch eines Menschen vor der Nutzung des Feuers betrug in etwa 10 000 Kilojoule bzw. 2400 Kilokalorien pro Tag. Das entspricht 2,8 Kilowattstunden. Mit der Entdeckung des Feuers verdoppelte er sich dann ungefähr. Allerdings auf eine Menge, die gerade einmal zwei Prozent des heutigen Verbrauchs eines durchschnittlichen US-Bürgers beträgt. Jäger und Sammler nutzten damit lediglich die drei- bis sechsfache Menge ihres täglichen Grundumsatzes. Neben der Nahrung selbst stammte auch alle übrige Energie ausschließlich aus Biomasse, sprich: aus der Verbrennung von Holz. Um einen Menschen zu ernähren, benötigten altsteinzeitliche Kulturen zwischen 40 und 4000, unter besonders ungünstigen Bedingungen auch schon mal 10 000 Hektar Fläche. Gleichwohl lag der Energiequotient eines Menschen – das ist das Verhältnis von eingesetzter zu gewonnener Energie – damals noch relativ niedrig, nämlich je nach klimatischen Bedingungen zwischen 1,25 und 3,3.

Der tägliche Energieverbrauch unserer frühen Vorfahren entspricht dem einer 100-Watt-Birne in zwei Tagen, dem eines Kühlschranks in etwa zwei Wochen. Wir erreichen heute den Energieverbrauch eines Steinzeitmenschen allein mit unserem privaten Stromverbrauch. Der beträgt nämlich in Deutschland rund 4,5 Kilowattstunden pro Tag und Einwohner. Wohlgemerkt: für 82 Millionen Einwohner. In der Steinzeit bevölkerten gerade einmal fünf bis zehn Millionen Menschen die gesamte Erde.

Im Vergleich zur Frühzeit ist bereits der Energieverbrauch von Agrargesellschaften ziemlich beeindruckend. Denn dort nutzt jeder Mensch pro Tag schon das 18- bis 24-Fache seines eigenen Grundumsatzes, also zwischen 31 und gut 46 Kilowattstunden. Das entspricht dem Brennwert von drei bis viereinhalb Litern Heizöl. Um 1000 Liter Wasser, also je nach Fassungsvermögen fünf bis sieben Badewannen, von 10 auf 37 Grad zu erwärmen, werden rund 30 Kilowattstunden Heizenergie benötigt. Die gleiche Menge an Strom verbraucht übrigens auch eine herkömmliche Lichterkette während der Weihnachtszeit. Während ein älteres Durchschnittshaus heute pro Quadratmeter und Jahr zwischen 150 und 250 Kilowattstunden verbraucht, sind 30 Kilowattstunden die Zielmarke für ein Niedrigenergiehaus.

Agrargesellschaften sind – energetisch betrachtet – nicht mehr zwingend nachhaltig. Die Arbeitsteilung in der Gesellschaft nimmt zu, ebenso die relativ energieintensive Viehhaltung. Die Menschen bauen, ihre Siedlungen wachsen mit merklicher Geschwindigkeit, ihre Gebäude werden ebenso größer und vielfältiger wie ihre Produktion, in kühleren Breiten heizen sie – und sie fangen an, sich professionell zu bekriegen.

Schon in der Antike beginnt deshalb der Raubbau an der Natur. Einen Quadratkilometer Wald kann eine recht kleine Gruppe von Männern mit passablen Äxten und Sägen innerhalb weniger Wochen abholzen. Um nachzuwachsen, braucht es dann fünfzig bis achtzig Jahre – ein Menschenalter. Folglich begleiten Holzmangel, Kahlschlag, Verkarstung und Versteppung die Menschheit beinahe seit Beginn der Zivilisation. Nicht so sehr zum Verfeuern, sondern für zweifelhafte gesellschaftliche Errungenschaften wie den Bau von Kriegsflotten haben schon Griechen und Römer fast die gesamte ägäische Inselwelt entwaldet.

Aufgrund verbesserter Versorgung nimmt die Bevölkerung langsam, aber stetig zu. Durch neue, im Lauf der Geschichte verbesserte Techniken, vor allem Pflug und Joch, wird die Landwirtschaft produktiver. Ein Ochse zum Beispiel leistet mit 300 Watt energetisch die Arbeit von vier Menschen. Während man allein mit der Hacke für die Bearbeitung eines Hektars rund 200 Arbeitsstunden braucht, pflügt der Ochse vor seinem Holzpflug dieselbe Fläche in 13 Stunden. Allerdings sinkt im Gegenzug durch den Futterbedarf des Tieres die gesamte Energieausbeute des Prozesses um rund ein Drittel. Doch schon in den frühen Agrarkulturen Mesopotamiens, Ägyptens oder Chinas konnte ein Hektar kultivierten Landes einen Menschen ernähren – vorausgesetzt, die Nutztiere kamen mit den Abfällen der Nahrungsproduktion aus oder wurden auf weniger ergiebigen Flächen gehalten.

Energieeffizienz kontra Arbeitsproduktivität

In der langen Geschichte der Agrargesellschaft fällt ein nur auf den ersten Blick paradoxes Phänomen auf: Arbeits- und Ergebnisproduktivität auf der einen und Energieeffizienz auf der anderen Seite entwickeln sich gegenläufig. Der britische Wissenschaftsjournalist und Umweltaktivist Gerald Leach hat schon 1976 in seinem Buch »Energy and Food Production« detailliert nachgewiesen, wie dramatisch energieintensive Formen der Landwirtschaft, bezogen auf die erwirtschaftete Nahrungsenergie, ins Minus fallen können. Einfache Formen von Subsistenzwirtschaft bringen es auf Energiequotienten von 15. In tropischen Breiten sind bei ›primitivem‹ Wanderfeldbau auch Werte von bis zu 65 möglich. Unter anderem verglich Leach damals die Energieausbeute beim Maisanbau in Mexiko, Guatemala, Nigeria, auf den Philippinen und in den USA. Dabei kam er auf Energiequotienten zwischen 30,6 und 2,6. Je höher industrialisiert die Landwirtschaft, so Leachs Fazit, desto schlechter ist das Verhältnis von aufgewendeter zu gewonnener Energie.

Die Erklärung dafür liegt einigermaßen auf der Hand. Selbst wenn ein Mensch nur ein Fünftel der über die Nahrung aufgenommenen chemischen Energie in mechanische Energie, also Bewegung oder Arbeit, umwandeln kann: Wärme und Reibung, also thermische Energien, entstehen bei *jeder* Form der Energieumwandlung. Anders gesagt: Es gibt keinen Wirkungsgrad von 100 Prozent. Das wäre das Perpetuum Mobile, die sich unendlich selbst bewegende Maschine.

Einige Beispiele: Die Photosynthese etwa hat einen Wirkungsgrad von bis zu 35 Prozent im roten Lichtspektrum, etwas mehr als ein Otto-Motor. Will man sich an einem Lagerfeuer bloß wärmen, liegt sein Wirkungsgrad bei über 80 Prozent. Als Kochstelle erhitzt es allerdings nur noch zu 15 Prozent den Topf. Ein moderner Gasherd ist die erste Wahl jedes professionellen oder auch nur passionierten Kochs. Ich falle in die zweite Kategorie. Deshalb ist ein großer Gasherd der letzte Verbraucher fossiler Energie in unserem Haus. Sein Wirkungsgrad liegt bei 40 Prozent. Ein Kohlekraftwerk bringt es auf einen Wirkungsgrad von 25 bis 50. Moderne Turbinen für sich betrachtet besitzen sogar einen Wirkungsgrad von über 95 Prozent. Rechnet man allerdings Gas- und Wasserflüsse, weitere Umformungs- sowie Leitungsverluste hinzu, fällt der Wirkungsgrad, bis am Ende Strom aus der Steckdose kommt, auf unter 30 Prozent.

Da der niedrige Wirkungsgrad von Solarmodulen immer gern als Argument gegen diese Technologie angeführt wird, an dieser Stelle vorab nur so viel: Die Energieausbeute eines Photovoltaik-Moduls liegt heute je nach Technik in der Tat ›nur‹ zwischen 6 Prozent bei Dünnschichtmodulen und 18,5 Prozent bei solchen aus monokristallinem Silizium. Da die Sonne aber umsonst scheint, hat das höchstens Auswirkungen auf den Flächenbedarf einer Anlage. Außerdem muss der Strom nicht verlustträchtig über zentrale Netze verteilt werden. Vor allem aber: Der ›Brennstoff‹ steht in einem nachgerade gigantischen Übermaß zur Verfügung. Denn die Sonne strahlt etwa das Zehntausendfache unseres heutigen weltweiten Energiebedarfs auf die Erde ab. Außerdem werden durch die technische Entwicklung in der Photovoltaik künftig Wirkungsgrade von bis zu 40 Prozent möglich sein. Später mehr dazu.

Klar ist: Je vielstufiger Prozesse der Energieumwandlung, mithin auch der Produktion, der Veredlung oder der Verteilung von Lebensmitteln und anderen Gütern sind, desto häufiger werden große Teile der eingesetzten Energie als Wärme an die Umwelt abgegeben. Deshalb können durch Erfindung und Verbesserung von Geräten, Maschinen und Prozessen zwar meist weniger Menschen mehr leisten. Energieeffizienter wird es dadurch aber selten. Deshalb sollte neben jede rein wirtschaftliche Kosten-Nutzen-Rechnung immer auch eine Energiebilanz gestellt werden. Und deren Leitfrage muss stets lauten: Können wir ein annähernd gleiches Ergebnis auch mit weniger Energieeinsatz erreichen?

So kann zum Beispiel ein Bauer mithilfe eines Traktors wohl das 50- bis 100-Fache an Fläche bearbeiten, was er zuvor mithilfe von Zugtieren beackern konnte. Doch weil der Trecker hoch verdichtete Energie in Form von Treibstoff verbraucht und weil die enorme Reduktion der Arbeitsintensität nur deshalb nicht zulasten des Ertrags geht, weil zusätzlich energieintensive chemische Düngemittel zum Einsatz kommen, erreicht man in der industrialisierten Landwirtschaft unserer Tage durchgängig nur Energiequotienten zwischen 1 und 3. Damit sind wir, wohlgemerkt was die *Energiebilanz* unserer Nahrungsgewinnung anbetrifft, wieder auf dem Level steinzeitlicher Jäger und Sammler angelangt. Nur weil Menge, Vielfalt und Qualität der Nahrungsmittel zunehmen und weil sie für mehr Menschen zu niedrigeren Preisen verfügbar sind, kann das innerhalb gewisser Grenzen als akzeptabel gelten.

Sicher haben Sie schon einmal gelesen oder gehört, dass in einer Kalorie Fleisch bis zu 20 Kalorien eingesetzter Energie stecken. Tierische Nahrungsmittel sind damit unter dem Gesichtspunkt ihrer Energiebilanz eigentlich Verschwendung. Mit mancher Rohkost allerdings kann man es energetisch noch toller treiben. Ein knackiger Salat im trüben Winter ist sicher lecker und gesund. Doch leider kommt er aus dem Gewächshaus. Und in ihm stecken deshalb pro gewonnener Kalorie Nahrungsenergie 500 Kalorien eingesetzter Energie. Der Energiequotient unseres Wintersalates: traurige 0,002! Damit ist er nicht mehr Grundnahrungsmittel, sondern ein geradezu absurd luxuriöses Genussmittel.

Vom Holzmangel zur Dampfmaschine

Vor der Erfindung von Dampfmaschine, Verbrennungsmotor und Elektrizität nutzte die Menschheit fast ausschließlich regenerative Energien. Einzige, allerdings recht begrenzte Ausnahme: die Kohle. Vereinzelt betrieben schon die Römer den

Abbau oberflächennaher Vorkommen und verwendeten Kohle in Schmieden und Gießereien sowie als Heizmaterial. Das erste schriftliche Zeugnis für Steinkohleabbau in England datiert von 833, ab dem frühen 12. Jahrhundert ist Kohleförderung im Aachener Raum, 1195 in der Nähe von Lüttich und 1298 im heutigen Ruhrgebiet urkundlich belegt. Meist war Holzmangel die Triebkraft der »Kohlegräberei« in einfachen, zunächst offenen Gruben. Bereits Mitte des 14. Jahrhunderts drang man aber schon in Tiefen um 120 Meter vor, hundert Jahre später bis zu 200 Meter.

Über die frühen Fördermengen lassen sich, allein schon wegen fehlender einheitlicher Maßeinheiten, kaum präzise, oft nur lokale Angaben machen. So verschiffte etwa der im Mittelalter wichtigste englische Kohlehafen, Newcastle, im Jahre 1378 rund 15 000 Tonnen Kohle, das meiste davon nach London. Eine 1356 vergebene, bedeutende Förderlizenz für fünf Minen im Bistum Durham beschränkte die Ausbeutung pro Grube auf 20 Tonnen täglich. Und im Gebiet des heutigen Saarlands förderten noch im Jahre 1790 rund 150 Bergleute in 45 Stollen gerade einmal 50 000 Tonnen Kohle – das leistet ein heutiges Bergwerk in wenigen Tagen.

Auf der anderen Seite erreichten auch Wind- und Wasserkraft erst im Hochmittelalter eine nennenswerte Verbreitung. Bis zur Erfindung der Dampfmaschine blieben Wind- und Wassermühlen aber die einzigen Maschinen, die nicht mit menschlicher oder tierischer Muskelkraft angetrieben wurden. Im Falle der Windmühle kam man erst gegen Ende des 12. Jahrhunderts auf die an sich naheliegende Idee, die gesamte Mühle auf einen Bock zu setzen, auf dem sie von Hand in den Wind gedreht wurde. Weit später, Ende des 16. Jahrhunderts, erfanden die Holländer die klassische Windmühle, bei der sich nur die Turmhaube dreht. Das machte es möglich, mittels eines Orientierungsmechanismus die Mühle selbsttätig im Wind zu halten. Weit früher, in Persien und China, hatte man das Problem des Windwechsels sozusagen andersherum gelöst: Dortige Mühlen arbeiteten mit Segeln auf einer vertikalen statt einer horizontalen Achse.

Vorläufer der Wassermühle waren um 1200 v. Chr. in Mesopotamien als Schöpfräder zur Bewässerung entstanden. Erst die Römer nutzten Wassermühlen auch als Mahlwerke. Weitere Verbreitung fanden sie in Europa allerdings erst im 9., verstärkt im 12. Jahrhundert. Und anders als die Windmühlen wurden sie in größerer Zahl auch für andere Zwecke als das Mahlen von Mehl eingesetzt, etwa als Öl- oder Walkmühlen, als Sägemühlen oder als Hammerwerke, schließlich für den Antrieb von Pumpen zur Entwässerung von Bergwerken und Salinen.

Während damit die Weiterverarbeitung von Getreide und anderen Rohstoffen einen spürbaren Produktivitätssprung machte, blieb das Fortschrittspotenzial in der agrarischen Grundproduktion im Wesentlichen auf zwei Punkte beschränkt: einerseits eine intelligentere, andererseits eine extensivere Flächennutzung. Seit dem 9. Jahrhundert verbreitete sich in Europa die Dreifelderwirtschaft mit Sommer- und Winteranbau sowie Brache. Zwischen dem 11. und dem 13. Jahrhundert verdreifachte sich die Bevölkerung, und die Ackerflächen wurden um etwa 50 Prozent ausgedehnt.

Darüber hinaus stieg die Arbeitsproduktivität durch zwei Technologiesprünge: Durch die Erfindung des Kummets – des gepolsterten Rings, der Zugtieren um den Hals gelegt wird – und des Beschlages mit Hufeisen wurde die Zugleistung von Pferden, die deutlich schneller und länger als Ochsen arbeiten, um den Faktor 5 gesteigert. Erst dadurch konnten sie überhaupt sinnvoll als Arbeitstiere eingesetzt werden.

Die Ausweitung der zum Getreideanbau genutzten Fläche ging jedoch sowohl auf Kosten des Weidelandes, also der Viehhaltung, als auch auf Kosten der Waldflächen. Das bescherte, neben ständigen wetter- oder schädlingsbedingten Missernten sowie häufigen Seuchen, der Agrargesellschaft des Mittelalters ihr strukturelles Dauerproblem: Holzmangel. Der einzige nachwachsende Brenn- und Baustoff wurde, vor allem im Zuge der Entwicklung der Städte, schließlich so knapp, dass dies das alles entscheidende Hindernis der wirtschaftlichen und gesellschaftlichen Entwicklung bildete.

Der Energieverbrauch einer vorindustriellen Stadt kann, je nach Klima und abhängig von den in der Stadt betriebenen Gewerken, auf 10 bis 30 Kilowattstunden pro Quadratmeter bebaute Fläche geschätzt werden. Um ohne Raubbau ihren Bedarf an Nutz- und Bauholz zu decken, benötigte eine solche Stadt an umliegendem Wald daher mindestens das 50- bis 150-Fache ihrer eigenen Fläche. Weil so viel Forst bei gleichzeitiger expansiver Landwirtschaft nicht überall zur Verfügung stand, kam es immer wieder zu Engpässen in der Holzversorgung. Anders gesagt: Der relativ schnell wachsende Holzbedarf überschritt meist die Mengen, die eine nachhaltige Nutzung der Wälder damals hergegeben hätte.

Die Zunahme der Eisenverhüttung in der frühen Neuzeit tat ihr Übriges. Man nimmt an, dass die gesamte europäische Eisenproduktion gegen Ende des 15. Jahrhunderts etwa 40 000 Tonnen pro Jahr betrug. 1525 wurden dann bereits rund 100 000 Tonnen jährlich verhüttet, allein in Deutschland fast 30 000. Ein einzelnes Gebiet wie jenes um den Steirischen Erzberg, damals eine der größten Förderstätten für Eisenerz in Europa, produzierte 4000 bis 5000 Tonnen Eisen im Jahr 1480, Mitte des 16. Jahrhunderts bereits die dreifache Menge.

Um 50 Kilogramm Eisen herzustellen, benötigte man damals 25 Festmeter Holz. Bei *nachhaltiger* Nutzung entspräche das heute dem Jahresertrag von drei bis fünf Hektar Wald, in den damaligen Urwäldern eher von fünf bis zehn Hektar. Eine Gruppe Köhler konnte aber auch 100 Hektar Wald in sechs Wochen komplett umlegen, um daraus Holzkohle zu gewinnen.

Im heutigen Wirtschaftswald beträgt der *gesamte* Holzvorrat pro Hektar im Schnitt 240 Festmeter. In nicht industriell bewirtschafteten Urwäldern sind es eher um die 100. Der

Kahlschlag eines Quadratkilometers Wald lieferte also damals Holzkohle für die Verhüttung von gerade einmal 20 Tonnen Eisen. Für eine Jahresproduktion mussten demnach bereits im 15. Jahrhundert gut 2000 Quadratkilometer europäischen Waldes gefällt werden. Das entspricht in etwa der zweieinhalbfachen Fläche Berlins.

Die fehlende Nachhaltigkeit der mittelalterlichen Waldnutzung kritisierte übrigens schon Anfang des 18. Jahrhunderts der Oberberghauptmann am kursächsischen Hof, der in Freiberg wirkende Hans Carl von Carlowitz, der in seiner *Sylvicultura oeconomica, oder haußwirthliche Nachricht und Naturmäßige Anweisung zur wilden Baum-Zucht* schrieb: »Wird derhalben die größte Kunst/Wissenschaft/Fleiß und Einrichtung hiesiger Lande darinnen beruhen/wie eine sothane Conservation und Anbau des Holtzes anzustellen/daß es eine continuierliche beständige und nachhaltende Nutzung gebe ...« Nach diesem frühen Ökologen wurde ein Preis benannt, den die Technische Universität/Bergakademie Freiberg seit 2003 für herausragende Leistungen im Bereich der Umweltforschung vergibt.

In England waren Versorgungsengpässe bei Holz ab dem 13. Jahrhundert, auf dem Kontinent ab dem 15. Jahrhundert an der Tagesordnung. Und da die Wälder als Erstes in England übernutzt wurden, nahm dort auch ein Projekt seinen Ausgang, das die gesamte Energiebasis der europäischen Zivilisation auf eine neue Grundlage stellen sollte: der planmäßige Abbau und die systematische Nutzung des »unterirdischen Waldes« – der Kohle. Industrialisierung, das war sozusagen Holzmangel plus Montanindustrie.

Strukturelle Knappheiten stehen meist an der Wiege technologischer und ökonomischer Umbrüche. Aufgrund des Holzmangels wurde der Kohlebergbau immer weiter vorangetrieben. Dann stieß er an technologische Grenzen. Je tiefer man grub, umso mehr wurde Muskelkraft zum limitierenden Faktor der Förderung. Ebenso konnte man das Problem der Entwässerung der Gruben mit herkömmlichen, von Hand oder mit Wind- und Wasserkraft betriebenen Pumpen irgendwann nicht mehr lösen. Und schließlich begrenzten die Transportkapazitäten den montanen Fortschritt. Alles schrie also gleichsam nach einer Maschine, die Kohlegruben entwässert, Kohle hebt, Kohle transportiert – und am besten gleich auch noch mit Kohle betrieben werden kann.

Das kurze fossile Zeitalter

Die erste verwendbare Dampfmaschine wurde 1712 von einem Engländer namens Thomas Newcomen gebaut und diente zum Abpumpen des Wassers in einem Bergwerk in Staffordshire. Ihr Wirkungsgrad war mit 0,5 Prozent ziemlich bescheiden. Aber ein entscheidendes Problem war gelöst. Aufbauend auf Newcomens Erfindung verbesserten James Watt 1769 mit der Niederdruck-Dampfmaschine sowie um die Jahrhundertwende Richard Trevithick mit der Hochdruck-Dampfmaschine das Prinzip. Trevithick konstruierte 1804 auch die erste Lokomotive, die sich allerdings noch nicht durchsetzen konnte, da die damaligen gusseisernen Schienen nur für das Gewicht von Pferdewagen ausgelegt waren. Die erste Bergwerkslokomotive kam zehn Jahre später zum Einsatz. Und die erste öffentliche Bahnstrecke wurde 1825 zwischen Stockton und Darlington, zwei Bergbaustädtchen in Yorkshire, eröffnet. Vorher war bereits 1786 die erste dampfgetriebene Dreschmaschine in Betrieb gegangen, ein Jahr zuvor der erste mechanische Webstuhl. Nach gut 100 Jahren war die Welt nicht mehr dieselbe.

Bergbau und Dampfmaschine wurden zur Kernzelle der industriellen Revolution, die vor allem eine Revolution wirtschaftlicher und gesellschaftlicher Energieflüsse war. Es ist relativ egal, welche Entwicklungskurve man über die letzten 150 bis 200 Jahre betrachtet. Ob Wirtschafts- oder globales Bevölkerungswachstum, Nahrungsproduktion, Warenumschlag oder Geldverkehr, Energieverbrauch oder Transportkilometer – stets haben wir es mit ähnlichen, exponenziell verlaufenden Kurven zu tun. Reale Entwicklungen, die solchen Verläufen folgen, müssen irgendwann abbrechen – Unendlichkeit ist auf Erden nun mal keine Option. Schon gar nicht, wenn das exponenzielle Wachstum ganz offensichtlich an einer einzigen, endlichen Ressource hängt: fossilen Energieträgern.

Vor 345 Millionen Jahren begann das Erdzeitalter des Karbon, eine Periode sehr warmen und feuchten Klimas mit üppigster Vegetation. Es dauerte 65 Millionen Jahre, in denen durch organische Zersetzung gigantische Vorräte an Torf gebildet wurden. Aus diesen wurde durch Sedimentablagerung und Druck zuerst Braun- und dann Steinkohle. Im Tertiär, vor 65 bis 2,5 Millionen Jahren, entstanden dann die heutigen Braunkohlelagerstätten.

Selbst wenn wir das unbedeutende Geschaufel der Römer mitrechnen: Die Menschheit nutzt diese Tresore aus über Jahrmillionen umgewandelter Sonnenenergie seit nicht einmal 2000 Jahren. Halbwegs systematischen Steinkohlebergbau betreiben wir, großzügig gerechnet, seit etwa 800 Jahren, eine industrielle Förderung seit gerade einmal 200 Jahren. Die ersten großtechnischen Ölbohrungen fanden in Deutschland und den USA in den fünfziger Jahren des 19. Jahrhunderts statt. Das erste saudische Erdöl wurde 1938 von Standard Oil gefördert.

Über das gesamte Industriezeitalter, also von etwa 1860 bis heute, hat sich durch die Nutzung fossiler Ressourcen der Weltenergieverbrauch mehr als verzwanzigfacht. Allein zwischen 1949 und 1972, dem Jahr, in dem die Studie des Club of Rome über die »Grenzen des Wachstums« erschien, verdreifachte er sich. Und zwischen 1980 und heute hat er sich noch einmal fast verdoppelt. Der durchschnittliche Bürger heutiger Industriegesellschaften verbraucht das 70- bis 80-Fache seines eigenen Grundumsatzes, zwischen 120 und 160 Kilowattstunden pro Tag. Das entspricht dem jährlichen Stromverbrauch eines Fernsehers oder einer Waschmaschine der Effizienzklasse A. Die Menschheit als Ganzes verbrennt pro Jahr in etwa so viel fossile Energieträger, wie die Natur sie in einer Million Jahren gebildet hat.

Verglichen mit den Zeiträumen, über die unsere Kohle-, Öl- und Gasvorräte entstanden sind (und in denen entsprechende Mengen von Kohlenstoffverbindungen in der Erdkruste gebunden wurden), ist das Zeitalter ihrer zügellosen Verbrennung ein Wimpernschlag. Als es richtig begann, gründete mein Ururgroßvater Carl Theodor Asbeck die Vorläuferfirma der Stahlwerke Südwestfalen: 1853. Und spätestens meine Enkel werden das definitive Ende dieses Zeitalters erleben. Selbst der größte – und einsame – Optimist unter den Prognostikern zur Reichweite unserer Ölvorräte, Aramco-Chef Abdullah Jumah, ist überzeugt, bei heutigem Verbrauch reichten sie nur noch für gut hundert Jahre. Weniger zweckoptimistische Schätzungen gehen von vierzig oder gar nur 27 Jahren aus.

Entgegen gerne verbreiteten Szenarien wird es wohl auch mit der Kohle schneller vorbei sein, als viele heute glauben. 2004 korrigierte etwa die Bundesanstalt für Geowissenschaften ihre Schätzungen der deutschen Steinkohlereserven um 99 Prozent nach unten. Der globale »Peak coal«, das Fördermaximum bei Kohle, könnte, so 2007 die unabhängige deutsche Energy Watch Group, durchaus schon im Jahre 2025 erreicht sein. Und selbst wenn auch hier die allergrößten Optimisten recht behielten, wäre um 2200 Schicht im letzten Schacht.

Dann hätten 12 Menschheitsgenerationen in 400 Jahren die Ergebnisse von 400 Millionen Jahren geologisch-chemischer Aktivität abgefackelt. Inzwischen haben wir mehr als eine Ahnung, welche Folgen das für unsere Umwelt haben wird. Und dabei ist noch kein Wort darüber gefallen, welch kostbare stoffliche Ressourcen wir mit diesem Irrsinn zu 90 Prozent verheizen, verstromen, verfahren und verfliegen, anstatt sie, wenn überhaupt, für die Produktion sinnvoller Güter zu verwerten.

Um das Jahr 1750 lebten auf der Erde etwa 700 Millionen Menschen, die pro Kopf und Jahr 0,3 Kilowatt Energie verbrauchten. 1987 waren es erstmals mehr als fünf Milliarden, mit einem durchschnittlichen Pro-Kopf-Energieverbrauch von zwei Kilowatt. Heute sind es 6,75 Milliarden mit einem Pro-Kopf-Verbrauch von 2,2 Kilowatt. Um das Jahr 2050 erwarten Schätzungen der UNO eine Weltbevölkerung von 9,2 Milliarden. Danach könnte sich die Zahl der Menschen aufgrund sinkender Geburtenraten stabilisieren, vermutlich sogar wieder zurückgehen.

Dabei ist der Energieverbrauch extrem ungerecht verteilt. Viele Menschen in Entwicklungsländern verbrauchen weniger als 0,2 Kilowatt. In Westeuropa liegt der Pro-Kopf-Verbrauch zwischen 4,5 und 6 Kilowatt, in den USA bei circa 12. Die wohlhabendsten 20 Prozent der Weltbevölkerung verbrauchen 70 Prozent der fossilen Brennstoffe.

Sollten die 1,3 Milliarden Chinesen oder die 1,15 Milliarden Inder, die heute noch 1,1 bzw. 0,4 Kilowatt pro Kopf verbrauchen, nur etwa ein Drittel des westlichen Wohlstandsniveaus erreichen, dann stiege der weltweite Energiebedarf noch einmal mindestens um den Faktor drei. Mit fossiler Energiegewinnung würde eine solche Entwicklung, die unter dem Gesichtspunkt sozialer Gerechtigkeit eher zu bescheiden ausfiele, zu einer ökologischen Katastrophe führen. Das Ende des kurzen fossilen Zeitalters müssten wir also selbst dann einläuten, wenn Kohle, Öl und Gas für die Ewigkeit reichen würden.

Die Lösung dieser Probleme bietet uns nur die Sonne mit ihrer unendlichen Energie.

PHOTOVOLTAIK: DIE VERSCHLEPPTE REVOLUTION

Die Sonne versorgt die Erde mit einer Strahlungsleistung von 178 000 Terawatt pro Jahr. Das entspricht $1,56 \times 10^{18}$ Kilowattstunden – gut 1,5 Trillionen, eine Zahl mit 18 Nullen. Sagen wir der Einfachheit halber: Die Sonne schenkt uns unendlich viel Energie. Unser Planet müsste angesichts dieser solaren

Freigiebigkeit sofort verdampfen, wenn er nicht dank der relativ dichten Atmosphäre und ihres natürlichen CO_2-Gehaltes von knapp 0,4 Prozent etwa 80 Prozent ungenutzt ins Weltall zurückstrahlen würde.

Das übrige Fünftel wird in potenziell nutzbare Energie umgewandelt. Rund 40 000 Terawatt verbraucht die Verdunstung von Oberflächenwasser, vereinfacht gesagt: das Regenmachen und damit die Produktion von Süßwasser. Weit weniger, 350 Terawatt, tragen als kinetische Energie zur Entstehung der Winde bei. Rund 100 Terawatt nutzen die Pflanzen via Photosynthese zur Produktion von Biomasse. Die Erde selbst trägt mit ihrer Geothermik, der Wärme aus dem Erdinneren, bescheidene 30 Terawatt zur globalen Energiebilanz bei. Diese Zahlen entnehme ich übrigens dem schönen Artikel »Energy for Planet Earth«, den ein ehemaliger Shell-Manager und Direktor des Davoser Weltwirtschaftsforums, Ged Davis, 1990 in *Scientific American* veröffentlichte – ein Mann, der in der Mineralölindustrie schon sehr früh das Thema Nachhaltigkeit auf die Tagesordnung gesetzt hat.

Ziehen wir ab, was Wetter und Vegetation benötigen, bleibt immer noch unendlich viel solare Energie für uns: mehr als das Zehntausendfache unseres heutigen weltweiten Energiebedarfs. Rein rechnerisch wird dieser Bedarf durch die Sonneneinstrahlung auf einer Fläche etwa von der Größe Bayerns gedeckt. Wirkungsgrad und Leitungsverluste schon eingerechnet, müssten wir nur rund sechs Prozent der gesamten Fläche der Sahara mit Sonnenkollektoren bedecken. Damit wäre der gesamte Primärenergieverbrauch der Menschheit gedeckt.

Heute deckt die Welt ihren gesamten Energiebedarf zu 34 Prozent aus Öl, zu 26 Prozent aus Kohle, zu 23,5 Prozent aus Erdgas, zu 6 Prozent aus Kernenergie und zu rund 10,5 Prozent aus erneuerbaren Energien, davon über 90 Prozent Wasserkraft. Das heißt: Langfristig müssen wir über 80 Prozent unserer fossilen Energielieferanten durch erneuerbare ersetzen. Wenn man, wie ich und die Mehrheit der Bundesbürger, auch die Atomkraft für keine nachhaltige und vertretbare Alternative hält, sogar 90 Prozent.

Keine Frage: Sowohl über die Zeiträume, in denen uns das gelingt, wie auch über den Energiemix der Zukunft kann man sich im Detail lange und kontroverse Debatten liefern. Aber am eigentlichen Kernpunkt führt keine ideologische Präferenz, kein wirtschaftliches Interesse vorbei: Neun Zehntel der Energie, die die Menschheit benötigt, müssen wir in nicht allzu ferner Zukunft entweder anders erzeugen – oder nicht mehr verbrauchen.

Dabei hat die Solarenergie einen sehr grundsätzlichen Vorteil: Sie erfordert keine mehrstufigen Prozesse der Umwandlung. Dank des photoelektrischen Effekts wandelt eine Solarzelle Strahlungsenergie vielmehr direkt in nutzbare elektrische Energie um. Auch hier haben wir, wie bei jedem Prozess der Energiewandlung, natürlich keinen Wirkungsgrad von 100 Prozent. Aber die unvermeidlichen Verluste finden nur einmal statt. Dafür aber steht die Energiequelle Sonne unbegrenzt, tausendfach und dezentral direkt am Ort des Bedarfs ausreichend zur Verfügung.

Zweiter Punkt: Auch Wind- und Wasserkraftwerke müssen verhältnismäßig große Mengen Strom zentral erzeugen und dann verlustträchtig weiterleiten. Und nicht jeder kann ein Wasserrad betreiben, wie es am Ufer meines Bonner Grundstücks im Rhein klappert. Während es höchst ineffizient wäre, dass sich jeder Haushalt ein kleines Turbinenkraftwerk aufs Grundstück stellt, bestehe es nun aus einem Kessel und einem Generator, einem Wind- oder einem Wasserrad, ist genau das bei der Photovoltaik anders. Jeder kann sich mit kalkulierbaren Investitionen sein eigenes Kraftwerk aufs Dach oder an seine Fassade schrauben und selbst Strom erzeugen – also seine eigene Dachsparkasse bauen, und die Sonne zahlt ein.

Andere erneuerbare Energien, die gemeinsam im Mix mit der Solarenergie die energetische Vollversorgung der Zukunft decken werden, benötigen zudem mindestens einen weiteren Umwandlungsschritt. Windräder und Wasserkraftwerke machen aus Bewegungsenergie eben nicht unmittelbar Strom, sondern verbinden, vereinfacht gesagt, die Primärenergiequelle und einen Generator mit einer Abfolge von Getrieben – bei denen unvermeidlicherweise jeweils Reibungsverluste entstehen. Nicht anders bei der Geothermie: Auch hier verlege ich ja kein Heizungsrohr direkt vom Erdinnern ins Wohnzimmer, sondern wandle Wärmeenergie meist über eine Wärmepumpe um, also unter Einsatz anderweitig erzeugter elektrischer und mechanischer Energie. Bei Großanlagen, die tiefere Erdschichten anzapfen, muss zudem erheblicher Aufwand zur Vermeidung großer Leitungsverluste betrieben werden. Und über das energetische und ökologische Profil von Wärmepumpenheizungen gibt es Debatten, die zu referieren an dieser Stelle zu weit führen würde.

Seit den Zeiten der alten Babylonier, Sumerer und Ägypter beten wir Menschen zu Sonnengottheiten. Ohne religiöse Gefühle verletzen zu wollen – ich bin selbst gläubiger Christ –, darf man sagen, dass auch unser Gott, der Gott der großen monotheistischen Religionen, historisch gesehen im frühen Judentum aus einer Sonnengottheit hervorging. Deshalb kann man durchaus eine gewisse Ironie der Zivilisationsgeschichte darin erblicken, dass die Chance, die unendliche Kraft der Sonne direkt für unsere Energieversorgung zu nutzen, uns erst so spät zuteilwird.

Bevor das solare Zeitalter eingeläutet werden konnte, mussten erst anspruchsvolle Voraussetzungen geschaffen werden: ein hoher Entwicklungsstand der Naturwissenschaften, speziell der Physik, und ein hoher Entwicklungsstand der Technik. Zur Nutzung der elementarsten aller Energien brauchen wir zwar hauptsächlich einen ganz einfachen, nahezu unbegrenzt zur Verfügung stehenden Rohstoff: Sand. Aber damit daraus ein für jedermann erschwingliches Solarmodul wird, mussten nicht nur die Elektrizität entdeckt und beherrscht, sondern auch Produktionsverfahren entwickelt werden, die unter anderem hohe Temperaturen, hauchdünne Schnitte und Verarbeitung unter Reinraum-Bedingungen ermöglichen.

Und dann standen da noch zwei Hindernisse auf der Siegesstraße der Solartechnik: ein, vorsichtig gesagt, eher unglücklicher geschichtlicher Zufall und eine historisch zwar nachvollziehbare, gleichwohl problematische energiewirtschaftliche Entscheidung. Ich komme darauf zurück.

Der photoelektrische Effekt wurde erstmals im Jahre 1839 von dem französischen Physiker Alexandre Edmond Becquerel beobachtet. Bei Experimenten mit elektrolytischen Zellen stellte er fest, dass der zwischen zwei Platin-Elektroden fließende Strom bei Licht geringfügig stärker war als im Dunkeln. 1876 entdeckten dann der englische Physiker William Grylls Adams und sein Schüler Richard Evans Day, dass Selen unter Lichteinfall elektrische Ströme produziert. Aufgrund der zu niedrigen erzeugten Spannung kam es damals zwar nicht zur Anwendungsreife dieser Entdeckung. Aber im Prinzip war der Beweis erbracht, dass ein Feststoff unmittelbar Licht in elektrische Energie umwandeln kann, ohne dass man den Umweg über thermische oder mechanische Energie, also über eine Verbrennungsmaschine, nehmen musste.

Systematisch erforscht wurde der sogenannte äußere photoelektrische Effekt dann 1887 von dem deutschen Physiker Wilhelm Hallwachs, der damit die Arbeit seines Lehrers Heinrich Hertz zum Ziel führte. Der Effekt beruht darauf, dass sich aus metallischen Oberflächen, die von elektromagnetischer Strahlung, zum Beispiel kurzwelligem Licht, getroffen werden, Elektronen lösen. Und Strom, das ist eben die gerichtete Bewegung von Elektronen. Eine widerspruchsfreie theoretische Erklärung des Photoeffekts gelang schließlich Albert Einstein im Jahre 1905. Dafür – und nicht wie viele glauben für seine spezielle oder allgemeine Relativitätstheorie – erhielt er 1921 den Nobelpreis für Physik.

Die eigentliche Photovoltaik beruht auf einem verwandten Phänomen, dem sogenannten inneren photoelektrischen Effekt, der für die höhere elektrische Leitfähigkeit von bestimmten Halbleitern unter Lichteinfall verantwortlich ist. Ohne an dieser Stelle auf die Details der Halbleitertechnik einzugehen: Erhöht man zusätzlich durch Einbringung von Fremdatomen mit positiver oder negativer elektrischer Ladung – die sogenannte Dotierung – die Leitfähigkeit des Basismaterials, meist mono- oder polykristallines Silizium, dann entsteht ein elektrisches Spannungsgefälle, aus dem Gleichstrom gewonnen werden kann. Mittels eines Wechselrichters wird dieser in den in unseren Stromnetzen üblichen Wechselstrom umgewandelt.

Der unglückliche geschichtliche Zufall, der eine frühere Weiterentwicklung marktreifer Solartechniken behindert hat, war schlicht die etwa im gleichen Zeitraum, als die genannten Entdeckungen gemacht wurden, einsetzende industrielle Ölförderung. Damit stand neben der Kohle ein weiterer scheinbar unbegrenzt verfügbarer Brennstoff bereit, der aufgrund seiner hohen Energiedichte preiswert und relativ einfach zu nutzen war. Bei der industriellen Stromproduktion war die Kohle bereits praktisch konkurrenzlos. Insbesondere auf dem Gebiet der Mobilität, vor allem beim Automobil, verschwand dann spätestens durch die Entdeckung der gigantischen arabischen Ölfelder jeder Innovationsdruck.

Was heute nur noch wenige wissen: Fünf Jahre bevor Carl Benz 1886 in Mannheim sein von einem Ottomotor angetriebenes Dreirad baute und bevor seine Frau Bertha am 5. August 1888 ihre legendäre Überlandfahrt von Mannheim nach Pforzheim unternahm, hatte Gustave Trouvé auf der Internationalen Elektrizitätsausstellung in Paris 1881 ein praxistaugliches dreirädriges Automobil mit Elektromotor vorgestellt. Um 1900 rollten auf amerikanischen Straßen zu 40 Prozent Dampfwagen, zu 38 Prozent Elektroautos und nur zu 22 Prozent Benziner. In New York war 1901 sogar jedes zweite Auto ein Elektromobil. Auch alle Geschwindigkeitsrekorde für Autos wurden Ende des 19. Jahrhunderts zunächst mit Elektromotoren errungen.

Das ist deswegen nicht verwunderlich, weil der Wirkungs-grad eines Elektromotors wesentlich höher ist als der eines Verbrennungsmotors. Zudem ist die Umsetzung des Drehmoments auf die Räder einfacher zu lösen. Hätte das billige Öl nicht für lange Zeit die Weiterentwicklung der Batterietechnik behindert, womit durchaus vergleichbare Reichweiten wie mit Benzin- und Dieselfahrzeugen möglich geworden wären, würden wir alle wohl schon lange Elektroautos fahren.

Die zumindest nicht unproblematische Entscheidung auf dem Energiesektor schließlich fiel im sogenannten »Stromkrieg« um 1890. Dabei ging es um die Entscheidung, ob das entstehende amerikanische Stromnetz auf der Basis von Gleichstrom oder Wechselstrom betrieben werden solle. Thomas Edison, dessen Firma einer der beiden Vorläufer von General Electric war, plädierte damals für Gleichstrom mit einer Spannung von 110 Volt. Bei Beginn der Elektrifizierung New Yorks ab 1880 setzte er diesen denn auch ein.

Edisons Konkurrent George Westinghouse fand jedoch heraus, dass Wechselstrom durch Einsatz des Mitte der achtziger Jahre des 19. Jahrhunderts erfundenen Transformators mit weit geringeren Verlusten über weit längere Strecken transportiert werden kann als Gleichstrom. Außerdem konnte, anders als beim Gleichstrom, stets ›derselbe‹ Hochspannungsstrom ins Netz eingespeist und erst beim Endabnehmer auf die gewünschte Spannung heruntertransformiert werden.

Diese unbestreitbaren technischen Vorteile führten zu einer energiepolitischen Grundsatzentscheidung von hoher Tragweite. Nach Edisons Prinzip hätte in jedem Stadtteil ein kleines Kraftwerk stehen müssen. Eine Entscheidung zugunsten des Gleichstroms hätte also im Prinzip zu einem dezentral strukturierten Stromnetz geführt. Westinghouse verhalf dagegen, auch wenn das wohl nicht seine einzige und eigentliche Intention war, dem Modell des Großkraftwerks und einer zentralistisch angelegten Stromversorgung zum Durchbruch.

Große Kraftwerke und große Überlandnetze aber bedeuten

gigantische und langfristige Investitionen. Der Zug in Richtung der Oligopole großer Stromversorger in allen Industrieländern fuhr deshalb unter Wechselstrom.

Wohl auch deshalb tut sich in der Geschichte der Anwendungsentwicklung und der praktischen Nutzung der Solarzelle eine seltsam lange Lücke auf. Zwischen der Entdeckung der Stromerzeugung durch Licht durch Adams und Day 1876 sowie dem Modul aus Selenzellen mit einem Wirkungsgrad von knapp einem Prozent, das der amerikanische Erfinder Charles Fritts 1883 baute, und der ersten gescheiten Solarzelle liegen über 70 Jahre. Gemessen an der sonstigen Innovationsgeschwindigkeit des Industriekapitalismus ist das nahezu eine Ewigkeit. Erst 1954 gelang es Daryl Chapin, Calvin Fuller und Gerald Pearson in den Bell Laboratories in New Jersey, kristalline Silizium-Solarzellen mit Wirkungsgraden über 4 Prozent zu produzieren. Eine Zelle erreichte sogar einen Wirkungsgrad von 6 Prozent. Als man das damals eingekapselte Prachtstück 2002 aus Neugier noch einmal vermaß, hatte es übrigens immer noch einen Wirkungsgrad von 5,1 Prozent!

Es waren hauptsächlich der Kalte Krieg und die Raumfahrt, die in der Zeit zwischen Ende der fünfziger und Mitte der siebziger Jahre des vorigen Jahrhunderts die Weiterentwicklung der Photovoltaik begünstigten. Mit dem amerikanischen Satelliten Vanguard I 1958, ein Jahr vor meiner Geburt kamen, hier zur Stromversorgung seines Senders, erstmals Solarzellen im Weltraum zum Einsatz. Das war der erste Schritt hin zu jenen großflächigen Sonnensegeln, deren Fernsehbilder wir vom Wettersatelliten über die Marssonden bis hin zur Raumstation ISS kennen. Und es war zugleich der Startschuss für jene Insellösungen kleinerer und kleinster Solarmodule, die uns heute vom Taschenrechner bis zur Parkuhr bestens vertraut sind.

1972 schockte der Club of Rome die Weltöffentlichkeit mit seinen Prognosen über die Endlichkeit unserer natürlichen Ressourcen. Die Ölkrise 1973 führte der industrialisierten Welt zwar nicht sofort die sprichwörtlichen »Grenzen des

Wachstums« vor Augen, dafür aber umso mehr ihre Abhängigkeit von den wenigen Lieferanten des für ihr Wachstum nötigen Brennstoffs. Das führte zu verstärkten Anstrengungen, die Photovoltaik auch für die irdische Stromproduktion zu nutzen.

Ironischerweise stammt auch der erste, 1977 vorgestellte Prototyp für ein serientaugliches Solarmodul aus einer amerikanischen Waffenschmiede: den Sandia National Laboratories in Albuquerque, New Mexico, einer Tochter des Rüstungskonzerns Lockheed Martin, deren Wurzeln in das Manhattan Project zurückreichen, das Programm zur Entwicklung der US-Atombombe.

Der Anteil der Photovoltaik an der deutschen Stromerzeugung liegt heute bei knapp einem Prozent. 2020 werden es nach meiner Schätzung 10 Prozent sein, 2050 rund 30 Prozent. Allein zwischen 2006 und 2008 hat sich die Leistung fast verdoppelt. Hinter Spanien, aus mancherlei Gründen ein Sonderfall, liegt Deutschland mit 26 Prozent Anteil an der weltweiten Stromproduktion aus Photovoltaik auf Platz zwei. Spätestens 2015, so eher vorsichtige Branchenschätzungen, wird die sogenannte »Grid Parity« oder Netzparität erreicht sein, der Zeitpunkt, zu dem Solarstrom und konventioneller Strom den gleichen Endverbraucherpreis haben. Meiner Meinung nach wird das sogar zwei bis drei Jahre früher passieren. Ab dann lohnt es sich im Prinzip für jeden Bürger, seinen Strom selbst zu erzeugen, auch ohne dass er die viel gescholtene »Subvention« in Form der Einspeisevergütung nach dem Erneuerbare-Energien-Gesetz (EEG) kassiert. Gegenüber der Nachfragewelle, die dann einsetzt, wird der Anschub des Marktes durch das EEG im Rückblick als laues Lüftchen erscheinen.

Der Anteil aller erneuerbaren Energien an unserer Stromerzeugung ist 2008 auf 15,3 Prozent gewachsen. Vor zehn Jahren waren es noch unter 5 Prozent. 2020 werden wir 40, 2030 über 50 Prozent unseres Stroms aus erneuerbaren Energien erzeugen. Und es ist ein realistisches Ziel, dass schon Mitte des

Jahrhunderts unser gesamter Stromverbrauch aus Wind-, Solar- und Bioenergie sowie Wasserkraft und Geothermie gedeckt werden kann.

Natürlich gibt es Skeptiker, die das für nicht möglich halten. Natürlich gibt es starke wirtschaftliche Interessen, die das nicht für wünschenswert halten. Und natürlich gibt es eine nicht unbedeutende Schnittmenge zwischen beiden Gruppen. Deutschlands Besitzstandswahrer in Energiewirtschaft und Automobilindustrie brauchen wahrlich keine Verstärkung für ihre Lobbys. Deshalb habe ich mich relativ frühzeitig für das Neue entschieden und setze als Bürger wie als Unternehmer auf die solare Wende.

Sieben Gründe für die solare Wende

Meine wichtigsten Argumente für die solare Wende, auf die ich in den folgenden Kapiteln noch genauer zu sprechen kommen werde, stammen weder alle von mir, noch sind sie alle sensationell neu. Worauf es mir ankommt, ist etwas anderes: Es ist Zeit, dass die Debatte über die Energiewende endlich die exklusiven Zirkel verlässt, in denen die schon immer Überzeugten mit den niemals zu Überzeugenden seit vielen, vielen Jahren zusammensitzen. Ebenso ist es Zeit, damit aufzuhören, dass jeder liebevoll seine festgefügten Vorurteile pflegt, die oft weniger auf Fakten als vielmehr auf langjährigen Gebetsübungen beruhen. Ähnlich wie in der Bildungspolitik sollten die ideologischen Gräben langsam zugeschüttet werden.

Vor allem aber – auch hier gibt es Parallelen zur Bildung – ist es Zeit, damit aufzuhören, Energiepolitik als tägliches technokratisches Klein-Klein zu verstehen und zu betreiben. In Wahrheit gehört die Sicherung unserer Energieversorgung zu den wenigen großen Zukunftsfragen, bei denen wir einen breiten gesellschaftlichen Grundkonsens brauchen. Denn wir sprechen hier über den wahrscheinlich wichtigsten Wandel, den die Industriegesellschaft wird vollziehen müssen.

Unser Wirtschaften und Leben hängt bislang wesentlich von Kohle, Öl, Gas und Atomenergie ab. Das kann nicht so bleiben, und das wird nicht so bleiben. Deshalb ist Energiepolitik weder ein Expertenthema noch ein ökologisches Luxushobby, das wir uns für bessere Zeiten aufheben könnten. Energiepolitik geht jeden Bürger an. Deshalb verstehe ich dieses Buch als Beitrag zu einer breiten gesellschaftlichen Debatte.

Solche Debatten kommen nicht ohne allgemeinverständlich dargestellte Fakten aus. Und die eine oder andere zünftige Vereinfachung ist zuweilen hilfreich. Alle Kenner der Materie bitte ich deshalb schon jetzt um Vergebung, wenn ich im Folgenden auf manche esoterische Feinheit verzichte.

DIE FOSSILEN RESSOURCEN SIND ENDLICH

Dass die fossilen Energieressourcen zu Ende gehen, wird heute von niemandem mehr bestritten. Auch nicht von jenen, die diese fossilen Ressourcen fördern, den Mineralöl- und Montankonzernen. Es geht nurmehr um die Frage, *wie lange* Erdöl, Erdgas und Kohle noch verfügbar sind. Und gemeint sind dabei nicht der letzte Tropfen Öl oder der letzte Krümel Kohle. Über den Tag, an dem diese gefördert werden, könnte man nämlich beliebig spekulieren. Es geht um das sogenannte Fördermaximum, den »Peak«. Dessen Zeitpunkt ist erreicht, wenn die Hälfte aller bekannten und förderbaren Ressourcen tatsächlich gefördert wurde. Die größten Skeptiker vertreten den Standpunkt, der »Peak oil« liege bereits hinter uns. Andere Prognosen gehen davon aus, der Punkt sei in fünf bis zehn, in 25 oder spätestens in vierzig Jahren erreicht.

Sehen wir einmal davon ab, dass einige glauben, es gebe noch unentdeckte große Lagerstätten, dann beruhen die Unterschiede in den Prognosen im Kern auf der Beantwortung der Frage, wie viel der bekannten Reserven noch zu vertretbaren Kosten gefördert werden kann. Schwerer zu erschließen sind diese Reserven in jedem Fall. Die gleiche Menge Öl kann nur noch zu immer stärker steigenden Kosten gefördert werden. Der klassische volkswirtschaftliche Lehrsatz lautet: Bei zunehmender Knappheit des Angebots und gleichbleibender, sogar wachsender Nachfrage führen steigende Preise zu einer Ausweitung der wirtschaftlich förderbaren Reserven. Simpler gesagt: Öl, nach dem man bei einem Preis x nicht mehr bohren würde, lohnt die Förderung bei einem höheren Preis y sehr wohl.

Bei der Energiegewinnung gilt es jedoch eine wesentliche Besonderheit zu beachten. Anders als bei Erdbeeren im Dezember, Wintersalat aus dem Treibhaus oder in Marokko gepulten Krabben, bei denen man absurd hohe Energie-Inputs noch zur peinlichen Begleiterscheinung verfeinerter Lebensart erklären mag, gibt es bei Energiegewinnung nicht nur eine wirtschaftliche, sondern auch eine physikalische Grenze. Müsste man in die Förderung, die Extraktion, den Transport und die Raffinierung von einem Liter Rohöl mehr als die in einem Liter Rohöl enthaltene Energiemenge investieren, dann wäre das energetisch ein Zuschussgeschäft. Es muss, um sinnvoll zu sein, bei der Förderung einer Ressource ein Energieüberschuss erzielt werden. Und das ist in vielen Fällen nicht mehr zu erwarten.

Bestes Beispiel: die von Teilen der Ölindustrie propagierte Förderung aus Ölsanden in Alaska und Kanada. Wolfgang Blendinger, der frühere Erdölmanager und heutige Professor für Erdölgeologie an der TU Clausthal, geht davon aus, dass die Energieeffizienz der Extraktion des verwertbaren Öls aus dem Sand bestenfalls bei 50 Prozent liegt. Denn für ein Barrel Rohöl (159 Liter) müssen zwei Tonnen Ölsand gefördert und mit gigantischen Maschinen 25 Tonnen Abraum bewegt werden. Um den relativ geringen Anteil an zähem Bitumen herauszulösen, benötigt man große Mengen Wasserdampf. Und schließlich muss jener Ausgangsstoff noch mit Wasserstoff angereichert werden, damit daraus Rohöl wird. Dieser Wasserstoff wiederum wird aus Erdgas gewonnen. Bezieht man die spätere Beseitigung der durch den Tagebau verursachten Umweltverwüstungen mit ein, dann wird, so rechnen manche Kritiker vor, insgesamt mehr Energie verbraucht, als aus dem Ölsand gewonnnen wird. Und dann wäre es bei *jedem* denkbaren Preis unsinnig, auf diese Reserven zurückzugreifen.

Genauso wichtig ist ein zweiter Gesichtspunkt. Öl ist nicht nur ein Energieträger, sondern einer der wichtigsten Rohstoffe für die chemische und pharmazeutische Industrie. Heute werden nur etwa 10 Prozent des in Deutschland eingesetzten Rohöls stofflich genutzt, rund 90 Prozent dagegen für die Energiegewinnung verbrannt. Dafür aber ist das Öl viel zu kostbar. Je knapper die verbleibenden Ressourcen werden, desto weniger dürfen wir sie weiter bedenkenlos abfackeln. Was an Öl noch übrig ist, sollte so bald wie möglich nur noch als Rohstoff für die Herstellung unverzichtbarer Güter eingesetzt werden – und das so sparsam wie möglich.

DIE KERNENERGIE IST EINE SACKGASSE

Seit die Endlichkeit der fossilen Brennstoffe und die Klimafolgen unserer CO_2-Emissionen ins Bewusstsein der breiten Öffentlichkeit gerückt sind, wittert die Atomlobby wieder Morgenluft. Sie empfiehlt ihre Meiler mit neuem Selbstbewusstsein und leider auch mit leichten Bodengewinnen in der öffentlichen Meinung als sichere und klimaneutrale ›Brückentechnologie‹. Da fragt sich, wie tragfähig diese Brücke ist und wo sie eigentlich hinführen soll.

Lassen wir für den Moment die nach wie vor breite Ablehnung der Atomkraft in der Bevölkerung beiseite. Die Mehrheit könnte sich ja irren. Reden wir an dieser Stelle nicht von der Gefahr, dass sich GAUs wie Harrisburg oder Tschernobyl wiederholen können. Angst ist ein schlechter Ratgeber. Reden wir auch nicht von dem seit über vierzig Jahren ungelösten Problem der Entsorgung des Atommülls. Das ist ein Thema, bei dem selbst halbwegs bedächtige Atomlobbyisten heute sorgenvoll die Stirn runzeln.

Reden wir über die drei wesentlichen Behauptungen der Kernspalter: Atomstrom sei preiswert, Atomstrom biete hohe und langfristige Versorgungssicherheit und Atomstrom sei klimaneutral. Schauen wir, was uns am Ende der Brücke, am Ufer des fossil-atomaren Reiches erwartet.

Dass Atomstrom preiswert sei, ist eine hinreichend widerlegte Behauptung der Stromkonzerne, die ihre nuklearen Gelddruckmaschinen möglichst lange betreiben wollen. Billig ist Atomstrom nur auf dem Papier. Das aus drei Gründen: Seine Erzeugung findet in weitgehend abgeschriebenen Kraftwerken statt. Zudem sind die Rohstoffkosten im Vergleich zu Kohle und Gas marginal. Und drittens: Die Kosten für Forschung und Entwicklung und für die Folgelasten der Atomtechnik werden überwiegend nicht von den Stromkonzernen getragen. Den Löwenanteil zahlt die Allgemeinheit, sprich der Steuerzahler.

Wer die staatliche Förderung erneuerbarer Energien lautstark als verfehlte Subvention geißelt, der sollte zur Kenntnis nehmen, dass es keine Industrie gibt, die jemals stärker subventioniert wurde als die Atomwirtschaft. Hätten AKWs von Beginn an ohne staatliche Subventionen geplant, gebaut und betrieben werden müssen, es hätte sie niemals gegeben.

Seriöse Schätzungen gehen davon aus, dass alle OECD-Staaten zusammengenommen allein bis 1992 318 Milliarden Dollar in die Forschung und Entwicklung der Atomkraft investiert haben. In Deutschland wurde die Atomkraft mit bis zu 100 Milliarden Euro subventioniert. Zusätzlich werden große Teile der Kosten für die Reaktorsicherheit und die Endlagerung des Atommülls den Steuerzahlern aufgebürdet. Mögliche Katastrophenschäden, die weitgehend nicht versicherbar sind, trüge ganz überwiegend auch die Gesellschaft. Denn die Haftung der Stromkonzerne für Atomunfälle ist gesetzlich auf 2,5 Milliarden Euro begrenzt. Doch eine Studie der keineswegs atomkritischen Prognos AG von 1992 kam zu dem Ergebnis, dass sich der Schaden nach einem GAU in einem deutschen Atommeiler auf die unvorstellbare Summe von fünf Billionen Euro belaufen könnte. Rechnet man all das zusammen, dann ist Atomstrom eben gar nicht billig. Er ist in Wirklichkeit die teuerste Energiequellen.

Zudem ist die Versorgung der Stromerzeuger mit dem erforderlichen Grundstoff Uran nicht gesichert. Die westeuropäischen Uranreserven sind verschwindend gering. Folglich sind wir hier ebenso von Importen abhängig wie bei Öl und Gas. Nur elf Staaten fördern 95 Prozent des weltweit verwendeten Urans. Das fällt nur deshalb nicht auf, weil die beiden größten Förderländer, Kanada mit einem Weltmarktanteil von 28 Prozent und Australien mit 23 Prozent, stabile, liberale Demokratien mit funktionierenden Marktwirtschaften sind – und keine unberechenbaren Diktaturen. Unter den übrigen neun Uranproduzenten wird man das uneingeschränkt nur noch von den USA und heute wohl auch von Brasilien sagen wollen, mehr oder weniger eingeschränkt von Russland, der Ukraine, Kasachstan und Usbekistan, von Niger, Namibia und Südafrika. Im Übrigen deckt die Uranförderung heute nur knapp zwei Drittel des jährlichen Bedarfs. Der Rest wird aus Lagerbeständen, durch Wiederaufarbeitung und aus abgerüsteten militärischen Beständen ergänzt. Schreibt man den derzeitigen Uranverbrauch linear fort, dann reichen die gesicherten Vorräte ebenfalls nur noch knapp 50 Jahre. Bei deutlich höheren Preisen und nach den sehr optimistischen Rechnungen der Internationalen Atomenergiebehörde käme man vielleicht noch auf 100 Jahre. Das Bayerische Wirtschaftsministerium, gewiss keine Bastion der Anti-AKW-Bewegung, schätzt die Reichweite der weltweiten Uranvorräte hingegen sogar auf lediglich 37 Jahre. Das hieße: Uran ist sogar früher erschöpft als jeder andere fossile Energieträger.

Ebenfalls ein Mythos ist die Vorstellung, die Stromerzeugung in Atomkraftwerken sei klimaneutral. Die Gewinnung von Uran ist im Gegenteil äußerst energieaufwändig. Laut einer Studie des Freiburger Öko-Instituts im Auftrag des Bundesumweltministeriums produziert ein AKW – je nach Herkunft des Urans – zwischen 31 und 61 Gramm CO_2 pro Kilowattstunde Atomstrom. Darüber hinaus haben Atomkraftwerke, die aus Sicherheitsgründen auf der grünen Wiese stehen müssen, eine miserable Energiebilanz. Denn nur gut ein Drittel der eingesetzten Primärenergie wird zur Stromerzeugung genutzt.

Die Abwärme dagegen muss einfach in die Luft geblasen oder ins Kühlwasser eingebracht werden. Kraft-Wärme-Kopplung kommt nicht infrage – die Verbraucher würden sich für Fernwärme aus dem AKW herzlich bedanken.

Selbst wenn man die energetischen Kosten für die Entsorgung des Atommülls, die mögliche Wiederaufarbeitung der Brennelemente sowie den gesamten Sicherheitsaufwand nicht einrechnet, beträgt das Verhältnis von Output zu Input bei herkömmlichen Kernreaktoren ohne größere Ausfallzeiten 2,7 zu 1.

Es zeigt sich, dass die Brücke, die die Atomtechnologie angeblich bildet, sehr wacklig ist. Und wo führt sie uns hin? Entweder führt sie – was die Verfechter der Atomenergie angesichts des weltweiten Scheiterns dieser Technologie heute nur noch ungern hören – doch noch ins Reich der hochriskanten Brütertechnologie. Oder sie führt ins Utopia der Kernfusion – den heiligen Gral der Atomfetischisten.

Kernfusion ist ein äußerst kühnes Projekt. Anstatt eine heute verfügbare, grundsätzlich ausgereifte Technologie zu nutzen, die mit vertretbarem Aufwand, ohne Umweltrisiken, ohne Sicherheitsprobleme und ohne dramatische Folgekosten erhebliche Mengen elektrischer Energie aus der Sonne gewinnt, setzt man darauf, die Sonne auf der Erde nachzubauen: Man erzeugt in einem Fusionsreaktor ein Plasma mit einer Temperatur von gut 100 Millionen Grad Celsius, verschmelzt darin Wasserstoffatome zu Heliumatomen – und alle Energieprobleme sollen auf ewig gelöst sein. Heureka!

Zum ersten Mal funktioniert hat die Kernfusion 1934 im Labor des neuseeländischen Physikers Ernest Rutherford – mit zwei einzelnen Atomen. Die erste Freisetzung großer Energiemengen gelang am 1. November 1952. Es handelte sich um eine unkontrollierte Reaktion, nämlich die Zündung der ersten amerikanischen Wasserstoffbombe. 1958 vereinbarten die Staaten der damaligen EWG im Rahmen des EURATOM-Vertrags, auch die Erforschung der Kernfusion zu fördern. Kurz darauf – 1973 – wurde dann ein Versuchsreaktor im britischen Culham beschlossen. Der ging 1983 nach nur zehn Jahren in Betrieb. 1991 lieferte er erstmals für zwei Sekunden 1,8 Megawatt Leistung, sechs Jahre später sogar 16 Megawatt. Zur Erzeugung des Plasmas hatte man zuvor jedoch 24 Megawattstunden verbraucht. Ähnliche Ergebnisse erzielten Amerikaner und Russen in ihren Versuchsanlagen.

Zurzeit ist im südfranzösischen Cadarache der Versuchsreaktor ITER im Bau, der 2016 in Betrieb gehen und im Verlauf der folgenden zwanzig Jahre irgendwann mehr Energie liefern als verbrauchen soll. Man hofft, in diesem Zeitraum alle *technischen* Probleme der kontrollierten Kernfusion zu lösen. Dann will man eine weitere Anlage bauen, die bereits den schönen Namen DEMO erhalten hat. Und die soll dann ab 2050 – oder etwas später – die *kommerziell* nutzbare Kernfusion ermöglichen.

Seit fünfzig Jahren versucht man sich an der Kernfusion. Und immer soll sie in fünfzig Jahren anwendungsreif sein. Für mich ist die Kernfusion damit der ewige Konjunktiv einer verfehlten Energiepolitik. Ganz ehrlich: Von solchen Leuten lasse ich mir herzlich gern mangelnden Realismus vorwerfen! Und dabei haben wir über *ökologische* Risiken noch kein Wort verloren. Ebenso wenig darüber, dass auch die Sicherheit von Anlagen, in denen permanent kleine Wasserstoffbomben gezündet würden, kaum von freundlichen Pförtnern gewährleistet werden könnte.

ENERGIEWENDE ODER KLIMAKATASTROPHE

Mit der Abwahl der konservativen Regierung Howard 2007 in Australien und dem Ende der Amtszeit der Bush-Administration, die in Fragen der Energiepolitik nichts als ein Handlanger der US-Ölindustrie war, sind die letzten regierenden Leugner des weltweiten Klimawandels abgetreten. Abgesehen von

Zwergstaaten wie Andorra oder San Marino, dem völkerrechtlich nicht anerkannten Taiwan und der von Marokko besetzten Westsahara stehen damit nur noch *Failed states* auf der Liste der Nichtunterzeichner des Kyoto-Protokolls: der Tschad, Somalia, Simbabwe, der Irak und Afghanistan. Zwar werden auch die USA das Ende 2012 auslaufende Abkommen wohl nicht mehr ratifizieren. Da sie zuvor acht Jahre lang jede Bemühung um die vereinbarten Reduktionsziele bei CO_2 verweigerten, ja ihre Emissionen sogar um fast 20 Prozent steigerten, würde das auch kaum noch etwas bewirken. Aber die neue Regierung unter Präsident Obama will sich intensiv am Zustandekommen des Nachfolgeabkommens beteiligen. Der Auftritt des US-Verhandlungsleiters Todd Stern auf der Vorbereitungskonferenz Anfang April 2009 in Bonn gab hier ebenso Anlass zu Hoffnung wie die mehrfachen Ankündigungen Barack Obamas, die USA wollten bis 2020 ihren CO_2-Ausstoß auf das Niveau von 1990 zurückfahren.

Die jährlichen Durchschnittstemperaturen sind seit Beginn der Industrialisierung um knapp 0,8 Grad gestiegen. Das Erdklima hat sich damit erwärmt wie seit 400 Jahren nicht. Das ist vorwiegend auf den Kohlendioxidausstoß der Industrie- und neuerdings auch vieler Schwellenländer zurückzuführen. Bereits ein Stillstand dieser Entwicklung – von ihrer ungebremsten Fortsetzung gar nicht zu reden – lässt Poleis und Gletscher schmelzen. Länder wie Bangladesch und ein Großteil unserer Küstenregionen würden überflutet. All das bestreitet heute kaum noch jemand ernsthaft. Eher sieht es nach jüngsten Erkenntnissen der Klimaforscher danach aus, dass alle bisherigen Negativprognosen noch zu niedrig angesetzt waren.

Nun werden die bescheidenen Ziele des Kyoto-Protokolls, die im Ganzen verfehlt und im Einzelnen wohl nur von wenigen Staaten erreicht werden, das Klima kaum retten können. Dass Deutschland seine »Klimaziele« Ende 2008 erreicht hat, klang zwar nach einer guten Nachricht. Tatsächlich haben aber nicht nur unser hoher Anteil an Windenergie dazu beigetragen, sondern auch ein milder Winter 2007/2008 und ein statistischer Trick: Wegen der Mehrwertsteuererhöhung bunkerten viele Hausbesitzer 2006 Heizöl, das sie erst 2007 verbraucht haben, das aber rechnerisch als CO_2-Belastung des Vorjahres verbucht wurde. Wie schnell der Klimaschutz überdies unter die Räder kommt, das haben die EU-Krisengipfel Anfang 2009 gezeigt, bei denen der Autoindustrie noch einmal Aufschub hinsichtlich des Schadstoffausstoßes ihrer Modelle gewährt wurde. Insgesamt muss daher bezweifelt werden, dass Deutschland mit den bisherigen Strategien seine CO_2-Emissionen bis 2020 tatsächlich um 40 Prozent verringern kann.

Sei es, wie es sei: Die Menschheit muss mindestens verhindern, dass sich die Erdatmosphäre im 21. Jahrhundert insgesamt um mehr als 2 Grad Celsius erwärmt. Dafür muss der CO_2-Ausstoß weltweit halbiert werden. Für Europa heißt dies: 80 Prozent Reduktion bis 2050. Tun wir nichts, dann wird sich das Klima um 4 bis 5 Grad Celsius erwärmen – mit unabsehbaren ökologischen und dadurch bedingten sozialen Folgen. Völlig zu verhindern ist ein Anstieg der globalen Temperaturen zwar nicht mehr, da das bereits in die Atmosphäre freigesetzte Kohlendioxid der letzten eineinhalb Jahrhunderte seinen Treibhauseffekt noch auf lange Zeit entfalten wird. Umso dringender ist es aber, dass wir unser auf fossiler Verbrennung beruhendes Wirtschafts- und Lebensmodell so schnell und so konsequent wie möglich ändern.

Fast noch wichtiger als die Energiewende selbst, die vollständige Umstellung unserer *Versorgung* auf erneuerbare Energien, ist eine zügige, massive und nachhaltige Reduktion unseres absoluten Energie*verbrauchs*. Überall müssen wir uns fragen, wie wir dasselbe Ergebnis – im Warmen zu sitzen, ein gekühltes Bier zu trinken, von A nach B zu kommen, unseren Mitarbeitern angenehme Arbeitsplätze zur Verfügung zu stellen oder erstklassige, preiswerte Solarmodule zu produzieren – mit weniger Energieeinsatz erreichen.

Wer mich kennt, der weiß, dass ich alles andere als ein grimmiger Prediger des Verzichts bin. Meine Vision ist es nicht, dass wir zur Rettung der Welt auf materiellen Wohlstand verzichten. Dennoch kann sich jeder an dem einen oder anderen Punkt fragen: Brauche ich das jetzt wirklich, um glücklich zu sein?

Wobei jedem zugebilligt sei, sich im Einzelfall auch positiv zu entscheiden: Ja, das will ich jetzt! Ich zum Beispiel will mit Gas kochen. Ich weiß sehr wohl, dass das ein energetischer Luxus ist. Den leiste ich mir, und den mute ich der Umwelt zu. Ansonsten aber wird in meinem Haus und in den Firmengebäuden der Solarworld AG jede noch so kleine Energiesparmöglichkeit genutzt – von der Wärmedämmung über die energetische Grundwassernutzung, also die Geothermie, bis hin zum Energiesparlämpchen.

Insgesamt stecken in fast jedem unserer Lebensbereiche noch ungeheure Potenziale zur Energieeinsparung. Zum Beispiel bei der Mobilität. Für mich ist es keine Frage, dass die Zukunft des Individualverkehrs dem Elektroauto gehört. Es hat bislang gegen den Verbrennungsmotor nur deshalb verloren, weil Öl scheinbar unendlich und über Jahrzehnte zu Spottpreisen verfügbar war. Jetzt, wo wir wissen, dass die Reserven in ein bis zwei Generationen erschöpft sind, wird sich der Trend umkehren. Wenn nicht die traditionelle Autoindustrie dafür sorgt, dann werden neue, findige und mutige Unternehmer und Ingenieure es übernehmen, bei Antrieben und Batterien zügig die nötigen Innovationen zu schaffen.

Ebenso sicher bin ich, dass unsere Verkehrsinfrastrukturen in fünfzig Jahren völlig anders aussehen werden. Wir neigen ja zu der Auffassung, der Mensch habe sich schon immer auf Autobahnen fortbewegt. Doch die Automobilisierung der Massen ereignete sich im Wesentlichen zwischen 1945 und 1975. Den Wunsch der Menschen nach freier Fortbewegung hat eine bestimmte Form von Infrastrukturpolitik dreißig Jahre lang in eine einzige Richtung gelenkt: hinter das Lenkrad. Das hätte man anders machen müssen. Man kann es aber auch rasch wieder ändern. Höchstwahrscheinlich in weniger als dreißig Jahren.

Ich bin überzeugt, dass Bahn und öffentlicher Personennahverkehr in den kommenden Jahren und Jahrzehnten das Feld zurückerobern werden. Wo heute jeden Morgen der Berufsverkehr tobt, werden nur noch ein paar Unentwegte mit dem Auto zur Arbeit fahren. Die meisten haben dann nämlich gleitende Arbeitszeiten oder arbeiten zu Hause – und sie benutzen Straßen- und U-Bahnen. Wir werden die strikte Trennung von Wohnen, Arbeiten und Einkaufen, die uns in den letzten sechzig Jahren so viel Fahrerei eingebrockt hat, zu weiten Teilen wieder aufgeben. Wenn ich meinen Enkeln, so ich solche haben werde, 2030 von einer Zersiedlungsprämie namens Pendlerpauschale erzählen werde, dann werden sie glauben, wir wären im 20. Jahrhundert nicht bei Verstand gewesen.

Mobilität ist ein Recht jedes Menschen, die Möglichkeit, jederzeit dort hinzukommen, wo es ihn hindrängt. Es ist indes kein Menschenrecht, das mit 800 oder auch nur mit 80 PS pro Nase zu tun. Und es ist ebenso fragwürdig, zwei Stunden am Tag für den Arbeitsweg opfern oder zur Befriedigung alltäglicher Bedürfnisse ein zehn Kilometer entferntes Einkaufscenter auf der grünen Wiese ansteuern zu müssen.

Andersherum wird ein Schuh draus: Das Auto der Zukunft wird überwiegend ein Freizeitprodukt sein. Man wird aber kein Auto *besitzen* müssen, um sein Leben zu organisieren. Wer unbedingt will und kann, wird auch in Zukunft eines haben. Andere dagegen werden, je nach Lust und Laune, entsprechend ihrer aktuellen Wünsche einen Kombi, ein Coupé oder ein Cabrio mieten. Oder sie werden sich die Autos mit den Leuten in ihrer Straße teilen. Ich glaube, indem die Zahl der Autos künftig sinkt, wird die Zahl der Optionen auf Mobilität und auf Lebensqualität *steigen*. Und sicher bin ich mir, dass, was immer auch durch unsere Lande kurven wird, dies mit Strom tun wird, der zuvor aus erneuerbaren Energien, maßgeblich aus Sonnenenergie, gewonnen wurde.

Am Anfang stehen wir zurzeit auch noch beim Thema energieeffizientes Bauen. Ein durchschnittliches Einfamilienhaus verbraucht in Deutschland derzeit rund 3000 Liter Öl oder Kubikmeter Erdgas pro Jahr allein für die Heizung. Moderne Passivhäuser kommen mit nur 200 Litern pro Jahr aus. Das macht sieben bis acht Tonnen CO_2 weniger. Das heißt: In der Mehrzahl der Wohnhäuser, Bürogebäude, Geschäfte unseres Landes steckt noch über 90 Prozent Energiesparpotenzial. In einem Mieterland wie Deutschland wird es zwar etwas mehr Zeit brauchen, bis die notwendigen Investitionen getätigt sind. Aber spätestens in zwanzig Jahren wird eine Wohnung, die mehr als 30 bis 50 Kilowattstunden Energie pro Jahr und Quadratmeter verbraucht, ungefähr so schlecht zu vermieten sein wie heute eine mit Kohleofen und Klo auf halber Treppe.

Zwischen 50 und 90 Prozent Stromersparnis sind, obwohl sich hier in den letzten Jahren Erhebliches getan hat, auch noch bei Kühlschränken und anderen Hausgeräten, bei Beleuchtung, Unterhaltungselektronik und Bürotechnik möglich. Deshalb sollten wir unseren heutigen Strom- und Wärmebedarf nicht einfach linear in die Zukunft hochrechnen. Was wir hochrechnen sollten, ist unser Bedarf an Lebensqualität – und die Zahl der Optionen, diesen energieeffizient zu befriedigen.

Vor einiger Zeit wurde mir auf einer Veranstaltung vorgerechnet, dass allein die BASF auf ihrem Werksgelände in Ludwigshafen mehr Strom verbrauche als ganz Dänemark. Ob ich etwa glaube, man könne ein derart großes Chemiewerk nur mit Solarmodulen und mit Windrädern betreiben?

Langfristig, so meine Antwort, werde der BASF, zusammen mit Geothermie und Kraft-Wärme-Kopplung, wohl nichts anderes übrig bleiben. Denn weder Öl-, Kohle- und Gaskraftwerke noch Atomenergie würden dem Chemieriesen in 100 Jahren noch zur Verfügung stehen. Im Übrigen sei ich mir zwar sicher, dass es auch in 100 oder 200 Jahren eine chemische Industrie geben werde, ich wisse jedoch nicht, ob das noch Kombinate dieser Größenordnung sein würden. Kurz: Auch im Bereich der industriellen Großversorgung werden wir Lösungen ohne fossile Energien finden.

Im November 2008 hat ein Bundesparteitag von Bündnis 90/Die Grünen mit überwältigender Mehrheit beschlossen, Ziel der Politik müsse sein, Europa bis zum Jahr 2040 vollständig – das heißt bei Strom, Wärme und Verkehr auf dem Boden – aus erneuerbaren Energien zu versorgen. Für die Stromversorgung wird dieses Ziel sogar für 2030 gesetzt. Das mag ehrgeizig sein. Wie es ja immer etwas Symbolisches hat, sich auf exakte Jahreszahlen festzulegen. Aber eine Wende in der Energiepolitik für 2040 kann man eben nicht erst 2038 beschließen. Wir müssen uns jetzt mit Siebenmeilenstiefeln auf den Weg in eine nichtfossile Zukunft machen.

Selbst das Tempo des Wandels können wir nur noch bedingt wählen. Ressourcenknappheit und Klimawandel geben es uns vor. Angesichts der Investitionszyklen in diesem Bereich wäre es unverantwortlich, unsere überkommene Energie-Infrastruktur noch weitere dreißig Jahre beizubehalten.

SOLARENERGIE MACHT UNABHÄNGIG

Zwanzig Staaten kontrollieren 85 Prozent der weltweiten Erdölförderung. Allein die heutigen zwölf Mitgliedstaaten der OPEC fördern etwa 40 Prozent und verfügen über drei Viertel der weltweiten Reserven. Von allen westlichen Industriegesellschaften haben nur die USA wirklich große, Kanada, Großbritannien und Norwegen immerhin nennenswerte, allesamt jedoch zur Neige gehende Ölreserven. Der Rest der Welt ist von Importen abhängig.

Der zweitgrößte Ölförderer der Welt ist Russland, das 2007 fast gleichauf mit Saudi-Arabien lag und Deutschlands mit Abstand wichtigster Lieferant von Öl und Gas ist. Daneben sind die arabischen Staaten, der Iran und Schwellenländer wie Mexiko, Venezuela und Brasilien wichtige Ölexporteure.

Die Volksrepublik China ist zwar fünftgrößter Ölförderer der Welt, aber nach den USA auch der zweitgrößte Verbraucher – und deshalb Nettoimporteur.

Unsere Abhängigkeit von Ölimporten wurde während der Ölkrisen 1973 und 1979 erstmals spürbar. Zwar ging der Einfluss der OPEC in den neunziger Jahren zurück, doch da fast alle Staaten, die diesem Kartell nicht angehören, ihr Fördermaximum bereits überschritten haben, wird er in Zukunft wieder wachsen. Nun mag es zurzeit zwar wenig wahrscheinlich sein, dass die OPEC ihre Marktmacht noch einmal – wie 1973 aufgrund des Nahostkonflikts – zur offenen politischen Erpressung einsetzt. Doch die eigene Energieversorgung von feudalen Regimes abhängig zu wissen beruhigt nicht wirklich, zumal wenn diese womöglich von islamistischen Fanatikern abgelöst würden. Das Erpressungspotenzial der russischen Energiemacht können wir jeden Winter studieren, wenn sie unbotmäßigen Nachbarn einfach den Gashahn zudreht. Und aus sehr verschiedenen Gründen sind auch Staaten wie der Iran, Nigeria, Angola oder Venezuela nicht die verlässlichen Geschäftspartner, von denen man träumt. Es sind nun einmal nicht die *Nice guys* der Weltpolitik, die unsere heutige fossile Energieversorgung sicherstellen.

Hinzu kommt: Die Zeiten, zu denen die westlichen Industrieländer die einzigen großen Ölkunden waren, sind ein für allemal vorbei. Schon heute und noch mehr in Zukunft konkurrieren steil aufstrebende Volkswirtschaften wie China, Indien oder die Staaten Südostasiens mit uns um diese Ressourcen. Die Lieferanten können sich ihre Geschäftspartner also aussuchen. Die guten Ölgeschäfte, die China mit dem geächteten Regime des Sudan macht, einem zwar noch relativ unbedeutenden, aber auf großen, weitgehend unerschlossenen Reserven sitzenden Ölförderland, geben uns keine ermutigenden Hinweise.

Im Gegensatz zu Erdöl und Erdgas ist Kohle eine vergleichsweise breit verteilte Ressource. Und wenn auch die weltweiten Vorräte vermutlich weit geringer sind als vielfach angenommen, so ist dies doch der fossile Brennstoff mit der größten Verfügbarkeit. Jedoch auch mit den mit Abstand höchsten CO_2-Emissionen. Auch die bescheidensten Klimaschutzziele sind daher mit der Kohleverstromung nicht zu erreichen.

Doch statt vor allem auf die heute bereits verfügbaren erneuerbaren Energien zu setzen, forschen die Stromkonzerne derzeit fieberhaft an zwei Strategien zur CO_2-Reduktion von Kohlekraftwerken. Zum einen an einer Erhöhung ihres derzeitigen Wirkungsgrades von durchschnittlich 40 Prozent. Da wir noch eine Weile mit diesen Kraftwerken werden leben müssen, ist das auch dringend notwendig.

Das andere große Projekt heißt »Sequestrierung«: Das von Kohlekraftwerken ausgestoßene CO_2 soll abgeschieden, komprimiert und unterirdisch oder in tieferen Meeresschichten gelagert werden. Allerdings rechnen selbst gläubige Anhänger der CO_2-Abscheidung nicht mit der Möglichkeit ihres kommerziellen Einsatzes vor 2020. Und das ist für den Klimaschutz viel zu spät. Ganz abgesehen davon, dass es dem erstgenannten Ziel diametral entgegenläuft: Abscheidung wäre ein sehr energieintensives Verfahren und würde den Wirkungsgrad von Kohlekraftwerken um bis zu 40 Prozent *senken*.

Im Gegensatz zur Lösung der technischen Probleme, bei denen man bisher über erste Versuche nicht hinausgekommen ist, zeichnen sich die ökologischen Risiken dieser »Endlagerung« schon deutlich ab. Schlicht nicht infrage kommt eine Einleitung ins Meer, egal wo und egal wie tief. Das Risiko einer toxischen Übersäuerung der Ozeane ist dafür viel zu groß. Und im Falle der unterirdischen Einlagerung würden wir ein neues, über Hunderte, ja Tausende von Jahren reichendes Langfristrisiko eingehen, das Risiko eines allmählichen oder gar spontanen Austretens der eingelagerten Gase. Zudem wäre es das Ende der Tiefengeothermie, da für diese die gleichen Gesteinsschichten angebohrt werden.

Aus diesen Gründen bewertete das Umweltbundesamt die CO_2-Abscheidung in einem Positionspapier vom Oktober

2006 kritisch: »Die technische Abscheidung und Speicherung von CO_2 (…) ist nicht nachhaltig, sondern allenfalls eine Übergangslösung.« Allein schon deshalb, weil die Speicherkapazitäten in Deutschland in wenigen Jahrzehnten ausgeschöpft wären. Mein Urteil fällt härter aus: Das Verfahren wäre eine ökologische Zeitbombe. Bei Lichte betrachtet ist es nur ein weiterer Strohhalm, an den die fossile Energiewirtschaft sich mit aller Verzweiflung klammert.

Aber die »Versorgungssicherheit«! Leider ist es eine Illusion zu glauben, bei der Kohle sei Deutschland aufgrund eigener Reserven unabhängig, sollten erst steigende Preise die heimische Förderung wieder rentabel machen. Tatsächlich fördern nämlich auch hier zehn Staaten 94 Prozent des weltweiten Angebots an Steinkohle (in der Reihenfolge ihrer Fördermenge): China, die USA, Indien, Australien, Südafrika, Russland, Indonesien, Polen, Kasachstan und die Ukraine. Deutschland liegt gegenwärtig noch auf Rang 15 bei der Förderung, nach neuesten Schätzungen aber nur noch auf Rang 43 bei den Reserven. Wir sind der fünftgrößte Steinkohleimporteur der Welt. Für mich sieht Versorgungssicherheit anders aus!

Einzig bei der besonders umwelt- und klimaschädlichen Braunkohle ist die Bundesrepublik autark: Als Nummer 1 in der Welt fördern wir knapp 180 Millionen Tonnen im Jahr – die wir auch gleich durch unsere eigenen Schornsteine jagen.

Vor diesem Hintergrund ist es mir vollkommen unverständlich, wie die Bedeutung der Solarenergie auch heute noch so stark angezweifelt werden kann – es sei denn, man erklärt das allein mit wirtschaftlichen Interessen der Konkurrenz. Solarenergie ist in fast allen Siedlungsgebieten der Menschheit in ausreichender Menge verfügbar. Abgesehen von Alaska und dem Norden Kanadas, Grönland, Nordskandinavien und Nordsibirien sowie der Antarktis liegt die gesamte Landmasse der Erde in einem Gürtel nördlich und südlich des Äquators, in dem die lokale Sonneneinstrahlung im Jahresmittel und unter Berücksichtigung der Wolkenabdeckung zwischen 850 und

2100 Kilowattstunden pro Quadratmeter beträgt. Spitzenwerte über 2100 Kilowattstunden werden in großen Teilen der Sahara und des südlichen Afrika, im Südwesten der USA, in den Hochwüsten des mittleren Andengürtels und auf gut der Hälfte der Flächen Australiens und Guineas erzielt.

In Deutschland liegt die mittlere jährliche Sonneneinstrahlung bei rund 1000 kWh pro Quadratmeter – mit regional unterschiedlichen Werten zwischen 900 und 1200 kWh; 1000 kWh entsprechen einem Energiegehalt von 100 Litern Öl. Im Schnitt ist das mehr als die Hälfte der Solarenergiemenge, die wir in der Sahara vorfinden.

Ein Solarmodul auf einem deutschen Dach ist ziemlich genau halb so produktiv wie ein gleiches Modul in Arizona, der Atacama-Wüste, Assuan oder Alice Springs. Während ein Deutscher seinen gesamten Strombedarf in der Sahara mit einer Solaranlage von 5 Quadratmetern Fläche decken könnte, braucht man bei uns dafür 10 Quadratmeter. Das sind immer noch durchaus erfreuliche Werte.

Es genügen rund zwei Prozent der Gesamtfläche Deutschlands, um mit der *heute* verfügbaren Solartechnik unseren *gesamten* Bedarf an elektrischer Energie zu produzieren. Das Beratungsunternehmen Ecofys kam 2007 in einer Studie zu dem Ergebnis, dass sich hierzulande allein 2300 Quadratkilometer Dach- und Fassadenflächen für die Installation von Solaranlagen eignen. Das entspricht 0,65 Prozent der Gesamtfläche Deutschlands. Verschiedene Berechnungen über das Solarpotenzial auf Freiflächen kommen – je nach den zugrunde gelegten Annahmen über Obergrenzen bei der Flächenversiegelung – auf Potenziale zwischen 4000 und gut 5000 Quadratkilometer.

Mit einem Wort: Solarenergie kann bereits heute in Deutschland in ausreichender Menge und mit zufriedenstellenden Wirkungsgraden erzeugt werden. Hier so schnell wie möglich auf nennenswerte Anteile an der Stromproduktion zu kommen ist das Gebot der Stunde. Das nutzt dem Klima wirklich! Es macht uns unabhängig von Importen fossiler Brennstoffe. Und es macht Stromverbraucher mit eigenem Solarkraftwerk auf dem Dach unabhängig von den Fossilkonzernen.

SOLARENERGIE IST DEZENTRAL UND DEMOKRATISCH

Die größten Nachteile jeder fossilen und der atomaren Energieversorgung hingegen sind ihre zentralistischen Strukturen und die sehr langen Investitionszyklen. Gaskraftwerke haben Laufzeiten von zwanzig bis 35 Jahren, Atomkraftwerke von dreißig bis vierzig und Kohlekraftwerke von vierzig bis fünfzig Jahren. Bei Baukosten, die mindestens im mittleren dreistelligen Millionenbereich liegen und die bei Großkraftwerken auch leicht die Milliarde überschreiten, sind derart lange Investitionszyklen programmierte Innovationsbremsen.

Das umso mehr, als diese Zyklen sich ständig zeitlich überlagern, es also eigentlich *nie* den richtigen Zeitpunkt zum Ausstieg aus der fossilen Energiewirtschaft gibt. Denn *immer* stehen irgendwo betriebswirtschaftlich noch nicht abgeschriebene Milliarden in der Landschaft herum. Zusammen beherrschen die vier großen deutschen Stromkonzerne E.ON, RWE, Vattenfall und EnBW fast 90 Prozent des Marktes. Dieses Oligopol kann Energiepolitik, Preise und technische Standards entscheidend beeinflussen.

Wir kommen hier zum Kern der bisweilen so verbissen geführten Kontroverse über erneuerbare versus fossile Energien. Und welche Überraschung: Es geht um Marktmacht – und um sehr, sehr viel Geld, das über sehr lange Zeiträume investiert und verdient wird. Und das zudem in einem Markt, der nur indirekt ein Konsumentenmarkt ist.

Zwar braucht nahezu jeder Mensch Strom. Aber niemand kauft Strom, weil er Lust auf das Produkt hat. Strom steht in der Rangfolge der Bedürfnisse des modernen Menschen sozusagen da, wo Plankton oder Gras in der Nahrungskette stehen – ganz am Anfang, und damit weit abseits unseres Bewusstseins. Ein Kühlschrank mag in Grenzen als Lifestyle-Objekt taugen, aber eigentlich kaufe ich ihn wegen der frischen Milch oder des kühlen Bieres. Als Produkt macht auch die neueste Dolby-Surround-Anlage wenig her – Spaß macht sie aber, wenn man seine Freunde zum Filmeabend einlädt. Die Designerlampe im Wohnzimmer habe ich aus ästhetischen Gründen gekauft – nur für die Beleuchtung hätte es auch der »russische Kronleuchter« getan.

Schon an den meisten Elektrogeräten habe ich als Konsument also oft nur ein mittelbares, selten ein lustgetriebenes Interesse. Und der Strom für die Geräte kommt bekanntlich aus der Steckdose. Er ist das klassische *low interest product*. Als Käufer interessieren mich die Bedingungen seiner Erzeugung im Grunde nicht. Sie geraten erst in den Blick, wenn Energieversorgung und Energieerzeugung als die zentralen wirtschaftlichen und politischen Daseinsthemen wahrgenommen werden. Strom ist bislang ein vorwiegend politisch bestimmtes Produkt.

Über seine Herstellung, Verteilung und Preisbildung wird deshalb weniger am Markt, sondern hauptsächlich am grünen Tisch entschieden. Hinzu kommt die hohe, langfristige und extrem konzentrierte Kapitalbindung in der Energiewirtschaft. Und genau darum geht es. Würden die bisherigen Strukturen unserer Energieerzeugung unverändert beibehalten, dann müssten die Stromkonzerne in den nächsten Jahren erhebliche Ersatzinvestitionen tätigen, sowohl in ihre Kraftwerke als auch in die Netzinfrastruktur.

Ob diese Investitionen vorgenommen werden oder nicht, entscheidet langfristig über rund 170 Milliarden Euro Umsatz und 21 Milliarden Euro Gewinn pro Jahr. So viel haben E.ON, RWE, Vattenfall und EnBW 2008 mit ihren Kunden – 39 Millionen Haushalte und knapp drei Millionen Unternehmen – umgesetzt und erlöst. Allein im ersten Quartal 2009 machten die beiden großen Oligopolisten RWE und E.ON mehr Gewinn als alle übrigen börsennotierten Unternehmen zusammen!

Das Ausmaß der fälligen Investitionen erkennt man, wenn man sich die Altersstruktur des deutschen Kraftwerksparks ansieht. Rund ein Drittel aller deutschen Strommeiler ist älter als 35 Jahre. Mehr als die Hälfte ist zwischen 15 und 35 Jahre alt, nur 11 Prozent wurden in den letzten anderthalb Dekaden errichtet. Von den Braunkohlekraftwerken – vor allem in den östlichen Bundesländern – wurden 45 Prozent vor 1974 gebaut, bei den Steinkohlekraftwerken sind es fast 37, bei den Gaskraftwerken 41,5 Prozent, bei den vergleichsweise unbedeutenden Ölkraftwerken gar 70 Prozent. Weitere 60 Prozent der Steinkohlekraftwerke, die für die Grundlastversorgung zentral sind, stammen aus den Jahren 1975 bis 1994.

Hinzu kommt, soweit der Atomausstieg nicht doch noch auf die lange Bank geschoben wird, dass in den nächsten zwölf Jahren eigentlich alle 17 noch in Betrieb befindlichen deutschen Kernkraftwerke vom Netz gehen müssen. 2021, so der Plan des Umweltministeriums, soll mit Neckarwestheim 2 der letzte Reaktor stillgelegt werden.

Nimmt man nur die Kapazitäten der ältesten konventionellen Kraftwerke und aller AKWs, dann muss bis ungefähr 2030 eine Kraftwerksleistung von mindestens 50 000 Megawatt ersetzt werden. Gemessen an der insgesamt in Deutschland installierten Kraftwerksleistung von rund 140 000 Megawatt gehen demnach bis 2030 über 30 Prozent der Kapazitäten vom Netz.

Vom erheblichen Modernisierungsbedarf der Stromnetze ist dabei noch gar nicht die Rede gewesen. Nicht nur, dass die ›dumme Technik‹ unserer Hochspannungsnetze – Transformatoren, Masten oder Leitungen – teilweise marode und ineffizient ist. Unser Stromnetz ist, gemessen an den heutigen Möglichkeiten computergestützter Bedarfserhebung und Steuerung, auch nicht mehr auf dem Stand der Zeit. Auch hier müsste gewaltig investiert werden.

Der derzeitige Modernisierungsstau mit seinen weitreichenden nachteiligen Folgen ist bewusst herbeigeführt worden. Denn innerhalb der nächsten Jahre wird politisch entschieden werden, wohin die Reise geht: ob und wie weit die genannten Kapazitäten durch erneuerbare Energien oder aber durch neue fossile Kraftwerke ersetzt werden sollen. Da die deutsche Stromwirtschaft in den kommenden zwanzig bis dreißig Jahren für die konventionellen Kraftwerke, deren Unverzichtbarkeit sie so nachdrücklich predigt, fünfzig bis sechzig Milliarden Euro ausgeben müsste, will sie verständlicherweise Investitionssicherheit. Mit solchen Investitionen wäre über unseren Energiemix der nächsten fünfzig Jahre entschieden und folglich über den ökologischen Fußabdruck unserer Gesellschaft. Also für ziemlich genau jenen kritischen Zeitraum, an dessen Ende erst wir wohl klarer sehen werden: Wie lange reichen unsere fossilen Ressourcen wirklich? Und inwieweit gelingt es uns, das Weltklima ungefähr auf dem heutigen Stand zu stabilisieren?

Noch einmal: Ohne eine Abkehr von fossilen Energien, besonders von der Kohleverstromung, wird es keine Fortschritte beim Klimaschutz geben. Aber für mich ist eine Abkehr von den riesigen Infrastrukturen der Stromkonzerne hin zum eigenen Kraftwerk auf dem Dach auch technisch und ökonomisch ein notwendiger und vernünftiger Schritt weg von der Industriegesellschaft alten Typs mit ihrem immerwährenden Glauben an Größenvorteile.

Solarenergie ist nicht nur selbst innovativ, sie fördert auch Innovation. Denn sie verteilt den Kapitalstock eines wesentlichen Sektors unserer Volkswirtschaft auf sehr viel mehr Schultern – und hält ihn damit in Bewegung. Wohl hat auch eine Solaranlage einen Investitionszeitraum von 25 Jahren. Ihr Lebenszyklus kann sogar 30 Jahre und mehr betragen. Aber die investierten Beträge sind äußerst gering: etwa 18 000 Euro für eine 5-Kilowatt-Aufdach-Anlage, ausreichend für eine vierköpfige Familie. Und diese Kleininvestitionen verteilen sich ebenso breit über die Zeit. Die Modernisierung erneuerbarer Energieträger erfolgt damit eben nicht mehr in milliardenschweren, langsamen Zyklen, sondern permanent.

Schließlich ist Solarenergie auch deswegen eine gerechte und demokratische Form der Energieerzeugung, weil sie überall und auch unabhängig von bestehenden Infrastrukturen Zugang zu Strom ermöglicht. Das ist nicht nur in den abgelegenen ländlichen Regionen unserer Breiten von Nutzen. Vor allem ist es ein unschlagbarer strategischer Vorteil in den meisten Entwicklungsländern, die weder über die finanziellen Mittel noch über die Zeit verfügen, um Kraftwerks- und Netzstrukturen nach unserem bisherigen Modell aufzubauen.

Man darf nicht vergessen, dass ein Drittel der Bevölkerung in den Nicht-OECD-Ländern – das sind rund 1,6 Milliarden Menschen – aktuell noch keinen Zugang zu Strom hat. Und wo in Entwicklungsländern netzunabhängig Strom produziert wird, da geschieht dies mit Dieselaggregaten. Heißt: Das ärmste Viertel der Menschheit kauft jährlich für 24 Milliarden Euro gesundheitsschädliches Leuchtpetroleum, um nicht im Dunkeln zu sitzen. Heißt aber auch: Bei einem Dieselpreis von 70 Eurocent pro Liter, wie man ihn momentan in vielen Ländern Afrikas bezahlt, produziert eine Solaranlage heute schon um die Hälfte günstigeren Strom. Ihre Finanzierung muss nur durch Mikrokredite ermöglicht werden.

Gerade in den Entwicklungsländern wird sich deshalb zeigen, dass die Solarrevolution zugleich eine politische und ökonomische Befreiung der Menschen ist. Der Aufbau von Mobilfunknetzen hat es zum Beispiel Fischern und Bauern ermöglicht, direkt und unter Umgehung lokaler Zwischenhändler mit ihren Abnehmern zu kommunizieren. Dadurch werden die Märkte transparenter und die Preisgestaltung fairer. Ganz ähnlich wird Solarenergie die Menschen unabhängiger machen – unabhängig von ineffizienten Regierungen und Verwaltungen, unabhängig von korrupten Oligarchen und unabhängig von wirtschaftlichen Interessen globaler Großkonzerne.

Mit einem Wort: Solarenergie ist die ideale Quelle für eine private, dezentrale, ökologisch sinnvolle, korruptionsfreie, gerechte und überall einsetzbare Stromversorgung.

SOLARENERGIE IST NACHHALTIG UND WIRTSCHAFTLICH

Als 1992 mit dem Start des D2-Netzes erstmals der Wettbewerb auf dem deutschen Telekommunikationsmarkt Einzug hielt, da hatte man alle höhere Wahrscheinlichkeit auf seiner Seite, wenn man prognostizierte, diese exotische Technologie werde sich nie durchsetzen. Schließlich war Telefonieren zwar im Vergleich zu heute recht teuer, aber für jeden erschwinglich. Außerdem standen an jeder Ecke Telefonzellen. Wer unterwegs etwas Wichtiges mitteilen musste, der hatte dazu in aller Regel innerhalb der nächsten Stunde Gelegenheit. Und wenn jemand nicht erreichbar war, dann mussten Angehörige, Freunde, Vorgesetzte oder Mitarbeiter sich im schlimmsten Fall eben bis zum nächsten Morgen gedulden. Ob man es heute noch glaubt oder nicht, das Leben der Menschen, sogar der Kapitalismus haben ohne Mobilfunk funktioniert.

Die Marktauguren konnten zudem auch damals schon auf Erfahrungen mit der Mobiltelefonie zurückblicken. Seit 1985 – ich unterschlage hier die Urgeschichte von A- und B-Netz – waren rund 750 000 wichtige Menschen über das analoge C-Netz der Bundespost unter bundeseinheitlicher Rufnummer erreichbar. Seit 1989 konnte man dafür anstelle von aktenkoffergroßen Geräten die legendären »Hundeknochen« benutzen – die ersten echten Handtelefone. Ihr Preis von 12 000 DM begrenzte zwar ein wenig die Zielgruppe. Aber selbst ein dramatischer Preisverfall, Spinner sprachen von 75 und mehr Prozent, würde aus dem festnetzunabhängigen Telefonieren keinen Massenmarkt machen. *Europaweit* rechnete man damals mit maximal 10 Millionen Teilnehmern im neuen digitalen D-Netz.

Tatsächlich kosteten die ersten Handys von *DeTeMobil* und *D2 Privat* knapp 4000 Mark. Telefonieren konnte man damit anfangs nur in den Großstädten. Und für die monatliche Grundgebühr hätte man auch ein kleines Apartment mieten können. Wer damals vorhergesagt hätte, bald würde jedes Kind so ein Teil besitzen, weil es Gerät und Gebühren vom Taschengeld bezahlen könne, der hätte als reif für die Insel gegolten.

Irgendwie wiederholen sich die Dinge, wenn auch nicht immer auf die gleiche Weise und mit der gleichen Geschwindigkeit. Unter anderem durch die Entwicklung der Mobilfunkmärkte und des Internets belehrt, hatte ich im Jahr 2000 relativ provokant die Netzparität – das Erreichen der Preisgleichheit von Solar- und Haushaltsstrompreis – für 2004 prognostiziert. Das war verfrüht. Auch heute noch kostet die Kilowattstunde Solarstrom mehr als konventioneller Haushaltsstrom – nicht nur bezogen auf die Einspeisevergütung nach dem Erneuerbare-Energien-Gesetz (EEG), sondern auch bezogen auf die Gestehungskosten.

Lassen wir das Thema Einspeisevergütung mitsamt dem politischen Getöse für einen Moment außen vor. Reden wir über den wesentlichen Faktor für den solaren Strompreis: die Kosten für eine durchschnittliche, privat installierte Photovoltaikanlage. Im Jahr 2002 bezifferte der Abschlussbericht der Enquêtekommission »Nachhaltige Energieversorgung« des Bundestages die Erzeugungskosten für Solarstrom in Deutschland noch auf 49 bis 71 Cent pro Kilowattstunde, je nach Standort und Größe der Anlage. Ein Kilowatt peakinstallierte Leistung – das ist die maximale Leistung eines Moduls unter Idealbedingungen – kostete 2001 aber noch deutlich über 6000 Euro. Im Juni 2009 lag der Preis im Schnitt bei etwa 3300 Euro.

Geht man von einem jährlichen Ertrag von rund 1000 Kilowattstunden Strom pro Kilowatt Peak-Leistung aus, und rechnet man fairerweise eine jährliche Rendite von vier Prozent auf die Investitionssumme dazu, dann ergibt sich bei den genannten Modulpreisen ein Strompreis von 30 Cent pro Kilowattstunde. Das ist zwar immer noch ein Drittel mehr, als ein Kunde heute einschließlich aller Gebühren, Steuern und Abgaben für konventionellen Strom bezahlen muss, nämlich 20 bis 22 Cent pro Kilowattstunde. Aber dieser Preis bleibt über die gesamte Lebensdauer der Photovoltaikanlage, also über 25 bis 30 Jahre, konstant. Und im Gegensatz zu Betreibern von Kohle- oder Gaskraftwerken erhält der Besitzer einer Solaranlage auch weder von der Sonne noch von der Umwelt künftig irgendeine Rechnung.

Bei den Preisen für Strom aus fossiler Energie ist es dagegen sehr realistisch, von Preissteigerungen zwischen vier und fünf Prozent pro Jahr auszugehen. Andererseits wäre es übervorsichtig, bei den Preisen für Solaranlagen von jährlichen Preisrückgängen von weniger als 5 Prozent auszugehen. Schon zwischen 1990 und 2000 ist der Preis für Komplettsysteme – also Solarmodule plus Wechselrichter, Montage und Verkabelung – pro Jahr um etwa fünf Prozent gefallen. Zwischen Anfang 2006 und Ende 2008 waren es 20 Prozent – ein regelrechter Preisrutsch. Kostete ein kristallines Solarmodul im Herbst 2008 noch 3500 Euro pro Kilowatt, waren es Ende des Jahres nur noch knapp 3000 Euro. Im März 2009 waren wir bei etwa 2600 Euro angekommen, die Straßenpreise lagen teils noch 200 Euro darunter. Damit waren die Preise innerhalb eines *halben Jahres* um 35 Prozent gefallen. Setzt sich diese Entwicklung fort, dann wäre es nicht mehr eine Frage von Jahren, sondern eher von Monaten, bis Solarenergie so günstig ist wie herkömmlicher Strom aus der Steckdose. Dass es so kommen wird, hat mehrere Gründe:

- Durch den technischen Fortschritt können Solarmodule mit verbessertem Wirkungsgrad bei tendenziell weiter sinkenden Kosten produziert werden.
- Zwischen 1996 und 2008 ist der weltweite Photovoltaikmarkt pro Jahr um durchschnittlich 30 Prozent gewach-

sen. Allein in Deutschland stieg die installierte PV-Leistung 2008 von 3,8 auf 5,3 Gigawatt Peak. Weltweit hat sich die neu installierte Leistung beinahe verdoppelt. Auch langfristig sind Wachstumsraten von 20 bis 25 Prozent realistisch. Das senkt die Herstellungskosten. Denn Solarmodule entstehen heute nicht mehr in Tüftlerwerkstätten und Hinterhofbetrieben, sondern in moderner, hoch technisierter Massenproduktion.

- Weltweit werden weit mehr Solarmodule hergestellt als aktuell nachgefragt. Das drückt bekanntlich die Preise. Eine große Rolle spielt dabei der Einbruch des lange spekulativ überhitzten spanischen Immobilien- und Solarmarktes: Nach 2500 Megawatt in 2008 dürften dort 2009 aufgrund gesetzlicher Deckelung nur noch maximal 500 Megawatt ans Netz gehen.

- Die massive Rohstoffknappheit, die lange Jahre die Branche belastete, ist weitgehend überwunden. Dank neu errichteter Siliziumfabriken und größerer Anstrengungen beim Recycling fallen die Beschaffungspreise für den wichtigsten Rohstoff.

- Seit 1. Januar 2009 bekommen Betreiber von Dachanlagen bis 30 Kilowatt aufgrund der Novelle des Erneuerbare-Energien-Gesetzes nur noch 43 Cent je eingespeister Kilowattstunde. Das sind acht Prozent weniger als im Vorjahr. Bis 2011 sinkt die Einspeisevergütung noch einmal auf 36 Cent. Für größere Anlagen gelten ähnliche Degressionsraten. Auch dieser von Gegnern wie Anhängern der Photovoltaik (als zu gering oder als zu hoch) gescholtene »Subventionsabbau« bringt natürlich Preisdruck mit sich. Faktisch fallen die Modulpreise sogar stärker als die Einspeisevergütung.

Alle genannten Faktoren werden dafür sorgen, dass der Preis für eine Kilowattstunde Solarstrom spätestens 2013 bei 21 Cent liegt – dem heutigen Preis für konventionellen Strom. Damit würde die Netzparität zwar später erreicht als laut meiner provokanten Prognose aus dem Jahr 2000. Aber früher als es die ›Realisten‹ in unserer Branche lange vorhergesagt haben – und viel früher, als alle Sonnenverächter bis heute behaupten.

Allerdings ist auch die Solarbranche im Zuge der Wirtschaftskrise in Bedrängnis geraten. Wer seine Hausaufgaben nicht gemacht hat, dem wird das Marktumfeld Probleme bereiten. Völlig geht die Finanzkrise schon deshalb nicht an uns vorbei, weil viele Solarprojekte kreditfinanziert werden, die Banken sich aber zurzeit zugeknöpft zeigen. Komplette Fremdfinanzierungen, bis vor einem Jahr durchaus nicht unüblich, gibt es so gut wie gar nicht mehr. 20 Prozent Eigenkapital sind heute wieder das Minimum. Schon deshalb wird der stürmische Nachfragezuwachs der letzten Jahre 2009 erst einmal eine Pause einlegen.

Kommen wir noch einmal zum Thema Netzparität. Die konventionelle Stromlobby holt hier immer wieder gerne die Keule der »wahren« Produktionskosten für Atom- oder Kohlestrom hervor. Die sollen angeblich nur bei drei bis acht Cent pro Kilowattstunde liegen. Deshalb seien die Subventionen für Solarstrom nicht hoch, sondern aberwitzig hoch. Stromkunden interessieren die kalkulatorischen Kunstgriffe der Fachleute um Investitions- und Rohstoffkosten, versteckte und offene Subventionen oder Steuern und Abgaben freilich wenig. Sie schauen auf ihre Stromrechnung, sehen den Kilowattpreis – und vergleichen.

Dennoch versuchen Energieunternehmen ihre Kunden für dumm zu verkaufen. Wer jedoch gewillt ist, für weniger als ein halbes durchschnittliches Jahreseinkommen ein eigenes Kraftwerk zu bauen, der kann rechnen. Ganz gleich, ob er die Anlage auf seinem Dach in bar oder kreditfinanziert kauft, er weiß, dass er andernfalls über den normalen Strompreis einen fremden Kraftwerksbau mitfinanzieren würde. Also betrachtet er die Solaranlage als Investition und nicht als kumulierten Verbrauchspreis.

Wenn diese Investition sich nun schon deshalb rechnet, weil der selbst produzierte Strom über die gesamte Laufzeit der Anlage billiger ist als der eingekaufte, wenn einem das Unternehmen zudem auch noch selbst gehört, dann ist eine Investitionsbeihilfe wie die Einspeisevergütung gewiss ein zusätzlicher Anreiz. Aber der springende Punkt für diese Investition in die Zukunft sollte sie eigentlich nicht sein.

Folglich wird die Netzparität einen Wachstumsboom bei Solaranlagen auslösen – zunächst bei den Häuslebauern, dann bei allen Eigenheimbesitzern, schließlich bei Eigentümern von Mietshäusern und Gewerbeimmobilien. Die meisten großen Hersteller von Photovoltaik-Anlagen und ihren Komponenten sind für diesen Durchbruch zum Massenmarkt gut gerüstet. Auch die Preise werden weiter sinken. Und das wird die Nachfrage langfristig kräftig antreiben.

Die Solaranlage auf dem eigenen Dach wird damit zur profitablen Alternative zum Ablasshandel mit privaten CO_2-Verschmutzungsrechten. Statt eingepreister Ökosteuer gibt's die Berechtigung zum Umsatzsteuervorabzug. Und statt – weiterhin erlaubt! – Spenden an *Atmosfair* das klimaneutrale Eigenheim. Ich bin deshalb als Bürger wie als Unternehmer ziemlich sicher, dass noch so manche Marktprognose schon bald übertroffen wird.

Weil auch das zur festen Folklore der Solardebatte gehört, noch ein kurzes Wort zu den »fantastischen Profiten«, die die Solarunternehmen angeblich auf Kosten der Steuerzahler machen. Ich beteilige mich hier nicht an den zum Teil haarsträubenden Zahlenschiebereien, die da angestellt werden. Nur so viel: Die Einspeisevergütung für *alle* erneuerbaren Energien lag 2008, umgerechnet auf die einzelne Kilowattstunde, bei etwa 0,9 Cent. Für einen Haushalt mit durchschnittlichem Stromverbrauch bedeutet das Mehrkosten von drei Euro pro Monat. Dafür betrug der Anteil der hierdurch geförderten erneuerbaren Energien am Strommix aus der Steckdose aber bereits 17 Prozent.

Im Übrigen halte ich mich als Unternehmer an eine historische Grundwahrheit des Kapitalismus: Auf freien Märkten fängt der frühe Vogel den Wurm. Wer frühzeitig in neue und sinnvolle Technologien investiert, der verdient tatsächlich sehr viel schneller sehr viel mehr Geld. Das war schon bei den Eisenbahn- und Stahlbaronen des 19. und 20. Jahrhunderts so, die Regel galt einst auch für General Electric, Westinghouse und Siemens, für Ford oder Daimler, und sie hat bis hin zu Microsoft, Google und Facebook nichts von ihrer Gültigkeit verloren. Doch als alter Linker habe ich auch etwas dazugelernt: Das ganze schöne Geld landet im Wesentlichen nicht in den Villen oder bei den Zigarrenhändlern der Kapitalisten, sondern in den enormen Anfangs- und Wachstumsinvestitionen, die Unternehmen auf neuen Märkten vornehmen müssen. Jedenfalls dann, wenn sie nicht nur auf die schnelle Mark des ersten Booms spekulieren, sondern wenn sie auch noch in zwanzig oder dreißig Jahren ihr Geschäft betreiben wollen – dann, wenn ihre Märkte reif und nur noch durchschnittlich profitabel sind.

Meiner Meinung nach ist die Phase der großen Gründungseuphorie vorbei, in der schon die Bekanntgabe vager Pläne oder bevorstehender Vertragsunterzeichnungen rege Geldflüsse generierte. Die Solarbranche erlebt gegenwärtig ihre erste Zeitenwende. Bei etlichen Unternehmen stimmen die Kostenstrukturen nicht mehr. Und wer in der gegenwärtigen Phase erhöhten Preisdrucks seine Kosten nicht im Griff hat, den wird der Markt ganz schnell fressen. Solche Konsolidierungsphasen hat es – ebenfalls schon zu relativ frühen Zeitpunkten – in allen großen Technologiezyklen gegeben. Rund 450 Hersteller von Solarmodulen weltweit sind höchstwahrscheinlich wirklich zu viel. Wer darunter kein gutes Produkt anbietet oder zu hohe Preise verlangt, der kommt nicht mehr zum Zug. Denn die Kunden können heute nun einmal auch hochwertige Markenprodukte zu sehr attraktiven Preisen bekommen.

Hätten wir unser Geschäftsmodell vor allem auf die Mitnahme der Anschubhilfe durch das EEG gegründet, dann wäre es nur recht und billig, wenn wir in dem Moment vom Markt verschwinden, zu dem diese Förderung ausläuft. Deshalb ist meine persönliche Haltung zum Thema Einspeisevergütung auch sehr entspannt. Das System der Einspeisevergütung ist das weltweit erfolgreichste und für die Verbraucher kosteneffizienteste Instrument zur Förderung der erneuerbaren Energien. In der gegenwärtigen Aufbauphase einer neuen Technologie inmitten eines bisher abgeschotteten Energiemarktes ist sie zwingend notwendig und das richtige Instrument, um eine neue, für die Zukunft unserer Energieversorgung zentrale Branche auf eine erste kritische Größe zu bringen. Aber in dem Maße, wie der Markt sich selbst trägt, kann und wird sie sinken und irgendwann auch verschwinden. Firmen, die dann von den Marktpreisen ihres Produkts nicht leben können, sind weg vom Fenster. Über die Degression, die allmähliche Absenkung der Einspeisevergütungen, ist die Annäherung des Preises für nachhaltig erzeugte Energie im EEG selbst verankert. Und in der Gesetzesbegründung wird dieses Ziel auch explizit formuliert: »Erneuerbare Energien [sollen] mittel- bis langfristig ihre Wettbewerbsfähigkeit im Energiebinnenmarkt erreichen. Denn nur dann, wenn sich erneuerbare Energien ohne finanzielle Förderung auf dem Markt behaupten, können sie auf Dauer eine tragende Rolle im Energiemarkt spielen. (…) Mit steigenden Strompreisen und sinkenden EEG-Vergütungen sollen künftig in zunehmendem Maße EEG-relevante Strommengen aufgrund attraktiverer Vermarktungsmöglichkeiten nicht mehr über das EEG vergütet, sondern am Markt gehandelt werden.«

REGENERATIVE ENERGIEN SIND EINE ECHTE ZUKUNFTSINDUSTRIE

Es dürfte niemanden überraschen, dass ich als Gründer und Vorstandsvorsitzender eines der drei größten Solarunternehmen die Photovoltaik für einen äußerst aussichtsreichen Zukunftsmarkt halte. Wäre hier nur der Wunsch der Vater des Gedankens, wäre ich allerdings ein schlechter Unternehmer. Für meine persönliche wie unternehmerische Vision habe ich gute Gründe. Die lassen sich zu einem einzigen Kerngedanken zusammenführen: Die Solarenergie ist die einzige Form der Energieversorgung, die nicht nur heute, nicht nur in den nächsten zehn, zwanzig Jahren, sondern über die nächsten zwei bis drei Generationen hinaus großes Wachstumspotenzial hat.

Sicher – Solarenergie heißt nicht nur Photovoltaik, sondern auch Solarthermie. Aber auch wenn andere das anders sehen: Für mich hat die Photovoltaik das weitaus größere Potenzial bei der Stromerzeugung, die Solarthermie dagegen Potenzial nur bei der Wärmeversorgung. Strom aber ist der Grundstoff industrieller Gesellschaften. Nicht überall auf der Welt müssen die Menschen heizen. Aber überall auf der Welt brauchen sie Strom. Unsere gesamte private wie gewerbliche Mobilität, die sich heute im Wesentlichen dem Öl verdankt, wird künftig ganz überwiegend durch Strom ermöglicht werden. Ausnahmen bleiben nur das Fliegen und die Schifffahrt, Letztere vor allem dank einer Renaissance des Segels.

Brauche ich Strom, dann liefert nur die Photovoltaik ihn ohne Umweg: Strahlungsenergie wird direkt in elektrische Energie umgewandelt. Solarthermische Kraftwerke müssen dagegen, um Strom zu erzeugen, den Umweg über Wärme, Dampf oder Thermoöl und Turbine, also thermische und mechanische Energie, gehen. Das bedeutet massive Effizienzverluste. Und es erfordert genau deswegen – ganz im Gegensatz zur beliebig skalierbaren Photovoltaikanlage – von der Tendenz her Großkraftwerke mit möglichst gleichbleibendem und hohem Wirkungsgrad. Nicht umsonst ranken sich solarthermische Visionen wie die Desertec-Initiative für Fünf-Gigawatt-Trassen hauptsächlich um großflächige Kraftwerke in südlichen Regionen, namentlich der Sahara, die dann ihren Strom über effiziente Hochspannungsgleichstromnetze (HGÜ-Übertragung) der nächsten und übernächsten Generation in die Verbrauchszentren des Nordens transportieren sollen. Gewiss wird es solche Lösungen in Zukunft auch geben können. Aber Stromtransport aus der Wüste ist teurer als die Erzeugung auf dem eigenen Dach. Wollen wir wieder aus politisch unzuverlässigen Regionen unsere Energie beziehen? Haben wir bei Öl und Gas nichts gelernt? Wozu brauchen wir großtechnische Flaschenhalslösungen, wenn es jeder überall selbst machen kann? Deshalb wird die Erzeugung des Stroms von morgen meines Erachtens überwiegend dezentral, demokratisch, flexibel und eigenverantwortlich organisiert sein. Und das ist die Welt der Photovoltaik. Auf sie setze ich – politisch, wirtschaftlich und unternehmerisch.

Wie also wird der Energiemix der Zukunft aussehen? Es gibt dazu eine Prognose des Wissenschaftlichen Beirates »Globale Umweltveränderungen« der Bundesregierung. Diese geht davon aus, dass der Anteil der Solarenergie am weltweiten Primärenergieverbrauch, der zurzeit selbst bei wohlwollender Betrachtung noch marginal ist, ab 2020 deutlich, ab 2030 prägend und ab 2040 allmählich bestimmend sein wird. 2100 werden Photovoltaik und Solarthermie zusammengenommen nahezu 60 Prozent des weltweiten Primärenergiebedarfs decken. Und bereits zur Jahrhundertmitte wird unser gesamter Strom weltweit ausschließlich aus erneuerbaren Energien kommen.

Dagegen sinkt der Beitrag fossiler Energieträger, der heute bei über 80 Prozent liegt, auf weniger als 15 Prozent, wozu Erdgas mehr als die Hälfte beisteuern wird. Von der Kohle, so die Experten, werden wir uns zwischen 2040 und dem Ende des 21. Jahrhunderts aus ökologischen Gründen völlig verabschieden. Ebenso nimmt ab diesem Zeitpunkt die jetzt schon kaum noch wachsende Rolle des Erdöls im Energiemix ab. Die Atomenergie schließlich, die weltweit ohnehin nie einen nennenswerten Beitrag geleistet hat, wird 2040 bereits Geschichte sein.

Und die anderen erneuerbaren Energien? Deren Potenzial hängt natürlich von den jeweiligen geografischen Verhältnissen ab. Doch heute ist es in keinem der Fälle annähernd ausgeschöpft. Zwar gilt das nicht unbedingt für große Staudammkraftwerke, aber zum Beispiel für Laufwasserkraftwerke an Flüssen. Es gilt zumal für die Windkraft, wo weit größere Anlagen mit höheren Türmen und längeren Rotoren als heute denkbar sind. Es gilt für die Geothermie, vor allem diejenige in Tiefen bis zu 100 Metern. Und es gilt nicht nur für die Energieerzeugung mittels Wärmepumpen, sondern auch für die Stromproduktion aus Prozesswärme unter 100 Grad Celsius. Schließlich gilt es für das enorme energetische Potenzial organischer Reststoffe aus landwirtschaftlicher Produktion, aus Hausmüll sowie aus nachhaltigem Anbau von Energiepflanzen. Bei letzterem muss jedoch unter allen Umständen eine Flächenkonkurrenz zum Nahrungsmittelanbau vermieden werden. Etwas zu verbrennen, was Menschen als Nahrung dienen kann, ist und bleibt eine Sünde.

Die steilen Zuwachsraten der Photovoltaik in den letzten Jahren geben also bloß einen allerersten Vorgeschmack auf künftige Entwicklungen. Doch immerhin: Während im Jahr 2000 in Deutschland gerade einmal 100, 2004 dann erstmals über 1000 Megawatt Peak (MWp) installiert waren, waren es Ende letzten Jahres 5300 MWp, davon 1500 MWp neue Kapazitäten.

Dementsprechend nahm die Produktion von Solarzellen in Deutschland von 16 MWp im Jahr 2000 auf 530 MWp in 2006 zu. 2009 werden wir erstmals die Marke von einem Gigawatt produzierter Leistung überschreiten. Nur als Fußnote: Mit einem Branchenumsatz von derzeit rund acht Milliarden Euro ist die Solarindustrie in der Bundesrepublik heute bereits deutlich umsatzstärker als die allseits gefeierte Biotechnologie.

Dabei wird der deutsche Markt mit durchschnittlichen jährlichen Wachstumsraten von 23 Prozent nicht mehr der dynamischste sein. In bislang schwächer entwickelten Ländern wie Italien, Griechenland, Portugal und Frankreich wird die Photovoltaik in den nächsten Jahren zwei- bis dreimal so schnell wachsen. Und in den USA wird sich die installierte PV-Leistung bis 2012 jährlich fast, in China und Indien sogar deutlich mehr als verdoppeln.

Gesamtwirtschaftlich wird sich zeigen, warum die starke Förderung der Solarenergie nicht nur im Hinblick auf Klima, Umwelt und eine langfristig sichere Energieversorgung richtig war. Diese Förderung wird auch als eines der wenigen nachhaltig wirksamen Konjunkturprogramme in die Geschichte eingehen. Denn Deutschland mit seinem für einige absurd hoch wirkenden Anteil an der weltweiten Solarleistung profitiert von seiner Vorreiterrolle nicht allein als Nutzer. Wir werden langfristig auch einer der weltweit führenden Anbieter sein. Deutschland ist im Solarbereich – wie bei den erneuerbaren Energien insgesamt – das, was man im Management-Englisch einen *First mover* nennt. Dank eines sehr frühzeitig entwickelten Heimatmarktes besitzen deutsche Solarunternehmen einen erheblichen Technologievorsprung und oft auch ein besseres Prozess-Know-how. Im Fall der Solarworld kommt hinzu, dass wir die Pionierphase nutzen konnten, um auf allen Stufen des Wertschöpfungsprozesses, von der Rohsiliziumproduktion bis zum montagefertigen Modul, erfolgreich Fuß zu fassen.

Wohl produzierten 2008 asiatische Unternehmen rund 65 Prozent aller weltweit hergestellten Solarzellen. Doch die von Solarkritikern beständig wiedergekäute Behauptung, vom »subventionierten Solarboom« in Deutschland profitierten vor allem chinesische und japanische Hersteller, die sich ob künstlich hochgehaltener Preise ins Fäustchen lachten, diese Behauptung hat einen fünf Jahre alten Bart. 2004 standen einer inländischen Produktion von 190 Megawatt tatsächlich noch mehr als doppelt so hohe Importe von Solarzellen gegenüber. Doch schon seit 2007 liegen die Einfuhren deutlich unter der heimischen Produktion. 2010 werden deutsche Solarunternehmen, je nach Marktentwicklung im schwierigen Jahr 2009, das Drei- bis Vierfache jener Leistung herstellen, die wir zusätzlich importieren. Und während eine deutsche Traditionsbranche wie die Automobilindustrie mit Glück heute noch auf einen inländischen Wertschöpfungsanteil von 30 Prozent kommt, liegt er in der Solarbranche bei 65 Prozent.

Mit einer Ausfuhrquote von derzeit 46 Prozent – Tendenz weiter steigend – ist deutsche Solartechnik nicht nur ein absoluter Exportschlager. Sie wird, unbeschadet der derzeitigen weltweiten Wirtschaftskrise, einer der entscheidenden zukünftigen Jobmotoren der deutschen Wirtschaft sein. Zwischen 1999 und 2008 hat unsere Branche – Solarstrom und Solarwärme zusammengenommen – die Zahl ihrer Mitarbeiter versiebenfacht. In zehn Jahren werden, und das ist eher vorsichtig geschätzt, Strom und Wärme aus Sonne etwa 200 000 Menschen in Deutschland Arbeit und Einkommen geben.

Wann immer Vertreter unserer Branche öffentlich das Loblied dieses Joboooms singen, wird sich auf dem Podium, im Saal oder mit einer Kolumne auch immer jemand zu Wort melden, der mit belustigtem Unterton darauf verweist, das mit den aktuell 70 000 Arbeitsplätzen sei ja ganz schön. Aber man müsse doch bitte zur Kenntnis nehmen, dass der Kraftfahrzeugbau unmittelbar knapp 900 000 Menschen beschäftige und mittelbar weitere drei Millionen Jobs am Auto hingen. Der Maschinenbau gebe ebenfalls über einer Million Menschen Arbeit. Da sollten wir doch unseren Arbeitgeberstolz besser im kleinen Kreis zelebrieren. Zumal man jetzt lieber nicht frage, wie viele Jobs es denn wohl ohne staatliche Förderung wären.

Leider unterschlägt diese heitere Polemik den entscheidenden Punkt: Die Bedeutung der genannten Branchen für unsere Volkswirtschaft wird uns hoffentlich noch sehr lange erhalten

70

bleiben. Deutschlands Auto- und Maschinenbauer sollen und werden weiterhin gute Umsätze und Gewinne machen. Doch sie werden in puncto Jobs künftig nicht mehr groß zulegen. Die Zahl der Arbeitsplätze wird vielmehr aller Voraussicht nach zurückgehen – im Maschinenbau moderater, in der Autobranche kräftiger. Folgt man seriösen Prognosen von Branchenverbänden und Wirtschaftsinstituten, dann werden hierzulande in zwanzig Jahren im Maschinenbau etwa 950 000 Menschen beschäftigt sein, in der Autoindustrie 770 000. Sogar mir ist klar, dass dann nicht ebenso viele Leute Silizium-Wafer sägen und Solarmodule löten werden. Aber die erneuerbaren Energien insgesamt werden 2030 geschätzten 700 000 Menschen Arbeit geben. Ob dann »wir« oder immer noch die Chemie die Nummer drei im Verarbeitenden Gewerbe sein werden, wird sich weisen. In jedem Fall bin ich schon heute gespannt, welche neue Technologiebranche dann uns zu den satten Dinosauriern erklärt, die ihre besten Zeiten ja wohl hinter sich hätten.

Bleibt ein ständig benutztes Totschlagargument: Solar- und Windenergie könnten nicht gespeichert werden. Was aber mache man, wenn die Sonne nicht scheine und der Wind nicht wehe? Der Einwand unterschlägt, dass kein Energiesystem, auch nicht das atomar-fossile, ohne Energiespeicher auskommt. Nur dass bei letzterem die Speicherung vor der Stromproduktion erfolgt, nämlich in Form von Kohle, Gas oder Uran. Bei der Solar- und Windenergie muss dagegen der produzierte Strom selbst gespeichert werden. Die Speichertechnologien dafür befinden sich in sprunghafter Entwicklung: von neuartigen Batterien mit geringem Gewicht und deutlich mehr Ladezyklen bis hin zu Druckluft, Wasserstoff, thermochemischen Speichern oder hochmodernen Schwungrädern. Vor allem aber geht es um wechselseitige Ergänzung und Vernetzung erneuerbarer Energien, also um Kombikraftwerke und effektive »Smart grids« auf lokaler und regionaler Ebene. Für die Elektrotechnik und den Anlagenbau, klassische Domänen der deutschen Industrie, sind das riesige Herausforderungen und Chancen.

Unternehmerischer Sinn und proletarisches Bewusstsein

Vor Kurzem hat die SolarWorld AG ihr neues US-Hauptquartier in Hillsboro (Oregon) bezogen. 2010 gehen dort neu errichtete Fertigungskapazitäten für 500 Megawatt pro Jahr in Betrieb – das entspricht in etwa der *gesamten* im Jahr 2008 in den USA installierten Solarleistung. Die Netzparität des Preises für Solarstrom wird im Südwesten der Vereinigten Staaten bereits in diesem Jahr (2009) erreicht. Was man nicht vergessen darf: Noch der nördlichste Punkt der USA hat eine Sonneneinstrahlung wie Südbayern. Und die eigene Solaranlage auf dem Dach entspricht genau dem Unabhängigkeitsideal des US-Bürgers – sie wird quasi das Pferd und das Gewehr des 21. Jahrhunderts sein. Mit einem Wort: Als größtes Solarunternehmen in den USA sehen wir für uns allerbeste Perspektiven. Für mich persönlich bedeutet all das: Nach 180 Jahren komme ich sozusagen endgültig in Amerika an.

1830 verkaufte mein Urahn Benjamin Asbeck seine Schmiede im Sauerland. Mit dem Erlös wollte er in Amerika ein neues Leben anfangen. Doch leider brauchte die Postkutsche nach Hamburg länger als erwartet – und der Ahn verpasste das Schiff nach New York. Dies nun hielt er für einen Wink des Schicksals, kehrte in sein Dorf unweit von Iserlohn zurück und blieb bis ans Ende seiner Tage ein geachteter Schmied. Pure Spekulation, was in Amerika aus ihm geworden, aber nicht unwahrscheinlich, dass er nach Philadelphia gegangen wäre. Im ganzen 19. Jahrhundert bildeten dort die Deutschen die größte Gruppe unter den Einwanderern aus Europa. Vielleicht wäre er in Pennsylvania Schmied geblieben, vielleicht hätte er es aber auch zum Besitzer einer jener Stahlfabriken gebracht, die das Gesicht der Stadt bis zur Krise der siebziger Jahre prägten.

So ähnlich wie mein Ururgroßvater Carl Theodor Asbeck, direkter Nachfahre des Benjamin, der 1853 in Hagen-Wehringhausen unter dem Namen Asbeck, Osthaus & Comp. ein Rohrstahlwerk gründete, aus dem später die Stahlwerke Südwestfalen hervorgingen. Sein Startkapital verdankte der ausgebildete Ingenieur und spätere Commerzienrat einem wagemutigen, damals aber üblichen Unterfangen: Mitte des 19. Jahrhunderts verdingte er sich im Auftrage Alfred Krupps als Arbeiter in einem englischen Stahlwerk, um Industriespionage zu betreiben. Die Briten enttarnten den allzu gewandten und interessierten Malocher jedoch bald und sperrten ihn für sechs Monate in den Kerker. Nach seiner Rückkehr, bei der er Kenntnisse über die Bandagenschmiedung, die Herstellung nahtloser Eisenbahnradreifen, mitbrachte, erhielt er von Krupp eine hohe Belohnung, die als Gesellschafteranteil für den genannten Betrieb ausreichte. In späteren Jahren verkaufte er seine Beteiligung. Als Harkort & Eicken Edelstahlwerke GmbH gehörte die Firma ab 1925 zum Dortmunder Hoesch-Konzern. 1946 trennten die Briten den Standort wieder von Hoesch und benannten ihn in Stahlwerke Hagen AG um. 1951 entstanden aus dem Zusammenschluss mit zwei weiteren Unternehmen die Stahlwerke Südwestfalen, die 1978 vom Krupp-Konzern übernommen wurden. Nach hundert Jahren war der Krupp'sche Agentenlohn damit quasi an seine Quelle zurückgeflossen. Heute gehört Ururgroßvaters Werk zur Deutsche Edelstahlwerke GmbH, einem Teil der SCHMOLZ + BICKENBACH-Gruppe.

Mein Großvater Hermann blieb dem Metall treu. Doch da sein Vater nicht nur einen Hang zum Unternehmertum, sondern auch zum Glücksspiel hatte, verdanke ich ihm den proletarischen Einschlag im Stammbaum. Mein Urgroßvater wollte nämlich einige Jahre vor dem Ersten Weltkrieg eine Gesenkschmiede in Chicago gründen. Doch anders als Ahn Benjamin schaffte er es nicht einmal bis Hamburg. Statt in Amerika sein Glück zu versuchen, verließ es ihn – die Familienlegende sprach lange von »Diebstahl« – am Kartentisch, wo er 1912 sein gesamtes Startkapital einbüßte. Hermann Asbeck war dann als Werkmeister bei einer Vorläuferfirma des Werkzeugherstellers Krefting im bergischen Ennepetal für 800 Mitarbeiter zuständig. Im Gegensatz zu seinem nationalkonservativen Vater war Opa ein Bilderbuch-Sozialdemokrat. Unter dem Naziregime wurde er mehrmals verhaftet und entging schließlich nur knapp dem Konzentrationslager. Ein örtlicher Nazifunktionär kassierte ein bescheidenes Sümmchen und organisierte einen Deal: Großvater kam frei, hielt fortan weitgehend den Mund – und sein Sohn Heinz, mein Vater ging zur »Frontbewährung« ins ferne Ungarn an den Plattensee.

Kurz vor Kriegsende geriet Heinz Asbeck auf dem Rückzug in Amberg in amerikanische Gefangenschaft und wurde im Kriegsgefangenenlager »Goldene Meile« in Remagen interniert. Das ursprünglich für 20 000 Gefangene vorgesehene Lager musste zeitweise bis zu 170 000 Soldaten aufnehmen, weswegen Hunger und Krankheiten dort über 1300 Tote forderten. Noch bevor die Amerikaner das Lager am 10. Juli 1945 den Franzosen übergaben, entließen sie die meisten Gefangenen, darunter meinen Vater.

Arbeit fand er bei einer Firma namens Fischer & Schmidt in Haspe, heute ein Stadtteil von Hagen. Diese Gesenkschmiede stellte einfache Werkzeugteile her. Nebenbei machte mein Vater kleinere Geschäfte auf eigene Rechnung. So entdeckte er auf dem Betriebshof in einem unscheinbaren Schutthaufen (»Dat Gelump kannze haben!«) Tausende Vorschlaghämmer ohne Stiel. Das dafür nötige Holz war bald organisiert, der Erlös wurde in den ersten Volkswagen investiert.

Werkzeugherstellung war im Trümmermeer der Nachkriegszeit eine gute Geschäftsidee. Entsprechend florierten Fischer & Schmidt. Und mein Vater wurde zunehmend von der Idee bewegt, dieses Geschäft selbstständig zu betreiben. Zusammen mit einem Kollegen gründete er im Februar 1955 die Schmiedetechnik GmbH in Hagen. Die Partnerschaft hielt allerdings nur knapp zwei Jahre, dann tat sich der Sozius von Heinz Asbeck wieder mit dem ehemaligen Chef der beiden, Karl Wilhelm Fischer, zusammen. Aus deren Firma entstand nach einer wechselvollen Geschichte die heutige Titan Intertractor GmbH in Gevelsberg, ein weltweit tätiger Zulieferer für Land- und Baumaschinenteile.

Mein Vater gründete im November sein eigenes Unternehmen – und stieß recht bald auf eine Rechtslücke, die sich als wahre Goldgrube entpuppen sollte. Die US-Baumaschinenfirma Caterpillar, in der Zeit des Wiederaufbaus der Bundesrepublik bestens im Geschäft, hatte schlicht vergessen, sich die Patente für ihre Baggerketten und andere wichtige Ersatzteile außerhalb der USA schützen zu lassen. Folglich konnte man sie einfach nachbauen – und die Ersatzteilpreise lagen in Amerika zehnmal höher als die Produktionskosten hierzulande. Schon wenige Jahre später hatte Asbeck & Co. seine Produktpalette um alle gängigen US-Fabrikate erweitert, besaß Kunden in halb Europa und in Lateinamerika – und mein Vater hatte seinen Spitznamen weg: der »Kettenpapst«.

Sein Geschäftserfolg hatte für mich zwei Folgen. Zum einen gehörte das Aufstellen von – wie man heute sagen würde – Businessplänen zu meinen regelmäßigen Kinderspielen. Leider fiel meine allererste Firma trotz der grandiosen Geschäftsidee den noch strengen Sittenidealen der späten Sechziger zum Opfer. Ich hatte damals Hasen und Meerschweinchen. In der Zeitung las ich, dass nach Ostern sehr viele verschenkte Kaninchen wieder ausgesetzt würden. Offenbar bestand also ein zeitlich klar begrenzter Bedarf an putzigen Stallhasen. Also fasste ich den Plan zu einem Osterhasenverleih. Eine Kleinanzeige mit dem Text »Süße Hasen zu vermieten« war schnell aufgegeben. Das Problem: Die meisten Anrufer interessierten sich weniger für eine temporäre Überlassung meiner Langohren. Vielmehr hielten sie, sehr zum Verdruss meiner Mutter, die Anzeige für ein verklausuliertes Angebot gewerblicher Liebesdienste.

Zweite Folge des Gedeihens von Asbeck & Co.: Mein Vater war für damalige Verhältnisse relativ viel unterwegs. 1959, also im Jahr meiner Geburt, reiste er zum ersten Mal in die USA und nach Südamerika, wo er große Aufträge einholte. Da ich in Dortmund zur Schule ging, verbrachte ich viel Zeit mit einem unserer Gärtner. Der ehemalige Stahlwerker war seit den seligen Zeiten von Rosa und Karl ein geschworener, ehrlicher Kommunist, und er hätte sich wohl eher die Hand abhacken lassen, als sich von den nach der Stalin-Ära wirklich nicht mehr zu leugnenden Mängeln des Sozialismus irremachen zu lassen. Leser, die den *Werkkreis Literatur der Arbeitswelt* und dessen Buchreihe noch kennen, werden verstehen, was ich meine: Es war »Der rote Großvater erzählt« live. Und es war folglich kaum zu vermeiden, dass ich mit 15 der Sozialistischen Deutschen Arbeiterjugend (SDAJ), der Jugendorganisation der DKP, beitrat. Ideologisch war diese Bindung weder besonders tief noch von besonders langer Dauer. Doch immerhin: Bis heute schlägt das Herz links, und ich bin immer noch für den Weltfrieden!

Meine erste und einzige Reise in den deutschen Arbeiter- und Bauernstaat hatte übrigens ein denkbar unpolitisches Motiv: Ich war ein großer Motorradfan, und kaum eine Maschine hatte es mir so angetan wie die Knatterbüchsen der Marke MZ aus dem sächsischen Zschopau. Entsprechend reizvoll war die Aussicht, das Werk einmal besichtigen zu können. MZ war dann allerdings auch der Grund, mit dem wissenschaftlichen Sozialismus zu brechen. Für ihre Lager und verschiedene andere Maschinenteile verwendete die Firma nämlich Rotguss, eine verschleißanfällige Legierung aus Kupfer, Zinn und Zink. Die Anhänglichkeit des VEB Motorradwerk Zschopau an diesen sehr traditionsreichen Werkstoff, zusammen mit den beschwerlichen Lieferwegen für die Ersatzteile, ließen die Vorteile der kapitalistischen Ordnung allmählich in etwas hellerem Licht erscheinen.

Als Summe aus Herkunft, Kindheit und Jugend dürfte sich ungefähr Folgendes ergeben: genügend unternehmerisches Blut, verbunden mit einem Gespür für Möglichkeiten, doch ohne die dynastischen Bürden, allerdings auch ohne die Erbschaft des »Unternehmersohns«; ein ausgeprägter Sinn für Gerechtigkeit und ein unüberwindbarer Hang zur Weltverbesserung; eine starke Hochachtung für ehrliche Handarbeit; schließlich eine durchaus auch private Passion fürs Mechanische – jeden vor 1990 gebauten Motor nehme ich bis heute auseinander und setze ihn auch wieder zusammen. Ein Unternehmen zu führen ist deshalb für mich kein Planspiel nach den Regeln abgehobener Managementseminare. Mein Dreisatz lautet: Chancen wittern, Dinge anpacken, Menschen mitziehen.

Die Krise der fossilen Welt

Eine beliebte Standardweisheit besagt, dass die Halbwertszeit heutigen Wissens immer kürzer werde, da im Schnitt alle vier bis fünf Jahre eine Technologie die andere ablöse oder neue Forschungsergebnisse alte über den Haufen würfen. Was man darüber leicht vergisst: Es gibt auch so etwas wie eine Halbwertszeit des Vergessens. Sie ist etwa so lang, wie die Garantiezeit unserer Solarmodule: 25 Jahre.

Wir sollten uns ab und an klarmachen, dass die gegenwärtige Zahl derjenigen, die einschneidende historische Veränderungen bewusst erlebt haben, relativ klein ist. Nehmen wir zum Beispiel die Ölkrise und die Rezession von 1974, die bislang schwerste in der Geschichte der Bundesrepublik. Gehen wir der Einfachheit halber von einer Lebenserwartung von 75 Jahren und einer Generationenspanne von 25 Jahren aus. Dann ist die damals aktive Generation der 25- bis 50-Jährigen heute in Rente oder tot. Das mag die Popularität der Phalanx alter Männer vor Bücherwänden erklären, die zurzeit die Medien bevölkern. Aber es bedeutet vor allem, dass die damaligen Erfahrungen für das Handeln der heutigen Entscheider nicht mehr prägend sind. Denn die haben zu großen Teilen keine eigenen, und wenn, dann nicht sonderlich reflektierte Erfahrungen mit einer Strukturkrise wie der genannten.

Erst recht gilt das natürlich für die Weltwirtschaftskrise der dreißiger Jahre, zu der gegenwärtig ständig Parallelen gezogen werden. Sie ist selbst für die heute Hochbetagten bestenfalls eine dunkle Kindheitserinnerung, weit mehr aber Erfahrung aus zweiter Hand, nämlich aus Erzählungen der eigenen Eltern. Und für die heute Aktiven? Vielleicht ein paar Erinnerungsbrocken aus Geschichten der Großeltern, ansonsten angelesenes Wissen.

Wenn es nun so etwas wie ein kollektives Gedächtnis gibt, dann tickt es eher emotional als rational, spricht mehr auf Stimmungen, Bilder und einprägsame Schlagwörter an. Deshalb sollte man die allzu schnell vorgebrachten amtlichen und publizistischen Erklärungen kritisch hinterfragen, die die Debatte um Ursachen, Ausmaß, Dauer und Folgen der gegenwärtigen Wirtschaftskrise dominieren.

Die Formulierung etwa von der »schwersten Rezession seit achtzig Jahren« geht dem qua Amt eigentlich zum Optimismus verpflichteten Wirtschaftsminister ganz locker über die Lippen. Damit verbinden sich Beschwörungen der Gefahr drohender Massenarbeitslosigkeit und Bilder langer Schlangen vor den Suppenküchen der dreißiger Jahre – oder von jenem Mann mit dem Plakat vor dem Bauch »Nehme jede Arbeit an«, mit dem kürzlich der SPIEGEL titelte. Selbst der dicke Kapitalist mit Zylinder und Zigarre wird in Zeiten wie diesen wieder aus dem Archiv gekramt.

So finden sich für diffuse Ängste rasch Bilder und Worte, während für die tatsächlichen Ereignisse, erst recht ihre Hintergründe, die Begriffe fehlen. Auch die Hauptakteure, die jetzt so tun, als verstünden sie selbst nicht, was ihnen gerade widerfährt, tragen zur öffentlichen Begriffsstutzigkeit bei. Nun, wenn die Lage unklar ist, sollte man kurzatmige Prognosen und hektische Empfehlungen vermeiden, ein wenig zurücktreten und die Dinge in einem größeren Zusammenhang betrachten.

DIE LANGEN WELLEN DER KONJUNKTUR

1926 veröffentlichte der russische Ökonom Nikolai Kondratjew in der Zeitschrift *Archiv für Sozialwissenschaft und Sozialpolitik* unter obiger Überschrift einen legendär geworde-

nen Aufsatz. Seine zentrale These: Die normalen Konjunkturzyklen von circa fünf bis sieben Jahren werden von längeren
Wellenbewegungen überlagert, die sich über vierzig bis sechzig
Jahre erstrecken. Damals machte Kondratjew zweieinhalb solcher Zyklen aus und prognostizierte das Ende der dritten Welle für Ende der zwanziger Jahre des letzten Jahrhunderts. Der
Börsencrash von 1929 und die folgende Weltwirtschaftskrise
bestätigten seine Vorhersage.

1939 prägte der Harvard-Ökonom Joseph Schumpeter in
seinem Werk *Business Cycles* für diese langen Konjunkturwellen den Begriff der »Kondratjew-Zyklen«. Schumpeter lieferte
zugleich einen weitergehenden Erklärungsansatz für Kondratjews Beobachtungen: Für ihn bildeten grundlegende technische Innovationen die Basis für diese langen Wellen, die stets
mit fundamentalen Umwälzungen der Produktion und der Be-
triebsorganisation einhergehen.

Kondratjew selbst musste für seine von der kommunisti-
schen Orthodoxie abweichende Theorie, die den unvermeidlichen Untergang des Kapitalismus infrage stellte, mit seinem
Leben bezahlen. 1930 wurde er ins Gefängnis geworfen, 1938
im Zuge der stalinistischen Schauprozesse von einem Militär-
tribunal zum Tode verurteilt und sofort erschossen. Erst 1987
rehabilitierten ihn die sowjetischen Behörden.

Unter Ökonomen ist die Theorie der Kondratjew-Zyklen,
vorsichtig formuliert, umstritten. Denn statistisch sind sie
kaum nachzuweisen. Dafür entwickelten sich die Volkswirtschaften Europas und Nordamerikas seit Mitte des 19. Jahrhunderts zu unterschiedlich. Das eigentlich Pfiffige an dem
Ansatz ist allerdings auch nicht seine ökonometrische Genau-
igkeit. Die Theorie ist politische Ökonomie im besten Sinne des
Wortes. Nur ist ein solcher Ansatz, der größere historische Zusammenhänge betrachtet und kulturelle, technische oder wirtschaftspolitische Rahmenbedingungen mit einbezieht, für die
moderne, restlos mathematisierte Makroökonomie nun einmal
so etwas wie der Gottseibeiuns.

Der springende Punkt ist aber folgender: Die sogenannten Basisinnovationen sind nicht Ursache, sondern selbst bereits eine Folge der von Kondratjew beobachteten langen Wellen. Ihr eigenticher Ausgangspunkt sind strategische Knappheiten, die gegen Ende eines Zyklus das gesamte Gefüge der Wirtschaft aus dem Gleichgewicht bringen. Entweder steht ein entscheidender Produktionsfaktor *stofflich* nicht mehr in ausreichender Menge zur Verfügung. Dadurch verteuert er sich zunächst stark, und schließlich wird den bisherigen Basistechnologien buchstäblich der Materialfluss gekappt. Oder eine zentrale Ressource wird *strukturell* knapp, kann also von bestehenden Infrastrukturen, Institutionen oder Märkten nicht mehr ausreichend zur Verfügung gestellt werden. Das, was eigentlich jeder Produzent dringend bräuchte, wird dann so teuer, dass es nur noch unter Verzicht auf selbst minimale Renditen nachgefragt werden könnte. Dritte Möglichkeit: Es entstehen – sei es technisch, kulturell oder ökologisch bedingt – völlig neue Bedürfnisse, die durch bloße Verbesserung des Vorhandenen oder durch effizientere Produktion nicht mehr befriedigt werden könnten. So konnte man zum Beispiel Musik mit Schallplatten verbreiten, aber nicht kopieren, weshalb sich Audiokassetten in Rekordzeit durchsetzten. Oder: Der Schadstoffausstoß von Kohlekraftwerken und Verbrennungsmotoren lässt sich zwar bis zu einem gewissen Punkt reduzieren, aber eben nicht völlig vermeiden. Wenn das notwendig wird, müssen diese Technologien durch solche ohne CO_2-Emissionen abgelöst werden.

Zwangsläufig wird irgendwann der Punkt erreicht, ab dem Produktivitätssteigerungen mit etablierten Technologien und Organisationsstrukturen kaum mehr möglich sind. Die Brunnen der Optimierung und der Rationalisierung sind dann sozusagen ausgeschöpft, am Ende bis auf den letzten Tropfen. Alle wesentlichen Produktionsfaktoren und -technologien sowie die aus ihnen hervorgehenden Produkte sind ausgereift. Die meisten Konsumgüter werden zu billigen Massenprodukten, die nurmehr niedrige Gewinne abwerfen und sich aus Konsumentensicht nur noch in unwichtigen Details unterscheiden. Wettbewerb funktioniert nur noch über den Preis – bis auch die Preise die Schwelle der Gestehungskosten erreichen, manchmal sogar unterschreiten. Irgendwann können dann selbst die Hersteller fortgeschrittener Investitionsgüter nichts mehr verkaufen. Die Rezession ist da.

Karl Marx, den auch ich in jungen Jahren studiert habe, nannte dies das »Gesetz vom tendenziellen Fall der Profitrate«. Und wo er recht hatte, da hatte er recht. Noch einmal: Je länger ein Kondratjew-Zyklus andauert, desto schmaler werden die Produktivitätsreserven der vorherrschenden Basistechnologie, und desto schmaler werden die Renditen. Nur ein Technologiesprung – an dem hinter den Kulissen schon gearbeitet wird – kann dann die strategische Knappheit beseitigen und einen neuen Wachstumsschub auslösen.

Doch während es dem Kapitalismus schon in guten Zeiten nicht gelingt, Angebot und Nachfrage ohne zyklische Wellen von Aufschwung und Abschwung auszubalancieren, kommt es in den Flaschenhälsen strategischer Knappheiten fast zum Infarkt. In den Wachstumsphasen besteht das Problem lediglich darin, dass Kapitalflüsse sowie technische und organisatorische Anpassungsleistungen nun mal mit gewissen Ungleichzeitigkeiten erfolgen. Diese werden zusätzlich durch etwas verstärkt, das Volkswirte als »Informationsasymmetrien« bezeichnen: Nicht alle Marktteilnehmer wissen in gleicher Weise Bescheid.

Ein lustiges Beispiel dafür findet man in den »Asia Shops« kurz hinter der polnischen oder tschechischen Grenze: Legionen billiger Gartenzwerge in allen Größen, Farben und Formen! Das Problem: Erstens lohnt sich der Tank- und Einkaufstourismus heute nicht mehr so sehr wie noch vor dem EU-Beitritt Polens und Tschechiens, zweitens hat man in Südostasien die Liebe der Deutschen zum Gartenzwerg überschätzt. Bis man nun aber in Vietnam bemerkt, dass Gartenzwerge nicht mehr gehen, sind nicht nur viel zu viele Gartenzwerge gepresst, bemalt und verschifft worden, sondern es wurden auch schon etliche Plastikgussmaschinen und reichlich Gartenzwergfarbe zu viel produziert. Gegen den Überdruss seiner Landsleute an billigen Heinzelmännchen ist dann auch der schwäbische Hersteller von Spezialmaschinen für die Gussformherstellung irgendwann nicht mehr gefeit. Doch wenn die Märkte grundsätzlich prosperieren, geht es eben nur selten um, wie man heute sagt, »systemrelevante« Produkte und Strukturen. Meistens geht es um Gartenzwerge.

Ganz anders, wenn Basistechnologien ihren Grenznutzen erreichen. Dann nämlich sind große und wesentliche Teile des Kapitalstocks fällig. Die Anpassungsleistungen, die das System in solchen Situationen bewältigen muss, sind so gewaltig, dass sie sich nur im Zuge einer Vollbremsung vollbringen lassen. Das gilt einerseits für die »Produktivkräfte«, sprich für den Austausch der Maschinerie und die Neuqualifizierung der Arbeitskräfte. Andererseits gilt es für die Reorganisation der »Produktionsverhältnisse«, besonders die Neuausrichtung der Kapitalflüsse. Alle diese strukturellen Veränderungen am Ende eines Kondratjew-Zyklus auch nur halbwegs im Takt zu halten, käme einem Wunder gleich. Doch da Wunder in der Wirtschaft meist ausbleiben, brauchen die Veränderungen schlicht mehr Zeit. Die Krise ist folglich tiefer und meist auch länger als bei einer ›normalen‹ Rezession.

Bevor es in der Realwirtschaft zur Krise kommt, passiert allerdings noch etwas anderes: Die Börsen boomen mehr oder minder lang und heftig – und brechen am Ende eines solchen langen Zyklus spektakulär zusammen. Das hat nicht nur mit persönlichem Versagen, mit der Hybris oder der Gier von Bankern, Brokern und Spekulanten zu tun, sondern auch damit, dass die Systeme über längere Zeit die Rahmenbedingungen für solch spekulatives Verhalten geschaffen haben. Der 1996 verstorbene Ökonom Hyman Minsky hat sogar eine höchst plausible Theorie entwickelt, nach der finanzielle Instabilität eine notwendige Folge wirtschaftlicher Prosperität ist. Im Boom, so sein Kernargument, steigen die Gewinnerwartungen.

Also steigt auch die Risikofreude von Investoren, die für ihre Unternehmungen meist Kredite aufnehmen. In normalen Zeiten tendieren Firmen, Banken oder Haushalte zu sicheren Finanzierungen. Das heißt, sie schätzen ihre zu erwartenden Einnahmen eher vorsichtig ab und streben danach, aus diesen Einnahmen sowohl ihren Kredit als auch die Zinsen zurückzuzahlen. Je mehr die Gewinne nun steigen, desto mehr nehmen die Spekulanten das Heft in die Hand. Die wollen aus ihren Einnahmen nur noch die Zinsen bedienen. Die Kredite selbst verlängern sie dagegen ständig – was auf liquiden Finanzmärkten auch gut funktioniert. Am Schluss betreten die Hasardeure das Feld: Sie hoffen, Tilgung *und* Zinsen ihrer Kredite aus der Wertsteigerung ihrer Investments aufbringen zu können. Ihr Geschäftsmodell basiert also nur noch darauf, dass sie permanent größere Träumer oder Dummköpfe finden, die ihnen ihre Anlagen abkaufen. So wird der Ballon aus Zahlungserwartungen immer weiter aufgeblasen, bis er schließlich unvermeidlicherweise platzt.

Sicher ist es sinnvoll, zum Beispiel Bonussysteme abzuschaffen, die kurzfristige Gewinnabsichten begünstigen. Noch besser wäre es jedoch zu fragen, warum eine langfristige strategische Planung für immer mehr Unternehmen unattraktiv oder sogar kontraproduktiv geworden ist. Natürlich kann man Managerbezüge und Abfindungen deckeln oder Boni bei schlechter Leistung streichen. Auch wir haben ein solches Zeichen für die angemessene Höhe von Managergehältern gesetzt: Die Aktionäre der SolarWorld AG begrenzten auf der Hauptversammlung im Mai 2009 die Bezüge aller Vorstandsmitglieder auf das 20-Fache des Brutto-Durchschnittseinkommens im Konzern. Gleichwohl muss man fragen, warum auch viele Führungskräfte *ohne* größere Charakterschwächen ihre Schäfchen immer schneller ins Trockene bringen wollen. Über den Sinn vieler Finanzderivate kann und soll man diskutieren. Aber sie zu verbieten hat nach einem Crash ungefähr die gleiche Wirkung wie das Verbot von Streichhölzern nach einem Flächenbrand.

Die entscheidenden Fragen lauten nämlich: Warum konnte fast jedes Haus Feuer fangen? Warum hat vorher niemand auf die Leute vom Brandschutz gehört? Und warum ist die Feuerwehr, als es schließlich lichterloh brannte, nicht mehr durchgekommen?

Auch wenn in der gegenwärtigen Situation alle scheinheilig so tun, als verstünden sie die Logik der Kapitalmärkte nicht mehr – die Lösung des Rätsels der überdrehten Spekulation ist im Kern nicht schwer. Wenn, wie oben beschrieben, die Verzinsung des Realkapitals gegen Ende einer Kondratjew-Welle fällt, dann sucht das Geld selbstredend nach alternativen, höher verzinslichen Anlageformen. Was in der vorangegangenen Phase der Prosperität verdient wurde, kann schließlich von den Kapitalisten nicht vollständig verfrühstückt oder im blauen Dunst teurer Havannas aufgelöst werden.

Das Geld stattdessen unters Volk zu bringen, also den Konsum anzukurbeln, würde – rein volkswirtschaftlich betrachtet – jetzt auch nicht mehr viel nutzen. Denn sehr bald flösse es wieder den Herstellern ausgereizter Konsum- und Investitionsgüter zu, die innerhalb der bestehenden Strukturen erneut keine hinreichend rentable Anlage dafür fänden. Natürlich kann man jedermann in den Genuss der Abwrackprämie bringen. Vielleicht ist das sogar »sozial gerecht«. Aber der Konjunkturböller staatlicher 2500-Euro-Schecks für Autos, die die Leute in drei Viertel aller Fälle früher oder später ohnehin gekauft hätten, ändert nichts am Grunddilemma: Der Automarkt ist übersättigt, die Hersteller müssen Überkapazitäten von durchschnittlich 25 Prozent abbauen, wir sehen es bei Opel deutlich, und das Produkt »Fahrzeug mit Verbrennungsmotor« ist technisch wie ökologisch ein Auslaufmodell.

Nun funktioniert ein großer Teil der Wirtschaft natürlich auch während einer Fundamentalkrise, wie wir sie zurzeit erleben, mehr oder minder unbetroffen vom Einbruch der Investitionen weiter. Denn die Menschen brauchen weiterhin Brot, Butter oder Hosen, sie telefonieren auch in der Krise, sie würden auch bei 20 Prozent Minuswachstum abends das Licht anknipsen, und sie versichern sich weiter gegen Krankheit, Unfall oder Glasbruch. Gleichwohl fließt immer weniger Kapital in die Herstellung von Gütern und in die Bereitstellung von Dienstleistungen – und immer mehr Kapital in Finanzanlagen. Denn wenn die Renditen unter eine bestimmte Größe fallen, dann können viele Firmen ihr Geld auch gleich in den Strumpf stecken, statt dafür Maschinen und Rohstoffe zu kaufen und Arbeiter anzustellen.

Dass das Spekulationskarussell an den Börsen gegen Ende des Zyklus schnell überdreht, folgt der gleichen Logik wie der der Renditenotwendigkeiten. Denn auch an den Kapitalmärkten sind die »konservativen« Produkte bald nicht mehr attraktiv. Kein Wunder: Wo die Verzinsung des Anlagekapitals niedrig ist, da ist kaum noch Musik in Unternehmensbeteiligungen, sprich: den Aktien der volkswirtschaftlich tragenden Branchen. Ebenso passen sich Staatspapiere oder Unternehmensanleihen dem niedrigen Zinsniveau am Ende eines langen Zyklus an. Ohne dass es dafür besonders ausgekochter Bösewichter bedürfte, fließt folglich immer mehr Geld in Wetten. Und zwar zunächst in durchaus sinnvolle Wetten auf die Chancen *künftiger* Kapitalverwendungen. Die Börse übt sich dabei in Prognosen der kommenden langen Welle. Alle beginnen zu fragen: Was wird »das nächste große Ding« sein?

Aus solchen Überlegungen resultieren dann Blasen wie die Spekulation mit Aktien von Radiostationen oder Zeitungshäusern in den zwanziger Jahren des letzten Jahrhunderts. Auch in den neunziger Jahren waren es interessanterweise Medienwerte, um die herum sich eine große Blase bildete. Denn viele New-Economy-Raketen wie Google oder Facebook sind ja eigentlich Medienunternehmen. Im weiteren Sinne gilt das sogar für Firmen wie die Deutsche Telekom oder die Hersteller von Handys. Da, wo weniger mit physischen Dingen selbst und mehr mit Vorstellungen von ihnen gehandelt wird, ist die an der Börse so wichtige »Fantasie« besonders groß.

Gleichzeitig fließen große Mengen Kapital in neue Unternehmen oder Unternehmenszweige, bei denen durchaus berechtigte Hoffnungen bestehen, sie könnten die künftigen Marktführer jener neuen Basistechnologien sein, die die strukturelle Knappheit des auslaufenden Zyklus überwinden. Um zu wissen, was »das nächste große Ding« sein wird, muss man allerdings einen Begriff davon haben, worin die sich abzeichnende strukturelle Knappheit besteht. Das ist in der Abschwungphase eines Kondratjew-Zyklus keineswegs leicht auszumachen. Manchmal liegen die Dinge auf der Hand. Manchmal ist noch in der historischen Rückschau die zentrale Antriebskraft eines Zyklus umstritten. Und manchmal muss man zunächst zwischen mehreren Alternativen raten. Und so kommt es dann sowohl zu den kometenhaften Aufstiegen von Firmen wie Microsoft, Qiagen oder SolarWorld als auch zu Megaflops wie Bildtelefonie, UMTS-Netz, Magnetschwebebahn oder Kernfusion.

Selbstredend ist bei der Suche nach dem Neuen eine große Portion Spekulation enthalten. Aber die fantastisch klingenden Renditen in den Frühphasen »neuer Märkte« braucht es aus zwei Gründen. Erstens benötigen Firmen, die völlig neue Produkte oder Verfahren entwickeln, in der Anschubphase enorm viel Kapital. Und zweitens ist zu Beginn eines neuen Zyklus noch völlig unklar, wer am Ende das Rennen machen wird. Also sind solche Anlagen hochriskant. Risikokapital, das bei vielen Investments mit Verlusten bis hin zum Totalausfall rechnen muss, braucht im Einzelfall Renditen von 25 Prozent und mehr, um im Schnitt auf eine normale Verzinsung zu kommen.

Leider steckt diese Fantasie, ohne die die Pioniere eines neuen Wachstumszyklus sich nicht entwickeln könnten, früher oder später auch den Rest des Kapitalmarkts an. Und da mit Investitionen in die »alte Ökonomie« nun einmal keine 25 Prozent mehr zu verdienen sind, da auch nicht alle Anleger Lust haben, in Internet-, Nano-, Bio-, Wind- oder Solarwerte zu investieren, wächst die Versuchung, stattdessen mit ungedeckten Schecks zu handeln. Die mathematisch ausgetüftelten Finanzderivate der letzten dreißig Jahre haben hierbei ungeahnte Möglichkeiten zu Wetten zweiter oder dritter Ordnung eröffnet. Früher gab es für solche Spekulationen mit aufgelaufenen Kapitalüberschüssen nur Tulpenzwiebeln oder Termingeschäfte mit Schweinehälften.

Wichtig, wenn die reine Spekulation sich Bahn bricht, ist allerdings eines: Je geringer die Möglichkeiten sind, die Risikokette einer Anlage zurückzuverfolgen, desto höher sind die Gewinnchancen. Fehlende Transparenz wird in Blasenmärkten gleichsam zur Systemvoraussetzung.

Ganz am Ende des Zyklus dreht sich der Wind an den Börsen dann sehr abrupt. Und auch dieser letzte Akt ist alles andere als ein Mysterienspiel. Denn die Profis wissen natürlich schon länger, dass die Möglichkeiten der wundersamen Geldvermehrung allmählich ausgereizt sind. Allerdings trauen sich nur die Ausgebufftesten, irgendwann ihre Segel aus dem noch kräftig blasenden Wind zu nehmen. Herdenverhalten gibt's auch in den kleinsten Herden. So sind zwar die Börseninsider am Schluss, wenn das Geld der Kleinanleger eingesammelt ist, weitgehend unter sich. Aber gerade unter den auf permanente gegenseitige Dauerbeobachtung gepolten Profis braucht es Mut und sehr gutes Timing, um gegen den Markt zu wetten.

Die Frage ist allerdings nicht, *ob* es geschieht, sondern nur *wann*. Zuvor bestraft noch so manchen, der zu früh geht, das Leben. Doch irgendwann kaufen die Baissiers in großem Stil Papiere, die auf fallende Kurse setzen. Oder sie machen Kursstürze zu Geld, indem sie mit Papieren handeln, die sie gar nicht besitzen. Erst nach dem Ende der Party begreifen dann auch die Outsider – von der Kanzlerin bis zum Kleinsparer – die Logik der sogenannten »Leerverkäufe«.

Wer eine Abneigung gegen den Wirtschaftsteil der Zeitung hat, dem empfehle ich als Crashkurs in Sachen Börsencrash eine Fernsehproduktion aus dem Jahre 1966, die auf DVD erhältlich ist. Medientechnisch Fortgeschrittene finden das Juwel auch auf YouTube. Im Kammerspiel »Der schwarze Freitag« erklären Altmeister der Schauspielkunst wie Curd Jürgens, Dieter Borsche, Hans Christian Blech, Erik Ode und Wolfgang Neuss unter der Regie von August Everding, wie es zum Zusammenbruch der Wallstreet im Jahre 1929 kam. In manchen Details ist die Börse heute sicher etwas komplizierter. Aber wären die Darsteller nicht alle tot und der Film nicht schwarzweiß, man könnte glauben, eine topaktuelle Produktion zu sehen.

WAS BISHER GESCHAH (KONDRATJEW I–V)

Anschaulicher wird die Theorie der langen Konjunkturwellen, wenn man sich die Triebkräfte der hinter uns liegenden fünf Kondratjew-Zyklen vergegenwärtigt.

Bergbau und Dampfmaschine

Der erste Zyklus erstreckte sich vom letzten Drittel des 18. bis zur Mitte des 19. Jahrhunderts. Seine Basistechnologie war die Dampfmaschine, die die Mechanisierung weiter Teile der Industrie, zunächst vor allem des Bergbaus und der Textilindustrie ermöglichte, begrenzt auch der Landwirtschaft. Einzelne Waren konnten damit in zuvor nicht für möglich gehaltenen Mengen produziert werden.

An der Wiege der Dampfmaschine wiederum stand eine schon lange virulente, schließlich aber nicht mehr zu überwindende Knappheit: Muskelkraft. Wie ich es im vorangegangenen Kapitel beschrieben habe, war der Bergbau als erster wesentlicher Wirtschaftssektor mit menschlicher und tierischer Arbeitskraft sowie den Energiequellen Wind und Wasserkraft nicht mehr zu bewerkstelligen. Vor allem gegen die Wassereinbrüche in den Gruben brauchte es sehr viel stärkere Pumpen – und die ersten Dampfmaschinen lösten dieses Problem.

Sie schufen die Grundlage für eine bis dato unvorstellbare Ablösung der Handarbeit als Hauptfaktor aller menschlichen Produktion.

Die Nutzung fossiler Energie in industriellem Maßstab war deshalb der dritte Quantensprung in der Geschichte der Zivilisation – nach der Entdeckung des Feuers und dem Beginn von Ackerbau und Sesshaftigkeit. Deshalb läutet ein Versiegen dieser Energiequellen oder der durch den globalen Klimawandel erzwungene Verzicht auf ihre Nutzung auch nicht einfach nur den nächsten Zyklus in der Geschichte der Industriegesellschaft ein. Der Abschied vom fossilen Zeitalter wird ein Epochenbruch sein.

Eisenbahn und Stahl

Die Knappheit an der Schwelle zum zweiten Zyklus, dem von etwa 1840 bis 1890 reichenden Eisenbahnzeitalter, zeichnete sich schon in der Frühphase des ersten ab: Strukturell knapp wurden die Kapazitäten für den Rohstoff- und Warentransport. Schon bald nachdem die Kohlegruben dank stärkerer Pumpen und maschineller Fördertürme ein Vielfaches früherer Mengen fördern konnten, reichten die Kapazitäten der Pferdewagen nicht mehr aus, um den Brennstoff vom Ort seiner Gewinnung zu den Orten seiner Nutzung zu transportieren. Dramatisch wurde das Problem, als die schnell wachsende Zahl mechanisierter Fabriken ihren riesigen Ausstoß auch über immer größere Strecken transportieren mussten, sei es zur Weiterverarbeitung in anderen Industrien, sei es zu den Exporthäfen oder zu den Abnehmern in den schnell wachsenden Großstädten.

Die Basistechnologie, die diese strukturelle Knappheit überwand, war zunächst nicht viel mehr als eine leicht veränderte Kombination von Dampfmaschine, Pleuel und Schwungrad. Die Dampfmaschine wurde einfach *auf* Räder gesetzt, statt ein Schwungrad zur Kraftübertragung anzutreiben. Entscheidende

Entwicklungen der Hochdruckdampfmaschine und die Erfindung der Lokomotive gehen auf dieselbe Person zurück, den britischen Ingenieur Richard Trevithick. Noch weitaus älter, nämlich schon seit dem ersten Drittel des 16. Jahrhunderts im Bergbau in Gebrauch, war das zweite Element der Eisenbahn: die Schiene und das spurkranzgeführte Rad. So scheint es, als gehörten die Basistechnologien zweier langer Konjunkturzyklen eigentlich demselben an.

Aber Lokomotive und Gleise allein machen eben keine Eisenbahn. Der eigentliche Technologiesprung, besser spräche man wohl von einer Systemrevolution, war der Aufbau von Eisenbahnnetzen. So ist es allerdings meist bei ökonomischen Entwicklungssprüngen: Ein Großteil ihrer technischen Voraussetzungen wurde lange im Voraus entwickelt und in mehr oder minder bescheidenem Ausmaß auch schon genutzt. So wie der Bergbau ein weit ins Mittelalter zurückreichendes Gewerbe ist. Das qualitativ Neue entsteht dann durch eine Kombination bereits bekannter Techniken.

Vor der Entstehung des Eisenbahnnetzes mussten erhebliche technische Hürden genommen werden; die zweite große Herausforderung war ökonomischer Natur. Für den Bau der Schienennetze einschließlich aller Bahnhöfe und Versorgungseinrichtungen sowie von Brücken und Tunneln mussten so immense Mengen von Kapital aufgebracht werden, dass dies die Möglichkeiten Einzelner bei Weitem überstieg. Die Lösung dieses speziellen Knappheitsproblems – Kapitalknappheit – schaute man sich von den Kaufmannschaften der frühen Neuzeit ab. Die hatten für den Überseehandel im Gefolge der großen Entdeckungen Handelskompanien gegründet, die Kapital für den Bau und die Ausrüstung von Schiffen sammelten. Damit wurde zugleich das erhebliche Verlustrisiko auf mehrere Schultern verteilt. Der hohe Kapitalbedarf beim Eisenbahnbau transformierte dieses bekannte Gesellschafter-Prinzip in etwas qualitativ Neues: die Grundform des modernen industriellen Großkapitals, die Aktiengesellschaft.

Zugleich wurde die Eisenbahn ein entscheidender Katalysator der zweiten Stufe der industriellen Revolution. Ihre Infrastruktur schuf die Voraussetzungen für die Entwicklung der Schwerindustrie, und sie selbst sorgte – zusammen mit der Dampfschifffahrt – für eine gewaltige Nachfrage nach Eisen, Stahl und Maschinen sowie deren ständiger Verbesserung.

Obwohl schon zu Beginn des 18. Jahrhunderts in England entwickelt, wurde die Verkokung von Steinkohle erst gegen Mitte des 19. Jahrhunderts in großem Maßstab betrieben. Mit der Verwendung von Koks als Brennstoff und dem 1855 vom britischen Ingenieur Henry Bessemer entwickelten Verfahren des Kohlenstoffentzugs aus dem Roheisen wurde die Herstellung von hoch belastbarem und gut formbarem Massenstahl möglich. Das ab 1864 eingesetzte Siemens-Martin-Verfahren und das 1879 etablierte Thomas-Verfahren erweiterten die Palette der Stahlarten wesentlich. Je nach Verwendungszweck konnte Stahl nun zu massiven Bauteilen gegossen, geformt, gezogen oder zu Blechen aller Art und Dicke gewalzt werden. Damit besaß die Zivilisation nach Stein und Eisenerz erstmals einen massenhaft verfügbaren Baustoff sowie einen vielfältigen Werkstoff, der nicht unmittelbar der Natur entnommen war. Gerade im Bauwesen war Holzknappheit über weite Phasen der Geschichte ein gravierendes Problem. Auch diese stoffliche Knappheit wurde durch den Stahl überwunden. Ohne Stahl wären daher nicht nur Eisenbahn, Schiffbau und Schwerindustrie sowie später das Automobil undenkbar gewesen. Auch die Entstehung von Großstädten hätte ohne dieses in jedem Wortsinne tragende Element der frühen Industriegesellschaft nicht stattfinden können.

Elektrizität und Chemie

Im Verlauf der ersten zwei Kondratjew-Zyklen begannen sich in den entwickelten Volkswirtschaften die Gewichte zwischen den Sektoren zu verschieben. Um die Mitte des 19. Jahrhunderts sank in den meisten Ländern Westeuropas sowie in Teilen Nordamerikas der Anteil der Beschäftigten in der Landwirtschaft erstmals unter 50 Prozent. Doch um 1900 arbeiteten in Deutschland, wenngleich mit starken regionalen Unterschieden, immer noch zwischen 25 und 40 Prozent der Menschen im Agrarsektor. Ackerbau und Viehzucht waren noch kaum mechanisiert. So blieb bäuerliche Selbstversorgung auch in der ersten Phase der Industriegesellschaft eine Säule der Volkswirtschaft. 1900 erzeugte ein deutscher Kleinbauer im Schnitt nur Nahrungsmittel für vier weitere Personen, und das hieß gerade einmal für seine eigene Familie. Erst nach dem Zweiten Weltkrieg ernährte ein Hof zehn Menschen. Zum Vergleich: Heute sind es knapp 150.

Gleichwohl konzentrierte die Industrie einen immer größeren Teil der Bevölkerung in den Städten. Unternehmen wuchsen zu Konzernen und Fabriken zu großen Werken mit Hunderten oder Tausenden von Beschäftigten heran. Beides führte zur nächsten Knappheit: Energie. Diese war allerdings, anders als die Holzknappheit und die begrenzte Verfügbarkeit menschlicher und tierischer Muskelkraft, struktureller Natur.

Denn die Dampfmaschine war ein dezentraler Energieversorger. Jeder Produktionsbetrieb musste die benötigte Prozessenergie vor Ort selbst erzeugen. Während ein oder mehrere Aggregate zum Beispiel eine frühe Textilmanufaktur noch recht bequem mit Antriebskraft für ihre Webstühle versorgen konnten, wurde das mit zunehmender Leistungsfähigkeit der Maschinerie und zunehmender Größe der Betriebe immer schwieriger. Der Energiebedarf vieler Fabriken begann die Leistungsfähigkeit der alten Technologie zu übersteigen. Was es brauchte, war nicht nur einfach *mehr* Energie. Was es brauchte, war *bessere* Energie – verlässlicher, flexibler und unabhängig von eigener maschineller Erzeugung. Im modernen Managementjargon würde man sagen, dass die Fabriken ihre Energieversorgung outsourcen mussten.

Auch das Wachstum der Städte verschärfte ein Problem, das

nach einer neuen technischen Lösung schrie: Mit zunehmender Einwohnerzahl und Bebauungsdichte wurde die Gasbeleuchtung zwar nicht der Straßen – noch heute brennen in 40 Städten Deutschlands rund 80 000 Gaslaternen –, aber der Häuser zum erheblichen Risiko.

Die Lösung all dieser Probleme brachte die Elektrizität. Zentrale Kraftwerke in Verbindung mit Hochspannungsnetzen wurden so zur neuen Basistechnologie, die für den dritten Kondratjew-Zyklus prägend wurde. Die neue Form der Energie ließ sich hochzentralisiert und damit kostengünstig und homogen produzieren, bevor sie großräumig verteilt und beim Abnehmer auf die benötigte Spannung heruntertransformiert wurde. Nun hingen Umfang, Verbrauchsschwankungen und Skalierbarkeit der Energieversorgung nicht mehr von der Wahl der Maschinen zu ihrer Erzeugung ab. Und das wiederum heißt: In Form von Strom wurde industriell erzeugte Energie – und zwar in nahezu beliebiger Menge – vom aufwändigen Investitionsgut zum preisgünstigen Verbrauchsgut. Das ermöglichte eine erhebliche Ausweitung und eine zunehmende Differenzierung der Industrie, zudem die Entwicklung zahlreicher elektrischer Geräte für den privaten Bereich.

Mit der allmählichen, schließlich sprunghaften Erweiterung der industriellen Produktpalette ergab sich eine zweite Knappheit, die vor allem in der Schlussphase des dritten Zyklus zur Triebkraft der Entwicklung einer neuen Basisindustrie wurde: der Chemieindustrie. Knapp, vor allem auch im Sinne mangelnder Vielfalt und Verwendbarkeit, wurden nämlich die Grundstoffe für Industrieprodukte. Wo die Materialien, wie etwa das Glas, seit Menschengedenken bekannt waren, da mussten doch zahlreiche verfahrenstechnische Probleme auf dem Weg zu ihrer industriellen Herstellung und Weiterverarbeitung gelöst werden. Vollständig überwunden wurde die Verknappung des Materialangebots erst mit den polymeren Kunststoffen.

Die industrielle Glasfertigung beginnt zwar schon Mitte des 19. Jahrhunderts mit der Verwendung metallener Gussformen, doch die großen technischen Durchbrüche zur Massenproduktion gelangen auch hier erst nach der Jahrhundertwende. Ebenso kam die Werkstoffchemie zwar nicht auf leisen, aber zunächst auf recht langsamen Sohlen daher. Bereits 1746 hatte John Roebuck in Birmingham ein Bleikammerverfahren zur industriellen Gewinnung von Schwefelsäure entwickelt, die zunächst als Bleichmittel in der Textilverarbeitung eine Rolle spielte, ferner als Aufschlussmittel in der Erzverarbeitung, später als eine der wichtigsten Chemikalien bei der Produktion von Düngemitteln. Ebenfalls im letzten Jahrzehnt des 18. Jahrhunderts entstanden Verfahren für die massenhafte Herstellung von Chlorkalk, einem wichtigen Bleichmittel für Zellstoff, Papier und Textilien sowie Verfahren zur industriellen Sodaproduktion.

In den vierziger Jahren des 19. Jahrhunderts wies Justus von Liebig nach, dass Stickstoff, Phosphate und Kalium das Pflanzenwachstum fördern. Die ersten synthetischen Düngemittel aus Kalisalzen wurden denn auch schon ab 1857 hergestellt. Das besonders ergiebige Stickstoffnitrat war zunächst allerdings nur als natürlicher Guano verfügbar, und der musste aus Südamerika eingeführt werden. Doch erst 1910 wurde ein Verfahren zur industriellen Ammoniakproduktion zum Patent angemeldet, das sogenannte Haber-Bosch-Verfahren. Von hier nahm die Massenproduktion von synthetischem Stickstoff-Dünger – und mit ihr die allmähliche Industrialisierung der Landwirtschaft – ihren Ausgang.

Der wichtigste Technologiesprung in der chemischen Industrie basierte aber zweifellos auf jenen Erkenntnissen und Verfahren, die zur Entwicklung einer nahezu unübersehbaren Palette von Kunststoffen führten. Erst das Plastik ermöglichte neben dem Blech die Herstellung preiswerter Massengüter aller Art in beinahe beliebigen Formen und in standardisierter Qualität.

Der erste »echte« Kunststoff, das Celluloid, wurde 1869 in England hergestellt, noch ohne jede Ahnung, dass hier zugleich das Synonym für eine Medienrevolution namens Film erfunden worden war. Den Begriff »Kunststoff« prägte der Chemiker Ernst Richard Escales 1910. Auf das Jahr 1912 geht das industrielle Verfahren zur Herstellung von PVC zurück. 1928 wurde das Plexiglas patentiert, 1931 in Großbritannien erstmals Polyethylen hergestellt, und 1935 entwickelte der US-Chemiekonzern DuPont das Polyamid 66, besser bekannt als Nylon. Zwei Jahre später folgte in Deutschland ein weiteres Polyamid namens Perlon, und bei Bayer in Leverkusen entstand Polyurethan. 1938 kam wiederum DuPont mit dem Teflon auf den Markt. Von Aspirin & Co., also der aufkommenden pharmazeutischen Industrie, ist in dieser Aufzählung noch gar nicht gesprochen. Man sieht: Wenn die Zeit einer Basistechnologie gekommen ist, geht plötzlich alles Schlag auf Schlag.

1930 lag die weltweite Produktion an Kunststoffen bei 10 000, 1949 bei einer Million, 1976 bei 50 Millionen Tonnen pro Jahr. 2008 war die Menge mehr als viermal so hoch. In rund dreißig Jahren wurden zwischen 1910 und 1940 die wesentlichen Grundlagen für die Plastifizierung des Kapitalismus gelegt. Zweifellos werden Werkstoffforschung und chemische Industrie auch weiterhin große Fortschritte machen. Doch gerade weil es vom Kuli bis zum Verkehrsflugzeug heute nur noch wenige Alltagsgegenstände gibt, in denen keine Komponenten aus polymeren Kunststoffen verarbeitet sind, hat die Chemie ihre Rolle als Leitindustrie mit dem Ende des dritten Kondratjew-Zyklus verloren.

Auto und Fernsehen

Mit der Weltwirtschaftskrise der dreißiger Jahre kam dieser dritte Zyklus nicht nur an sein Ende, es folgte ihm auch eine ungewöhnlich lange Phase der Stagnation. Volkswirtschaftliche und finanzpolitische Fehlentscheidungen wie die plötzliche Begeisterung für Protektionismus und Autarkie nach einer stürmischen ersten Runde der Globalisierung oder der radikal deflationistische Kurs, den damals fast alle Zentralbanken und Regierungen fuhren, haben die Depression gewiss verstärkt.

Aus manchen dieser Fehler hat man in der gegenwärtigen Situation ersichtlich gelernt, wenn Staat und Zentralbanken diesmal massenhaft Liquidität in den Markt pumpen, anstatt sie ihm zu entziehen – ausgerechnet dann, wenn die Finanzmärkte am Ende eines langen Zyklus der Prosperität und einer kurzen, heftigen Spekulation ohnehin Kapitalvernichtung in großem Stil betreiben.

Andererseits ist es sinnlos, Steuergelder in zu recht schrumpfende oder gar sterbende Branchen zu investieren. Volkswirtschaftlich läuft ein solcher Tod auf Raten auf eine Blockierung von Kapital für zukunftsträchtige Investitionen hinaus. Jeder Dollar und jeder Euro, der in todgeweihten Automobilkonzernen vernichtet wird, wird mittelfristig nicht nur keinen einzigen Arbeitsplatz retten. Er hält zudem zehn weitere Dollars oder Euros, die private Investoren noch in diesen Firmen stecken haben, davon ab, möglichst schnell in modernere, bessere, zukunftweisende Produkte oder Dienstleistungen zu fließen. Genau darauf käme es jetzt jedoch an. Und genau das ist auch in der Weltwirtschaftskrise der dreißiger Jahre zu lange verhindert worden.

Der Zweite Weltkrieg war auch eine Folge der Weltwirtschaftskrise. Der Blick auf deren wesentliche, strukturelle Ursachen wird durch die weltpolitischen Entwicklungen aber verstellt. So bitter das auch klingt: Der Krieg erst sorgte für die lange aufgeschobene Umlenkung von Investitionen, deren Ausbleiben die Wirtschaft nach 1929 so lange am Boden hielt. Denn auch die USA konnten sich erst mit der einsetzenden massiven Rüstungsproduktion der vierziger Jahre aus der Krise befreien – und nicht etwa mit den zahlreichen Investitionsprogrammen des Roosevelt'schen New Deal. Der Umweg riesiger Kapitalmengen über den Rüstungssektor war ohne Zweifel ein katastrophales Übel, in einem anderen politischen Umfeld wäre er vielleicht auch zu verhindern gewesen. Aber dass er stattfand, legte das Fundament für den enormen wirtschaftlichen Boom der Nachkriegsjahrzehnte.

Das grundlegende Problem am Ende des Elektrifizierungszyklus war so schlicht, wie es nur sein konnte: Außer sehr abgelegenen ländlichen Regionen waren alle ans Stromnetz angeschlossen. Fabriken wie Haushalte waren Ende der zwanziger Jahre in Amerika und in Europa nahezu vollständig elektrifiziert. Jedes weitere Kraftwerk und jeder weitere Kilometer Überlandleitung hätten in dieser Situation nicht mehr bewirkt, als es der Anschluss noch des kleinsten Dorfes an das Eisenbahnnetz am Ende des zweiten Zyklus getan hätte.

Das Prinzip ist immer das gleiche: Ist eine Basistechnologie erst ausgereizt, dann bringen weitere Investitionen nur noch minimalen bis keinen zusätzlichen Nutzen – und das auch noch zu relativ steigenden Kosten. Ist die fragliche Basistechnologie zudem im Bereich der Infrastruktur angesiedelt, dann muss die Krise am Ende des Zyklus umso heftiger ausfallen. Denn die ausgereizte Produktivkraft bindet dann ungleich mehr Kapital, als das am Ende von Zyklen der Fall ist, die auf stärker dezentral finanzierten Technologien beruhen. Weshalb denn auch die Gründerzeitkrise am Ende des Eisenbahnzeitalters und die Krise der dreißiger Jahre heftiger ausfielen als jene Mitte des 19. und jene in den siebziger Jahren des 20. Jahrhunderts.

Was sich in den dreißiger Jahren jenseits aller wirtschafts- und finanzpolitischen Fehlsteuerungen so quälend lange hinzog, war die Beantwortung der Frage: *What's next?* Elektrifizierung und Chemie hatten die Grundlage für einen bis dato beispiellosen Aufschwung der Industrie gelegt, die nun, etwas salopp und vereinfacht gesagt, vor der Frage stand, was sie mit dem ganzen Strom und den vielen schönen, neuen Werkstoffen eigentlich herstellen sollte. Denn während die elektrifizierten Fabriken zu Höchstform aufliefen, hingen an den privaten Steckdosen Europas und Amerikas nur Lampen – und in den USA ein paar mehr, in Europa noch wenige Radios. In Amerika war in diesem Zyklus sogar der Automobilmarkt schon an seine damaligen Grenzen gestoßen. Nicht zuletzt, weil auch damals eine Kreditblase platzte, die für Autokredite.

Zum ersten Mal in der Geschichte der Industriegesellschaft lag der Flaschenhals des Angebots damit im Konsumgütersektor. Vor allem bei Gütern des mittleren bis leicht gehobenen Bedarfs gab es eine Lücke im Produktportfolio. Das können Sie im eigenen Haushalt leicht nachprüfen: Zählen Sie alle Gegenstände in Ihrem Haus oder Ihrer Wohnung. Dann ziehen Sie alle Güter des täglichen Bedarfs sowie Ihre Kleider ab. Und dann fragen Sie sich, welche der verbliebenen Produkte auch schon Ihre Großeltern besessen haben. Davon müssen Sie dann noch alles abrechnen, was diese bei einem Handwerker erstanden haben, etwa die Möbel. Nun wissen Sie, was die Industrie sich in den letzten sechzig Jahren alles hat einfallen lassen.

Dabei hatten Pioniere des ausgelaufenen Zyklus, wie etwa Henry Ford, durchaus verstanden, dass die Zukunft des Kapitalismus nur dann die Massenproduktion würde sein können, wenn dieser auch Massenkonsum gegenüberstünde. Bei Ford verdichtete sich diese Einsicht in der strategischen Feststellung, seine Autos müssten so billig sein, dass seine eigenen Arbeiter sie sich leisten könnten. Und tatsächlich: Das legendäre Model T kostete 370 Dollar, was bei dem für damalige Verhältnisse sehr guten Tageslohn von sechs Dollar rechnerisch dem Vierteljahresverdienst eines Ford-Arbeiters entsprach. Deshalb war in den zwanziger Jahren jedes zweite Auto nicht nur in den USA ein Model T. Auch die Automobilität insgesamt überstieg diejenige in Europa bei Weitem: 1928 kam in den USA ein Auto auf fünf, in Großbritannien auf 38, in Frankreich auf 43 Einwohner. In Deutschland besaß nur jeder 138. Bürger zu diesem Zeitpunkt ein Fahrzeug mit Verbrennungsmotor.

Es ist denn auch dieser enorme Nachholbedarf Europas, der neben dem billigen, bald massenhaft verfügbaren arabischen Öl das Automobil zur Basistechnologie des vierten Kondratjew-Zyklus machte – und zum Zündfunken für gigantische öffentliche Investitionen in das Straßennetz. Die entscheidende

Umlenkung der Geldanlage in diese Richtung besorgte – nein, nicht der vergleichsweise geringfügige Autobahnbau der Nazis, auch nicht der erste Volkswagen, der im Vorfeld des Krieges schnell als Propagandacoup der NS-Freizeitorganisation »Kraft durch Freude« endete. Es waren die gewaltigen Investitionen in die Entwicklung und den Bau von Militärfahrzeugen, die den Grundstein für die Autobauer als europäische Leitunternehmen der Massenmotorisierung nach dem Zweiten Weltkrieg legten. Nicht schön, aber wahr.

Nicht anders war es bei vielen anderen langlebigen Konsumgütern: Europäischer Nachholbedarf ermöglichte das Wirtschaftswunder. In den USA besaß zum Beispiel schon 1937 jeder zweite Haushalt einen elektrischen Kühlschrank, während in Europa die meisten noch auf den Eismann warteten. Und auch in Amerika mussten viele Konzerne zügig von militärischer auf zivile Produktion umstellen. So haben auch viele medientechnische Erfindungen vom Film bis zum Internet ihren Ursprung im militärischen Bereich.

»Das war jetzt aber eine schöne Überleitung«, würde mancher TV-Moderator wohl sagen. Denn die zweite Basistechnologie des vierten Kondratjew-Zyklus ist in meinen Augen eindeutig das Fernsehen. Sonderbarerweise liest man das in der einschlägigen Literatur selten. Auf das Automobil – und in seinem Gefolge die Petrochemie – können sich die meisten Autoren noch einigen. Ebenso darauf, dass die individuelle Mobilität, zu der ja nicht nur der Pkw, sondern auch der Schwerlastverkehr zählt, abermals eine zentrale Knappheit überwand, nämlich die an flexiblen Transportkapazitäten. Das Auto trat in gleicher Weise die Nachfolge der Eisenbahn an wie das Elektrizitätswerk die Nachfolge der Dampfmaschine. Beide flexibilisierten in großem Umfang eine zentrale Infrastrukturleistung.

Ansonsten findet man, gestützt auf den niederländischen Wirtschaftswissenschaftler Jacob Johan van Duijn und sein Buch *The Long Wave in Economic Life* von 1983, einen für mein Gefühl eher planlosen Katalog technischer Innovationen, die den vierten Kondratjew angetrieben haben sollen: neben dem Auto den integrierten Schaltkreis, den Transistor, den Computer, sogar die Kernenergie. Van Duijn hat auch den sperrigen Begriff des »Einzweck-Automatisierungs-Kondratjew« geprägt. Soll heißen: Im vierten Zyklus entstanden hauptsächlich technische Geräte, die auf die automatische Verrichtung oder Unterstützung einer einzigen spezifischen Funktion hin ausgelegt waren. Das ist als allgemeine Beobachtung eines Trends zur technischen Spezialisierung gewiss nicht verkehrt. Doch in diesem Sinne ließen sich auch der Mixer, der Geldautomat oder der iPod als Basisinnovationen beschreiben – wodurch für mein Gefühl die Grundeinsichten Kondratjews und Schumpeters zu einem beliebigen Theorem degradiert würden.

Genauso umstritten ist die zeitliche Abgrenzung des vierten Zyklus: Während die einen ihn um 1980 enden sehen, vertreten andere den Standpunkt, die Entwicklungen der Informations- und Kommunikationstechnik in den achtziger Jahren des vergangenen Jahrhunderts gehörten noch in den vierten Zyklus, während mit den Innovationen in den Bereichen von Software und Internet eine neue Welle begonnen habe. Aus dieser Sicht wäre die Krise der New Economy um die Jahrtausendwende, ebenso wie die gegenwärtige Rezession, nicht der Boden am Ende eines Zyklus, sondern ›nur‹ die unvermeidliche Konsolidierungskrise am Ende einer Pionierphase. Mich überzeugt diese Sicht nicht.

Das Fernsehen hat nicht nur Informationsgewohnheiten und Freizeitverhalten dramatisch verändert. Es beeinflusst vor allem auch unser Konsumverhalten in kaum abzuschätzendem Ausmaß. Und das liegt nicht nur an der Werbung, sondern vor allem am Programm, in dem sich wie in einem riesigen Parabolspiegel die Bedürfnisse, Geschmäcker, Moden und Trends der Gesellschaft zu starken Bildbotschaften bündeln. Das Herz des Fernsehens wiederum schlägt in der Serie, einer

Übertragung des Fortsetzungsromans auf das Bildmedium. Als »Seifenoper« wurde dieses Format sozusagen der Archetypus der Basistechnologie Fernsehen. Nicht umsonst wird die Mutter aller *Soap operas,* die 1937 gestartete und von Procter & Gamble gesponserte Serie *Guiding Light,* die hierzulande unter dem Titel *Springfield Story* läuft, bis heute, nach über 15 000 Sendungen, unverdrossen ausgestrahlt. Nur dass mittlerweile das *Product placement,* gleich ob mit oder ohne erkennbares Logo, den Werbeblock als Motor des Konsums weitgehend abgelöst hat.

Seinen Charakter als tragende Technologie eines gesamten langen Konjunkturzyklus offenbart das Fernsehen, wenn man wieder nach der strukturellen Knappheit fragt, die es überwunden hat. Basierend auf den Technologien des zweiten und dritten Zyklus, Stahl, Elektrizität und Kunststoffchemie, löste der vierte Kondratjew-Zyklus endgültig das Problem der kostengünstigen Herstellung, mehr noch: der permanenten Verfügbarkeit einer riesigen Zahl von notwendigen, nützlichen, angenehmen, wenn vielleicht auch überflüssigen und fragwürdigen Gütern. Erst in den siebziger Jahren war ein legendärer Gag Loriots möglich: der »Familienbenutzer«, das nutzlose Ding an sich, »formschön, wetterfest, geräuschlos, hautfreundlich, pflegeleicht, völlig zweckfrei und – gegen Aufpreis – auch entnehmbar«.

Das aber heißt: Knapp in einem sehr präzisen ökonomischen Sinne war erstmals in der Geschichte der Menschheit nicht das Angebot, sondern die Nachfrage. Kaufkraft war zum Flaschenhals der Marktwirtschaft geworden.

Ich meine das in einem grundsätzlichen, rein ökonomisch vermutlich gar nicht aufzulösenden Sinn: Seit ungefähr fünfzig Jahren übersteigt die Fähigkeit entwickelter Marktwirtschaften, Güter und Dienstleistungen *anzubieten,* die Fähigkeit der Bürger, diese Güter und Dienstleistungen auch zu *verbrauchen.* Materielle Überproduktion ist, wenn nicht zum Dauerzustand, so zumindest zur ständig lauernden Gefahr geworden.

Permanent um die Aufmerksamkeit und die Zahlungsbereitschaft der Konsumenten zu werben ist deshalb keine nur lästige Begleitmusik des modernen Kapitalismus. Werbung in jeder erdenklichen Form ist spätestens seit 1950 eine seiner Systemvoraussetzungen.

Damit wird denn auch klar, warum Medien wie das Internet oder Computerspiele, mit denen inzwischen mehr Geld verdient wird als mit Kinofilmen, das Fernsehen weitgehend ablösen werden. Die Inflationierung der Sender im Zuge von Privatisierung und Digitalisierung war alles andere als ein großer Sprung in die Zukunft der Mediengesellschaft. Sie war und ist vielmehr die Angstblüte eines verdorrenden Baumes. Die Versammlung der Großfamilie vor der Glotze ist damit nicht mehr die Arena, die die Aufmerksamkeit des Publikums bündelt. Anders herum wird ein Schuh daraus: Zusammen mit der klassischen kommerziellen Werbung hat die Basistechnologie Fernsehen bereits seit einiger Zeit ihren Grenznutzen erreicht.

Es ist das bekannte Prinzip: Die meisten haben auch heute noch einen Bahnhof in erreichbarer Nähe. Jeder Haushalt ist ans Stromnetz angeschlossen. Der Automarkt ist gesättigt, das Straßennetz dichter als dicht. Und Fernseher gibt es in deutschen Haushalten zuhauf. Jeder kann es fast an jedem Ort sehen. Und das wiederum heißt: Man kann es langsam nicht mehr sehen! Und selbst der Bildschirm hat sich dem Niveau der Programme angepasst und wird immer flacher.

Investitionen in diese Medien sind deshalb von der Rendite-Wundertüte zum Kapitalshredder mutiert. Verschwinden wird das Fernsehen deshalb – wie die Bahn, der Strom, der Kunststoff, das Auto – natürlich nicht. Aber es ist zu einer Branche wie Lebensmittelhandel oder Unterhaltungselektronik geworden. Wer Fernsehen macht, der muss heute entweder Lieferant exklusiver Medienangebote sein – siehe Arte, 3Sat und die Spartensender. Oder er operiert auf einem ausgereizten, hart umkämpften Massenmarkt mit äußerst schmalen Renditen.

Information und Kommunikation

Aus dieser Perspektive lässt sich auch verstehen, warum auf den von Auto und TV getriebenen Zyklus mit Beginn der achtziger Jahre ein neuer fünfter und relativ kurzer Kondratjew-Zyklus folgte, der von der Informations- und Kommunikationstechnologie beherrscht wurde. Notwendig war nämlich eine Kehrtwende von der eher unspezifischen Massenkommunikation hin zur individuellen, möglichst genau auf einen Zweck gerichteten Informationsverarbeitung. Mit dem Sieg von MP3 und iPod über Plattenindustrie und Radio, mit der Ablösung der Festnetz- durch die Mobiltelefonie, mit der endgültigen Etablierung des Internets und mit der vollständigen Digitalisierung aller Medien endet dieser Zyklus gegenwärtig – Nachzügler wie Buch und Zeitung eingeschlossen. Der Hype um die New Economy als einem angeblich ganz neuen Zeitalter der Zivilisation war deshalb eine große Täuschung. Denn wir waren Zeugen des Abschlusses einer Entwicklung, nicht eines Neubeginns.

Auch das wird am ehesten klar, wenn man die Gretchenfrage nach der dem Zyklus zugrunde liegenden Knappheit stellt. Es war Information. Erst Information rund um die wirtschaftliche Prozesssteuerung, dann Information zwecks Abstimmung unseres gesamten Arbeits- und Alltagslebens. Man mag sich tausendmal darüber mokieren, dass die meisten Leute ihr Handy benutzen, um ständig irgendwem mitzuteilen, wo sie gerade sind und was sie gerade tun. Aber dass auch nach zwanzig Jahren Mobilfunk diese nervende Sitte immer noch fortbesteht, zeigt, dass das Bedürfnis der Menschen nach Abstimmung ihrer Lebensinhalte virulent bleibt. Früher machte man das in der Küche oder in der Kantine aus. In einer Gesellschaft aber, in der alle immer gerade woanders sind und stetig unter Zeitdruck stehen, brauchen anscheinend banale Fragen wie »Wo bist du?« und »Was machst du gerade?« eine technische Plattform.

Oft hört man den – meist leicht gereizten – Einwand, früher habe das doch alles auch ohne diesen Aufwand funktioniert. Doch mit der Krise Mitte der siebziger Jahre, als vor nahezu jeder Haustür ein Auto stand, war eben nicht allein die Automobilisierung der westlichen Gesellschaften im Wesentlichen abgeschlossen. Zugleich endete das Zeitalter der industriellen Massenproduktion. Die Produkte wurden in eine fast schon unbegrenzte Variantenvielfalt aufgefächert. »Customization« – kundenindividuelle Fertigung – lautete das neue Zauberwort. Das fälschlich Henry Ford zugeschriebene Bonmot, man könne die Tin Lizzy in jeder beliebigen Farbe bekommen, solange der Wagen nur schwarz sei, verlor endgültig seine Gültigkeit.

Überhaupt wurden die Produkte immer komplexer. Die Zahl der selbst in einfachen Konsumgütern, geschweige denn in hochpreisigen Hightech-Produkten verbauten Komponenten stieg exponentiell. So besteht ein Auto heute im Schnitt aus rund 15 000 Bauteilen und verfügt über mehr elektronische Systeme als ein Passagierflugzeug vor zwanzig Jahren. Mit einem Blackberry hätte man 1968 nicht allein die Mondlandung, sondern die gesamte NASA dirigieren können. Die hatte damals nämlich weniger Rechenkapazität.

Eine Folge der rasanten technischen Entwicklung war, dass immer mehr Vorprodukte aus der eigenen Wertschöpfungskette ausgelagert und ihre Fertigung entweder an Spezialhersteller oder an billige Zulieferer delegiert wurde. Auf der permanenten Suche nach Rationalisierungsmöglichkeiten erreichte der Grad der Arbeitsteilung ungekannte Ausmaße. Dies geschah – Stichwort Globalisierung – zudem nicht mehr innerhalb geschlossener, gar nationaler Wirtschaftsräume, sondern in zunehmendem Maße weltweit. Und was die Komplexität der Unternehmensabläufe nicht schaffte, das besorgte die Geschwindigkeit des wissenschaftlich-technischen Wandels.

Alle diese Entwicklungen trieben sowohl die technische Prozesssteuerung auch das Unternehmensmanagement an ihre Grenzen. Mit Stift, Schreibmaschine, Stempel und Aktenordner, mit Schneckenpost, Telex und Telefon, mit behördenähnlicher Verwaltung und monatlichen Abteilungsleiterrunden waren selbst mittelständische Unternehmen irgendwann nicht mehr zu führen. Umso weniger ließen sich komplexe, hoch technisierte Unternehmensabläufe weiterhin mit starren Führungsstrukturen und einem kleinen Kreis eingeweihter Alleswisser managen. Immer mehr Prozesse und Entscheidungen mussten auf die ›Arbeitsebene‹ der Spezialisten verlagert werden. Und das hieß: Auch die Mitarbeiter auf den mittleren und unteren Unternehmensebenen benötigten mehr, bessere und vor allem aktuelle Informationen.

Dass die Krise am Ende des Automobil-und-TV-Kondratjew zwar heftig, aber vergleichsweise kurz war und dass der Übergang zum IT-Zyklus relativ schnell gelang, hat im Wesentlichen zwei Ursachen. Zum einen verloren Auto und Fernsehen zwar ihre Leitfunktion, da beide im Prinzip ausgereifte Techniken waren, die keinen weiteren gesamtwirtschaftlichen Nutzen mehr bescherten. Doch beide wurden nicht vollständig von neuen Technologien abgelöst, wie ja auch das Auto einst die Bahn nicht vollständig abgelöst hatte. Im Gegenteil ist die weltweite Autoproduktion seit 1975 noch einmal um 80 Prozent gestiegen, von knapp 40 auf über 70 Millionen Stück im Jahr. Allerdings blieb die Zahl der Beschäftigten in den letzten 40 Jahren weitgehend konstant. Und dass in Deutschland angeblich jeder siebte Arbeitsplatz am Auto hänge, ist nichts als ein populäres Ammenmärchen, das auf einem Trick beruht: Man deklariert vom Taxifahrer bis zum Schäfer, dessen Schafe vielleicht Wolle für Sitzbezüge liefern, einfach jeden zum autoabhängigen Beschäftigten. Einschließlich Zulieferer und Nutzfahrzeughersteller arbeiten in der Autoindustrie 750000 Menschen. Rechnet man jene hinzu, die darüber hinaus direkt von der Nachfrage nach Autos abhängen, kommt man auf rund 1,8 Millionen Beschäftigte – das wäre jeder 20. deutsche Arbeitsplatz. Wie auch immer: Heute zeichnet sich ab, dass zumindest die fossil angetriebene Mobilität auch an ihre absoluten Grenzen stößt.

Der zweite Grund für den schnellen Übergang zwischen den beiden Konjunkturwellen war die relativ lange Vorgeschichte der elektronischen Datenverarbeitung. Denn die technische Frühphase des Computers reicht in die dreißiger und vierziger Jahre des 20. Jahrhunderts zurück. 1935 präsentierte IBM mit seiner IBM 601 eine Lochkartenmaschine, die bereits eine Multiplikation pro Sekunde durchführen konnte. 1938 und 1941 baute Konrad Zuse seine programmierbaren mechanischen Rechner Z1 und Z3. Die turnhallengroßen Röhrenrechner wurden zu Beginn der sechziger Jahre durch die ersten transistorbasierten Geräte abgelöst, und 1971 stellten Texas Instruments und Intel die ersten echten Mikroprozessoren vor. Ab April 1977 fand mit dem *Apple II* der erste Kleincomputer eine nennenswerte Verbreitung. Insofern kann man den 12. August 1981 nur mit viel Ignoranz als Neujahrstag des fünften Kondratjew-Zyklus bezeichnen – an diesem Tag brachte IBM mit dem *IBM 5150 Personal Computer* die Mutter aller PCs auf den Markt.

Technikgeschichtlich war all das ein gleitender, in seiner ganzen Bedeutung zunächst auch kaum wahrgenommener Übergang und kein Big Bang. Entscheidend dafür, dass hier tatsächlich eine neue Basistechnologie das Licht der Welt erblickt hatte, waren zwei Faktoren – wie es sich für eine digitale Revolution gehört.

0: Der Kleincomputer wurde autonom. Im Gegensatz zu den Mainframe-Systemen mit zentralem Rechner und ›dummen‹ Arbeitsstationen, die in Militär, Verwaltung, Wissenschaft und etlichen Großunternehmen bereits seit Längerem im Einsatz waren, verfügte jeder PC über alle notwendigen Komponenten eines Computers, wie sie John von Neumann 1946 definiert hatte: einen Prozessor, also eine Rechen- und Steuereinheit, ein Bussystem zum internen Datentransfer, einen Arbeits- und Datenspeicher sowie Ein- und Ausgabeschnittstellen.

1: Diese Autonomie verband sich mit einem entscheidenden Prinzip: der konsequenten Trennung von Hardware und Software. In der Frühgeschichte des Computers waren beide Elemente oft nicht einmal technisch getrennt – einzelne Rechenoperationen wurden fest verdrahtet. Seit Alan Turings grundlegenden Arbeiten war die Trennung von Rechenwerk, Daten und Programm immerhin theoretisch geklärt und bald auch technisch vollzogen. Nur: Rechner und Programm kamen üblicherweise aus einem Haus. Das war denn auch der eigentliche Grund, warum der technisch und ästhetisch anfangs haushoch überlegene Apple gegen den groben und behäbigen Blechklotz aus dem Hause IBM verlor: Apple lieferte Hardware *und* Software, und beide waren nur bereit, mit dem Pendant aus dem eigenen Hause zusammenzuarbeiten. Beim IBM-PC dagegen wurde aus einem desaströsen betriebswirtschaftlichen Patzer ein den Markt revolutionierendes Prinzip.

Nicht nur, dass IBM keine Lizenzen oder Patente auf die einzelnen Komponenten seines Gerätes besaß, auch die Software, das Betriebssystem, hielt man in Armonk für nicht so wichtig. Man kaufte es daher bei einer kleinen Bastelbude aus einem Vorort von Seattle zu, die sich in den Folgejahren zum Monopolisten entwickeln konnte. Dank dieses doppelten Schnitzers von IBM können seit 1981 zahlreiche Firmen auf der ganzen Welt Computer bauen und Anwendungsprogramme entwickeln. Der PC hat Hardware und Software nicht nur technisch, sondern vor allem ökonomisch getrennt.

So wenig wie die Turbine, die Eisenbahn, die Stahlindustrie, die Elektrizität, der Kunststoff, das Automobil und das Fernsehen aus der Welt verschwunden sind, so wenig wird auch der Computer verschwinden oder durch eine prinzipiell andere Technologie abgelöst werden. Doch um einen Nagel in die Wand zu schlagen, ist ja auch der Hammer bis heute das am besten geeignete Werkzeug geblieben. Neue Technologien lösen nur selten alte so vollständig ab wie einst das Auto die Pferdekutsche. Basistechnologien übernehmen von ihren Vorgängern höchst selten deren Funktionalität. Sie übernehmen vielmehr deren Rolle als Haupttriebkraft des Produktivitätsfortschritts, und damit des wirtschaftlichen Fortschritts überhaupt. Diese treibende Rolle hat nunmehr auch die Informations- und Kommunikationstechnik verloren. Es wird zu weiteren, auch zu erheblichen technischen Verbesserungen auf diesem Gebiet kommen. Das Internet und die digitalen Medien werden ihre Gestalt und ihre Struktur sicher noch öfter ändern. Aber Unternehmen wie Volkswirtschaften ziehen keine Vorteile mehr daraus, dass sie diese Technologien einsetzen. Der vielbeschworene Netzwerkeffekt, demzufolge der Wert eines Netzes sich mit jedem Teilnehmer exponentiell erhöht, verliert nun einmal seine Wirkung, wenn alle im Netz sind. Kein Wunder also, dass die Auguren bereits seit mindestens einer Dekade von der Frage umgetrieben werden, was denn jetzt als Nächstes kommt.

THE NEXT BIG THING(S)

Wir stehen heute an einem wirtschafts- und zivilisationsgeschichtlichen Wendepunkt, dessen zentrale Koordinaten sich seit Längerem, im Grunde seit fast vierzig Jahren, abzeichnen. Kaum jemand bestreitet, dass viele konkrete Vorhersagen des Club of Rome in seiner Studie über *Die Grenzen des Wachstums* von 1972 nicht zutreffend waren. Leider aber wird zu selten danach gefragt, warum der Titel der Studie all ihren Mängeln zum Trotz seinen Charakter als geflügeltes Wort nie verloren hat. Die Antwort liegt auf der Hand. Grundsätzlich hatten Dennis Meadows und seine Koautoren nämlich recht. Ihr Buch bringt, wie Friedrich Schlegel das einmal so schön formuliert hat, »die großen Tendenzen unseres Zeitalters« auf den Punkt: Eine Zivilisation, die wesentlich darauf beruht, dass sie endliche Ressourcen in einem geschlossenen System wie dem Ökosystem unseres Planeten so nutzt, als seien sie unendlich vorhanden, muss früher oder später zwangsläufig an ihre Grenzen stoßen. Nach allem, was man wissen kann und was ich zum Teil in diesem Buch versuche zu beschreiben, werden wir diese Grenzen nun auch bald erreichen. Die Zukunft, noch so ein geflügelter Buchtitel, hat schon begonnen. Definitiv.

Ich weiß, dass es auch ernst zu nehmende Argumente gegen die Theorie Nikolai Kondratjews über die langen Konjunkturwellen gibt. Dennoch hat sie für mich einen großen Wert als Rahmen für das Nachdenken über längerfristige wirtschaftliche und gesellschaftliche Entwicklungen. Die treibenden Technologien und Infrastrukturen des 21. Jahrhunderts zu identifizieren fällt, so finde ich, leichter, wenn man nach den strategischen Knappheiten der näheren und etwas ferneren Zukunft fragt. Ich halte das jedenfalls für zielführender als das üblicherweise angewendete Verfahren, bei dem das Etikett »Zukunftstechnologie« auf beinahe alles geklebt wird, was im nächstgelegenen Technologiepark gerade hoch gehandelt wird: Web 2.0 oder 3.0, E-Learning, *Pervasive Computing*, Bioprozessoren, die nicht totzukriegende Künstliche Intelligenz, Robotik, Bio- und Gentechnik, Nanotechnologie, Kernfusion, extraterrestrische Rohstoffförderung, natürlich auch die regenerativen Energien. Weitere Kandidaten für Kondratjew-Trendscouts: die nächste Stufe der Transplantationsmedizin, noch mal »Gen«, diesmal mit der Ergänzung »Therapie«, Geriatrie, psychosoziale Gesundheit, Bildung, Wissen, Kompetenz. Solche Listen schreien förmlich danach, fundierte Prognosen durch bloßes Ankreuzen zu ersetzen.

Es ist kaum zu bestreiten, dass in alternden Gesellschaften die Medizin, die Gesundheitsvorsorge und die Pflege eine wichtige Rolle spielen werden. Ebenso unsinnig wäre es, davon auszugehen, dass die Informationstechnik künftig weniger Bedeutung haben wird, sei es beim Lernen oder bei der intelligenten Steuerung bestimmter Alltagsvorgänge. Doch auch wenn die Menschen demnächst Kühlschränke wollen, die selbstständig einkaufen, die Dampfmaschine des 21. Jahrhunderts ist das alles nicht. Das Gleiche gilt meines Erachtens für die Gentechnik, sei sie »grün« oder andersfarbig. Über deren Für und Wider zu streiten ist hier nicht der Platz. Doch die Frage ist, welche Knappheit sie denn überwinden würde. Nahrungsmittelknappheit ist ja entweder ein Ressourcen- oder ein Verteilungsproblem. Bodenerosion, Wassermangel oder oligarchischen Besitzverhältnissen in vielen armen und Schwellenländern wird man mit »grüner« Gentechnik nicht beikommen. Statt also zu fragen: »Was gibt es denn so alles?«, und dann: »Finde ich das toll oder nicht so toll?«, frage ich lieber, was die strategischen Knappheiten sind, die derzeit – oder bald – dem Fortschritt Grenzen setzen. Und da sehe ich zwei Antworten. Die eine liegt auf der Hand. Die zweite folgt nach etwas Überlegung.

Erneuerbare Energien und Kultur

Die strategische Knappheit Nummer eins ist heute die Energieknappheit. Denn die fossilen Ressourcen, deren Ausbeutung zumindest das reichste Viertel der Menschheit den fantastischen Zuwachs an Wohlstand und Lebensqualität über die letzten 150 Jahre verdankt, gehen zur Neige. Und wo es bis dahin noch ein bisschen dauert, da verbieten uns andere Knappheiten ihre Nutzung. Mag die Kohle noch 400 Jahre reichen – wenn wir sie verfeuern, dann fehlt in spätestens 100 Jahren die Luft zum Atmen, bald auch der Boden für Anbau und Besiedlung und das Wasser zum Trinken. Es ergibt sich, dass die Methoden, mit denen wir unsere Energie aus erneuerbaren Quellen – Sonne, Wind, Wasser, Erdwärme und Biomasse – gewinnen, die Basistechnologien des 21. Jahrhunderts sein werden.

An erster Stelle steht eindeutig der elektrische Strom. Schon heute werden rund 40 Prozent des weltweiten Energiebedarfs durch ihn gedeckt. Dieser Anteil wird in Zukunft noch stark wachsen, denn die Elektrizität muss mittelfristig den Anteil nahezu der gesamten Mobilität am Primärenergieverbrauch übernehmen. Und der liegt weltweit bei 23 Prozent, der Anteil des Straßenverkehrs allein bei 17 Prozent. Da elektrisch betriebene Eisenbahnen global noch einen verschwindend kleinen Anteil am Verkehrsaufkommen haben, liegt der Ölanteil des verkehrsbedingten Energieverbrauchs heute bei 98 Prozent. Auch das wird sich dramatisch ändern.

Aus Gründen, die ich dargelegt habe, wird die Photovoltaik die wichtigste Stromtechnologie der Zukunft sein, gefolgt von Wind und Solarthermie. Wasser- und Gezeitenkraft sowie Geothermie werden eine regional gewiss wichtige bis herausragende, insgesamt aber keine dominante Rolle spielen. Dafür wird die Solarthermie ihre Stärken im Wärmebereich ausspielen, ergänzt um Erdwärme und Wärmepumpen, die etwa aus Fluss- und Grundwasser Heizwärme gewinnen. Eine weitere Energiequelle ist die Kraft-Wärme-Kopplung, vor allem in Verbindung mit geothermischen Tiefenkraftwerken.

Hinzu kommt besonders im Bereich Heizung, Warmwasser und Klima ein weiterer Punkt: Energieeffizienz. Nirgends wird heute so viel Energie vergeudet wie beim Heizen von Wohnungen, Häusern und Gewerbeimmobilien. Deshalb gehören Wärmedämmung, Klimatechnik und Energieeinsparung zum Cluster künftiger Basistechnologien unbedingt dazu.

Das Gleiche gilt für die Stromspeicherung. So wie Photovoltaik die Produktion des elektrischen Stroms dezentralisiert, muss die zügige Weiterentwicklung vor allem der Batterietechnik die Stromspeicherung demokratisieren. Heute wird überschüssiger Strom nur in großen, zentralen Pumpspeicherkraftwerken »gelagert«, deren Kapazität zudem hierzulande mit rund 40 Gigawattstunden weitgehend ausgeschöpft ist. Das Ziel lautet aber »Independent Power Producing« (IPP). Jeder Bürger soll auf dem eigenen Dach Strom produzieren können. Aber jeder Produzent muss eben auch den Strom, den er aktuell weder verbraucht noch ins Netz einspeisen will, zumindest in Teilen bevorraten können. Denn zum einen braucht er eine Reserve für jene Zeiten, in denen die eigene Anlage zu wenig Strom produziert. Zum anderen, und das dürfte auf Dauer weit wichtiger sein, muss er sein Produkt veredeln können. Wenn die Sommersonne nämlich erst einmal auf Millionen von Aufdach-Anlagen brennt, dann wird Solarstrom zu diesen Spitzenzeiten überreich vorhanden und also nicht nur billig sein, sondern auch vergleichsweise wenige Abnehmer finden. Dafür ist er in windstillen Winternächten ein begehrtes, hochpreisiges Wirtschaftsgut, das über lokale Niederspannungsnetze vom eigenen Solar-iPhone gesteuert, frei verkauft werden kann. Im Zusammenspiel mit einem intelligenten Verbrauchsmanagement im Haus, einem ebenso intelligenten Management der Netzlast sowie variablen Tarifmodellen müssen deshalb verteilte Speicherkapazitäten Angebot und Nachfrage jederzeit optimal ausgleichen. Die Möglichkeiten hierfür werden vielfältig sein, und längst nicht alle Optionen dafür sind erforscht, geschweige denn entwickelt. Aber technischen Durchbrüchen, wie sie sich etwa bei größeren Lithium-Ionen-Akkus schon abzeichnen, sollte so schnell wie möglich der harte Wind der Praxis um die Nase wehen. SolarWorld wird deshalb seinen Kunden bis spätestens 2013 Komplettpakete mit einer Batterie anbieten, die überschüssige Erträge der PV-Anlage speichert. Solarstrom steht dann zu jeder Tages- und Nachtzeit zur Verfügung, und der Vorwurf der Unzuverlässigkeit wird vom Tisch sein. Der Privathaushalt wird Energieversorger. Das Oligopol der Versorger wird aufgebrochen. Das wird eine revolutionäre Entwicklung.

Wer beim Stromsparen nur an sparsamere Haushaltsgeräte, seine Lichtorgel von Stand-by-Dioden und Energiesparlampen denkt, der greift zu kurz. Keine Frage, dass wir da als Verbraucher schon jetzt eine Menge tun können und dass es noch Raum für weitere technische Verbesserungen gibt. Aber die wahren Potenziale liegen außerhalb der Reichweite des Verbrauchers: im Stromnetz. Nicht nur, dass da so manche Hochspannungsleitung seit 20 Jahren auf ihre Erneuerung wartet.

Vor allem wird unser Stromnetz bis heute nach technischen Standards gesteuert, die Edison und Westinghouse langweilen würden. Denn nach wie vor herrscht bei den Netzbetreibern das vor, was man im Internet *Push-Technologie* nennt. Motto: Ich schick den Strom mal raus, wenn du ihn nicht brauchst, musst du ihn ja nicht nehmen. Natürlich wissen die Stromkonzerne, wann mehr und wann weniger Strom verbraucht wird. Aber auf Messungen der ausgehenden Leistung reagiert das System auch heute noch so unspezifisch wie der Bauer, der seinen Knecht mit dem Fahrrad ins Dorf schickt, wenn die Scheune brennt. Für den Rest sind die Stromzähler zuständig, die der Herr von den Stadtwerken turnusgemäß abklappert, um sie einzeln abzulesen. Zwar liegt Deutschland bei der Verbreitung der letzten Generation elektronischer Energiezähler mit zehn Prozent international weit hinten. In vielen älteren Gebäuden rattern nämlich immer noch die mechanischen Zähler im Keller, deren Name, Prinzip und Bauweise auf die Arbeiten des italienischen Physikers und Ingenieurs Galileo Ferraris (1847–1897) zurückgehen. Doch laut neuem Energiewirtschaftsgesetz ist man ab 1. Januar 2011 zumindest bei Neubauten und Totalsanierungen verpflichtet, sogenannte *Smart Meter* zu verwenden, bei denen die Verbrauchsdaten per Fernauslesung erhoben werden können – womit sie zur zeitgenauen Gebührenabrechnung und damit auch zur Feinsteuerung der Netzlast nutzbar sind. Mit Geräten wie unserem Suntrol®-Display können Betreiber einer Photovoltaikanlage zusätzlich Leistung, Gesamtenergie und CO_2-Einsparung ihrer Module kontrollieren. Über ein zugehöriges Internet-Portal (www.suntrol-portal.com) lassen sich diese Messgeräte vernetzen, was sehr bald jedem Kunden eine Übersicht über das regionale Angebot an Solarstrom ermöglichen wird.

Wenn dann noch eines hoffentlich nicht allzu fernen Tages intelligente Hausverteiler mit intelligenten Endgeräten den aktuellen Strombedarf aushandeln, ohne dass man ständig irgendwelche Schalter drücken oder Energiesparregler drehen

muss, dann wird jeder verstehen, warum ich auch die Netz-
steuerung zu den Basistechnologien einer künftigen, nachhaltigen Stromversorgung zähle.

Die bedenkenlose Ausbeutung fossiler Energieträger hat einem vergleichsweise kleinen Teil der Menschheit großen materiellen Wohlstand beschert. Mit dem Versiegen der fossilen Ressourcen kommt dieses Modell des Wachstums an sein
Ende – geschweige dass es von den weniger wohlhabenden bis
bitterarmen vier Fünfteln der Erdbevölkerung einfach noch
einmal kopiert werden könnte. Doch die ökologischen und
ökonomischen Grenzen des Wachstums bilden nur die objekti-
ve Seite dieser Entwicklung. Sie hat aber auch eine subjektive:
Mehr materieller Wohlstand bedeutet heute nicht mehr automatisch mehr Wohlbefinden.

Dieser Aspekt wird in westlichen Industriegesellschaften
im Prinzip ebenfalls seit vierzig Jahren verhandelt, etwa unter
Schlagworten wie »Überflussgesellschaft« oder »Konsumter-
ror«. Psychologische Untersuchungen belegen mit überwältigender Eindeutigkeit, dass sich in solchen Begriffen keineswegs
nur ein kulturkritisches Lamento Luft verschafft. Vielmehr
scheint es so zu sein, dass für das menschliche Empfinden
Wohlstand und Besitz höchst relative Größen sind. Sind echte
Not und täglicher Mangel erst einmal überwunden, dann er-
freuen wir uns immer weniger an dem, was wir an sich besitzen, und immer mehr an dem, was wir im Vergleich zu anderen
und im Vergleich zu früher besitzen. Als soziale Messlatte erhöhen das neueste Auto, das größere Haus, die schönere Wohnung, der edlere Wein und das höhere Einkommen, mit dem
wir uns all das leisten, sehr wohl unser Glücksgefühl. Aber da
unsere Kollegen und Nachbarn auch nicht schlafen, fallen die
Distinktionsprofite unseres materiellen Wohlstandsgewinns
umso schneller, je dynamischer sich unsere Wirtschaft entwickelt. Ebenso wissen wir, dass selbst saftige Gehaltserhöhun-
gen nur ein gutes halbes Jahr lang Glück und Motivation der
Begünstigten steigern. Dann haben sie ihren Lebensstandard

den neuen Umständen angepasst und empfinden ihn schnell als glücksneutralen Normalzustand.

Hinzu kommt ein weiterer Aspekt: Die unerschöpfliche Vielfalt der Waren und Dienstleitungen erschöpft die Konsumenten, die unter all diesen Optionen ständig wählen müssen. So haben Verkaufspsychologen etwa herausgefunden, dass Kunden vor einem Regal mit sieben Marmeladensorten deutlich zügiger und vor allem sehr viel öfter zugreifen als angesichts von vierzig oder fünfzig Varianten. Der Audiofreak mag sich vor der Anschaffung einer neuen Anlage wochenlang durch Dutzende Fach- und Testmagazine wühlen. Doch spätestens der Vergleich von Mobilfunktarifen zeigt jedem, wo der Spaß des informierten Verbrauchers endet. Zumal dann, wenn uns selbst bei gründlich erwogenen Entscheidungen immer öfter das Gefühl beschleicht, das Beste dennoch verpasst zu haben. Daher ist es keine seltsame Paradoxie, wenn das in Umfragen immer wieder als beliebte Freizeitbeschäftigung genannte »Shopping« zugleich immer öfter einen schalen Nachgeschmack hinterlässt.

Waren also alle bisherigen langen Konjunkturwellen darauf ausgerichtet, stoffliche oder strukturelle Knappheiten in der materiellen Produktion zu überwinden, so könnten wir diesmal vor einer ganz neuen Situation stehen. Mit der prinzipiellen Überwindung der Knappheit von Gütern und Dienstleistungen hat möglicherweise die Steigerung des materiellen Wohlstandes selbst ihren Grenznutzen erreicht.

Wenn aber die Mehrung des Glücks der Sinn wirtschaftlichen Strebens ist, und so haben es alle Klassiker der Ökonomie gesehen, dann folgt aus der Diagnose, dass mehr materieller Konsum offensichtlich keinen wesentlichen Zuwachs an Glück mehr spendet, im Prinzip folgender Therapievorschlag: Wir müssen größere Teile unserer wirtschaftlichen Ressourcen hin zu immaterieller Produktion und immateriellem Konsum umlenken. Und das heißt, in die Herstellung von Glücksgütern, die über die längste Zeit unserer Geschichte – aus der

Perspektive materieller Knappheit – als netter, im Notfall aber verzichtbarer Überfluss galten: Kulturgüter. Denn wenn eine wachsende Zahl von Menschen keinen Sinn mehr darin findet, noch mehr Dinge zu kaufen und diese nach immer kürzerem Gebrauch wieder zu entsorgen, dann heißt die wirklich knappe Ressource unserer Zeit ja vielleicht: Sinn. Dieser Knappheit ist mit Technik nicht beizukommen.

Selbstredend verbraucht auch künftig eine Theateraufführung Strom, reisen Sänger und Schriftstellerinnen weiterhin zu Veranstaltungen an, brauchen Schüler und Studenten Stühle und Computer, Weltverbesserer gedruckte Bücher oder Internet-Blogs. Gleichwohl spricht vieles dafür, dass die zweite Basistechnologie des 21. Jahrhunderts erstmals keine Technologie im eigentlichen Wortsinn mehr sein wird. Kunst, Literatur, Musik, Theater, Bildung, soziale Aktivitäten, Politik, Spiritualität, all das sind öffentliche, kommerzielle oder – ob und in welcher Form auch immer entgoltene – private »Dienstleistungen«, die älteste wie allerneueste Technologien nutzen. Der anhaltende Boom von Festivals, Livekonzerten, Lesungen, Straßenfesten, Podiumsdiskussionen oder Kochkursen signalisiert sogar, dass technische Medien wieder an Bedeutung verlieren könnten. Denn so wie Dichtkunst nicht mit Büchern oder Politik nicht mit Regierungsgebäuden identisch ist, lebt auch eine Kulturgesellschaft im Kern nicht von technischen Infrastrukturen. Sie lebt von Menschen, von deren Ideen und Fantasien – und von den sozialen Strukturen, in denen sie ihre Beziehungen gestalten. Diese weitgehend immateriellen Beziehungsgeflechte grundlegend zu modernisieren dürfte deshalb die zweite große Aufgabe des 21. Jahrhunderts sein.

Forellen, Streuobst, Madame Comfort und die Folgen

»Make your passion your profession«, lautet ein Wahlspruch. Es ist sicher eine gute Idee, wenn möglich sein Hobby zum Beruf zu machen. Mein Lebens- und Berufsweg verlief aber anders. Ich habe meinen Beruf zum Hobby gemacht.

An dem gebürtigen Westfalen, der ich bin, muss man nur kurz kratzen – und es kommt der Bauer zum Vorschein. Zwischen 15 und 18 lebte ich auf einem Bauernhof in der Nähe von Dortmund, wohin ich nach der Scheidung meiner Eltern mit meiner Mutter gezogen war. Neben der Schule war ich sozusagen Nebenerwerbslandwirt, denn ich arbeitete mit großem Spaß und einigem Einsatz auf dem Hof mit. Mein Vater hatte schon einige Jahre zuvor sein Unternehmen verkauft, und zwar aufgrund des Drucks einer deutschen Bank, die damals stark in die Restrukturierung des deutschen Stahlmarktes eingriff. In den letzten Jahren seines Lebens, er starb 2002, führte er dann weitgehend das Leben eines Privatiers.

Die Jahre auf dem Hof waren der Auslöser, dass ich mich gegen die montane Tradition der väterlichen Linie entschied, und weil ich in meiner Jugend schon genug an Maschinen herumgeschraubt hatte, begann ich nach dem Abi ein landwirtschaftliches Studium. Das Agraringenieurwesen ist in meinen Augen das perfekte Querschnittfach: Biologie, Chemie, Technik, Volks- und Betriebswirtschaft, ein Schuss Ernährungswissenschaft und eine Prise Tiermedizin, vieles davon auch schon zu meiner Studienzeit unter einer ökologischen Perspektive. Hinzu kommt, für einen praktisch gesinnten Menschen wie mich nicht unwichtig, das ausgewogene Verhältnis von Hörsaalluft und Landluft, Theorie und Praxis. In der damaligen Bundesrepublik standen acht Unis zur Auswahl. Als Westfale mit lothringischer Großmutter hielt ich mich schon immer für den perfekten Rheinländer. Obendrein neige ich zur Standorttreue. Also passte es bestens, dass mir von der ZVS ein Studienplatz in Bonn zugewiesen wurde – damals war Agrarwissenschaft ein Fach mit Numerus clausus.

Zunächst wohnte ich in Köln, doch schon nach einem Semester wurde mir klar, dass ich kein Stadtmensch bin. So ist es bis heute geblieben: Ich bin, um dieses schöne alte Wort zu benutzen, in jedem Sinne ein Landmann. Ich zog also nach Meckenheim, einer stark vom Obstbau geprägten Gemeinde südlichwestlich von Bonn. 1982 gehörte ich zu den Gründungsmitgliedern der NRW-Grünen, für die ich dann auch zweieinhalb Jahre im Kreistag des Rhein-Sieg-Kreises saß, als Vorsitzender der Fraktion. Dort merkte ich allerdings irgendwann, dass die Politik nichts für mich ist. Und das, obwohl kommunale Angelegenheiten an sich noch sehr praktisch und handfest sind. Aber während sich viele Kolleginnen und Kollegen für Sitzungen und Arbeitskreise stark zu begeistern schienen, kämpfte ich bei Debatten, die sich länger als eine halbe Stunde ohne erkennbares Ergebnis hinzogen, immer öfter mit dem Schlaf. Ich bin halt ein Praktiker. Ich rede zwar ganz gern, aber es kommt doch immer schnell der Punkt, da will ich entscheiden – und das Beschlossene auch sofort anpacken.

Nach dem landwirtschaftlichen Grundstudium schlug ich die Fachrichtung Tierproduktion ein. Da ich es nicht so mit der industrialisierten Rinder- oder Schweinemast hatte, diplomierte ich bald auf dem Spezialgebiet der Fisch-, hier wieder der Forellenzucht und schrieb 1983 meine Diplomarbeit zum Thema »Präventive Hygienemaßnahmen in der intensiven Forellenteichwirtschaft. Ein Vergleich theorieorientierter Praktiker mit praxisorientierten Theoretikern«. Ich wollte herausfinden, wie viel von den Resultaten der Wissenschaft beim normalen

Teichwirt ankommt. Die Antwort auf meine dialektisch gedrechselte Fragestellung war leider ebenso klar wie bestürzend: nix! Es bleibt abzuwarten, ob ich selbst demnächst als Züchter konsequenter in der Anwendung meines alten Wissens sein werde – zu einem Haus mit Wald bei Remagen, das ich kürzlich erworben habe, gehören nämlich mehrere Forellenteiche, die ich aus ihrem Dornröschenschlaf erwecken möchte.

Um mein Studium zu finanzieren und um als Ausgleichssport etwas Pflanzenbau zu betreiben, pachtete ich eine auf einem Hügel nahe Bonn, oberhalb des Rheins gelegene Streuobstwiese. In dieser bukolischen Idylle verbrachte ich viel Zeit, während ich mit Blick auf das Rheintal und das Siebengebirge über Gott und die Welt nachdachte.

Meine erste Maßnahme war übrigens ein entschiedener Rückschnitt der Kirsch- und Zwetschgenbäume. Ehrlich gesagt brachte mir der Verkauf dieses erstklassigen Holzes fast mehr Geld ein als das ganze Obst, das ich seit nun bald dreißig Jahren über Bioläden vertreibe und verschenke.

Mein Kleinhandel bestärkte mich zugleich in einer Gewissheit, die auf den ersten Blick eitel erscheinen mag: Ich erkenne sehr früh Trends. Oft bin ich anderen um etwa zehn Jahre voraus. Das ist die Vorausschau, die man braucht, wenn man nicht erst im Nachhinein in eine Entwicklung investieren will. So wie das große Konzerne tun, die auf einen fahrenden Zug aufspringen und sich den Erfolg dann mit viel Geld erkaufen müssen. Man muss zum richtigen Zeitpunkt am richtigen Ort sein – mit dem richtigen Projekt.

So war mir schon damals, als meine Kirschen und Pflaumen noch ausschließlich in verwinkelten Alternativläden mit typischem Bioduft landeten, klar, dass sich der Handel mit Ökoprodukten würde professionalisieren müssen – weg von der Kombination aus Sojaschrot und Wollsocken, hin zum modernen Bio-Supermarkt. Tatsächlich eröffnete gegen Ende der Achtziger in Bonn so ein Laden, ging aber schnell wieder pleite, und das obwohl ich ihn beriet. Die Zeit war damals noch nicht reif. Die Leute wollten lieber Bioprodukte mit philosophischem Überbau. Mit den ersten Solaranlagen war es ähnlich: Wehe, das funktionierte und lieferte kräftig Strom! Stärker als an alternativer Elektrizität war der umweltbewegte Oberstudienrat nämlich an einer Art ökologischem Ablasshandel interessiert: Mit dem damals kostspieligen Paneel auf dem Dach kaufte er sich vom schlechten Gewissen los, das sein Kühlschrank der Effizienzklasse D, seine 2 x 450-Watt-Anlage zum Abrocken und sein älterer VW Passat hinterließen.

Nach dem Studium meldete sich jedoch zunächst einmal der Easy Rider in mir. Weil ich über einen Onkel familiäre Verbindungen nach Nigeria hatte, nahm ich meinen handrestaurierte BMW und machte mich nach Afrika auf. Fast vier Jahre habe ich dort, mit Unterbrechungen, gelebt und gearbeitet. Mein Onkel beschäftigte sich zu der Zeit unter anderem mit der Reparatur von maroden Produktionsanlagen für Palmkernöl. Da konnte ich sowohl meine am Motorrad geübten Fertigkeiten als Schrauber und Schweißer als auch meine Kenntnisse in Produktion von und Handel mit Lebensmitteln einbringen. Mit dem Verfahren der Pflanzenölproduktion kannte ich mich seit dem Studium sogar genauer aus.

Als »die deutschen Ingenieure« waren wir bald sehr begehrt bei den Betreibern der Ölmühlen, die allesamt herzlich wenig für die Wartung ihrer Anlagen taten. Es herrschte ein emotionales bis animistisches Verhältnis zu den antiken Maschinen vor, die Namen wie »Madame Betty« oder »Madame Comfort« trugen. Statt das Öl zu wechseln, klebte man dann schon mal einen Zettel an den Generator: »Sorry Mam, forgot oil change!« Was nach vier Tagen insofern misslich war, als dann nicht nur das Öl gewechselt, sondern das gesamte Getriebe neu gelagert werden musste.

Weil ich aufgrund meines Studiums Bescheid wusste über die Belastung der Palmkernproduktion mit Afflatoxin, einem krebserregenden Stoffwechselprodukt des Pilzes *Aspergillus flavus*, veranlassten wir die Erzeuger, mit dem Einsatz von

Ameisensäure gegenzusteuern. So konnten sie ein garantiert unbelastetes Produkt exportieren.

Aus der Zeit in Afrika zog ich zwei Lehren. Erstens: In Entwicklungsländern helfen nur dezentrale Lösungen. Wenn man nicht mit den Leuten vor Ort zusammenarbeitet, ihnen möglichst leicht und kostengünstig zu wartende Technik zur Verfügung stellt und auch direkt für die Ausbildung des Personals Sorge trägt, dann produziert man nur Altmetall und eine Fortsetzung von Elend und Unterentwicklung. Große Summen über die Hauptstädte ins Land zu pumpen ist hingegen fast immer kontraproduktiv. Die Korruption tut dabei ihr Übriges.

Zweitens: Mir ging sehr bald auf, welcher Aberwitz es ist, dass ausgerechnet die Menschen in den ärmsten Ländern der Welt, in denen Petroleum meist viel teurer ist als bei uns, am meisten davon abhängig sind. Denn die heutige dezentrale Lösung für die Stromversorgung in den armen Ländern ist das Dieselaggregat. Zentrale Kraftwerke und Stromnetze nach europäischem Modell werden dort dagegen nicht mehr gebaut. Denn wenn Sie in Afrika ein simples Strom- oder Telegrafenkabel von der Kreisstadt in ein beliebiges Dorf ziehen, ist aus den Masten drei Nächte später Brennholz und aus dem Kabel ein in Hunderte kleiner Rollen aufgeteiltes Handelsgut geworden – weil das den Menschen dort als die einzig sinnvolle wirtschaftliche Verwendung solcher Dinge erscheint. Lange bevor ich ahnte, dass ich selbst mal etwas mit Solaranlagen zu tun haben würde, war mir klar, dass die Photovoltaik, von der ich immerhin schon gehört hatte, die richtige Lösung für die meisten Entwicklungsländer ist. Ich komme später noch einmal darauf zurück.

1989 – der zeitweilige wirtschaftliche Boom in Nigeria brach damals gerade ab – ging ich, alten geschäftlichen Verbindungen meines Onkels folgend, nach Peru, wo ich als Berater arbeitete und mit Traktoren handelte. Hintergrund war folgendes Problem: In vielen Großbetrieben wurde mit schwersten amerikanischen Raupenfahrzeugen gearbeitet, hinter denen entsprechend massige Pflüge hingen. Resultat: Während vorne das Tonnengewicht der Caterpillars den Boden bretthart walzte, riss ihn hinten der Pflug bis in eine Tiefe von zwei Metern wieder auf. Das war nicht nur äußerst ineffizient und aufgrund des Dieseldursts der Maschinen auch sehr teuer. Es war zugleich ein Patentrezept für grassierende Versteppung. Denn mit dieser brachialen Methode verdichtete man die tieferen Erdschichten so stark, dass sich das Wasser staute, während man die obere Schicht mit dem Pflug derart malträtierte, dass sie beim nächsten Wolkenbruch weggeschwemmt wurde.

Es war daher klar, dass die Bauern und Kooperativen dort wesentlich leichtere Maschinen brauchten. Also knüpfte ich Kontakte zu Daimler-Benz. Der dortige Ansprechpartner bei der Nutzfahrzeugsparte führte ein »von« im Namen. Kurzerhand ließ ich eine studentische Hilfskraft in meinem Ingenieurbüro die Geschäftskorrespondenz mit ihrem gleichrangigen Titel unterzeichnen, worauf sich die Dinge, gewissermaßen auf die höhere Ebene gehoben, sehr beschleunigten. Innerhalb kürzester Zeit bekam ich die ersten sechs der damals neuen MB-Trucks – immerhin ein Marktwert von einer guten Million Mark. Nach ein paar Wochen erhielt ich einen Anruf aus Stuttgart, was denn mit den schönen, aber noch nicht bezahlten Treckern geschehen sei. Auf meine Auskunft, die stünden auf der Landwirtschaftsmesse in Lima, bekam man bei Daimler fast einen Herzinfarkt – vor allem, als man erfuhr, ihr Geschäftspartner, also ich, befinde sich ebenfalls in Übersee. Nun, die sechs Trucks wurden rasch verkauft, die Rechnung in Stuttgart wurde ebenso schnell beglichen, und ich verkaufte noch einige Dutzend Landmaschinen mit Stern an peruanische Kooperativen. Leider stellte Daimler irgendwann die Produktion des MB-Trucks ein.

Aufgrund der weiterhin guten Verbindungen nach Stuttgart habe ich dann ab 1992 eine Mercedes-Vertretung im Baltikum mit dem leicht ironischen Namen »Der Stern von Litauen« aufgebaut. Neben dem normalen Geschäft mit Pkw und Nutzfahrzeugen sowie einem Werkstattdienst gehörte dazu auch der Verkauf von Personenschutzfahrzeugen. Litauen war erst seit 1990 wieder ein unabhängiger Staat, wurde zu der Zeit aber noch stark von russischen Truppen kontrolliert, die in der Zeit des Umbruchs auch die eine oder andere Unruhe provozierten. Unter anderem diese Mercedes-Vertretung und der Bedarf der litauischen Regierung an Personenschutzfahrzeugen, sogenannten Panzerwagen, war für mich die Brücke zu einem anderen Geschäft, das bis heute durch die Presse geistert, und zwar gern mit der maliziösen, aber unzutreffenden Bemerkung, ich hätte früher auch mal »mit Panzern gehandelt«.

Tatsächlich habe ich Mitte der neunziger Jahre zusammen mit meinem Bruder gepanzerte Personenschutzfahrzeuge in Bosnien vermietet. Das kam so: Ende Januar 1994 las ich in der Zeitung, dass drei Mitarbeiter des staatlichen italienischen Fernsehkanals RAI, ein Korrespondent, ein Kameramann und ein Tontechniker, von marodierenden Truppen erschossen worden waren. Schon in den Jahren zuvor waren während des Bosnienkrieges 37 Journalisten getötet worden. Ganz nebenbei wurde in dem Artikel erwähnt, was eine Kameraausrüstung kostet: 600 000 D-Mark. Mein Gedanke war sofort: Nicht nur, dass die Sender das Leben ihrer Leute aufs Spiel setzten, sie waren auch noch so wahnsinnig, sie mit ihrem teuren Equipment in uralte Gebrauchtwagen zu setzen. Also war es nicht nur menschlich geboten, sondern auch betriebswirtschaftlich vernünftig, ihnen gescheite, halbwegs sichere Fahrzeuge zur Verfügung zu stellen. Zufällig standen bei den Vertretungen der NATO-Staaten vierzig gepanzerte Wagen zum Verkauf, die wir sofort übernahmen und dann von Sarajevo aus an Journalisten vermieteten. Den Mietern sagten wir, dass sie in brenzligen Situationen das Auto stehen lassen und flüchten sollten. Wenn dann amerikanische oder schwedische Truppen an den speziell lackierten Wagen am Wegesrand vorbeikamen, lieferten sie sie wieder bei uns ab. Ein Rückholdienst, der uns einen Kasten ordentlich gekühltes deutsches Bier kostete.

Später haben wir dann mal die Einschüsse an den Autos gezählt: Mit unserem zugegeben auch lukrativen Geschäft retteten wir wohl 18 Menschen das Leben. Wenn die Wagen gerade nicht vermietet wurden, betrieben wir damit einen Shuttle-Service für Schulkinder in Sarajevo.

In allen Fällen, von denen ich hier erzähle, machte die Gelegenheit das Geschäft und bestätigte eine Weisheit, die ich schon von meinem Vater kannte: »Man muss das Klavier anspielen. Und wo die Tasten klingen, da muss man nachsetzen.« Wobei für mich noch eine Erweiterung der Maxime gilt. Nämlich die, dass es auch *gut* klingen muss. Das heißt, es muss nicht nur ein gutes Geschäft dabei herausspringen, sondern dieses Geschäft muss ein echtes Problem möglichst effizient lösen, und den Beteiligten muss es hinterher sichtbar besser gehen. Nicht dass es der alleinige Sinn von Geschäften sei, die Welt zu verbessern – es geht schon auch ums Geldverdienen. Aber wenn man die Welt damit nicht auch ein bisschen verbessert, ist das Geschäft eben irgendwann kein Geschäft mehr. Ich denke, dass die tägliche Zeitungslektüre derzeit selbst dem hartgesottensten Kapitalisten genügend Gründe für diese Einsicht liefert.

Gegen eine hitzige Atmosphäre

Wohlgenährte Eisbären, die friedlich Fische fangen. Riesige Gletscher, die jahrtausendealte Beständigkeit verkörpern. Und das ewige Eis, das ewig bleibt. Das sind die Motive, die wir uns insgeheim wünschen – während wir uns verfolgt fühlen von Fotos hungernder Petze in Weiß, die verloren auf Schollen durchs Meer treiben. Von Ansichten einst schneebedeckter Gipfel, auf denen nur noch die Reste der früheren Pracht dahintauen. Ganz zu schweigen von Bildern zerstörerischer Wirbelwinde, vor denen verzweifelte Menschen fliehen. Man hat solche Motive schon viele Male gesehen, sie sind schnell abrufbar von der inneren Festplatte, und sie zeigen: Die Diskussion um den weltweiten Klimawandel wird nur selten sachlich und sehr viel häufiger mit starken emotionalen Mitteln geführt.

PROPHETEN UND ABWIEGLER

Je mehr Gedanken sich die Menschheit über die veränderten klimatischen Bedingungen macht, desto heftiger werden auch die Abwehrreaktionen. Ich fühle mich manchmal an alttestamentarische Zustände erinnert: Da gibt es die Klimapropheten, die Schreckensszenarien eines kurz bevorstehenden Weltuntergangs heraufbeschwören. Sie sind es, die uns mit Worst-Case-Szenarien das Fürchten vor öden und vor überfluteten Landschaften lehren wollen. Und wie seinerzeit bei den Königen Israels regt sich auch heute Widerspruch. Meist von denjenigen, die aus vielerlei Gründen – vor allem solchen ökonomischer Natur – an der Erhaltung bisheriger Zustände interessiert sind.

Besonders hervorgetan hat sich hier über viele Jahre beispielsweise die konservative australische Regierung. Sie trat lange Zeit selbst den fundiertesten wissenschaftlichen Berichten über Ausmaß und Auswirkung der Klimaveränderungen entgegen und spielte den Ernst der Lage stets herunter. Obwohl sie ihn angesichts der verheerenden Dürren im eigenen Land doch gut hätten erkennen können. Der Klimawandel sei ein Naturphänomen, das es schon immer gegeben habe und weiterhin geben werde, ließen sie noch 2007 verlauten – kurz bevor ein Regierungswechsel diesem Treiben ein Ende bereitete. Der neue Premierminister Kevin Rudd, der der Labour-Partei angehört, machte dann die längst überfällige Unterzeichnung des Kyoto-Protokolls zur Reduzierung von Treibhausgasen zu seiner ersten Amtshandlung.

Mit Gegenargumenten tun sich die sogenannten »Klimaskeptiker« immer schwerer, je mehr Fakten über den Klimawandel auf den Tisch kommen. Immerhin aber haben sie es erreicht, Verwirrung und Unsicherheit zu stiften – auch, indem sie geschickt unterschiedliche Forschungsergebnisse in der Wissenschaft ausnutzen. In den Reihen der Klimaforscher gibt es ja auch manche, die darauf hinweisen, dass die Alpen in den vergangenen zehntausend Jahren schon mehrfach völlig eisfrei gewesen seien – weit vor der Industrialisierung. Indem solche Aussagen geschickt für Ablenkungsmanöver genutzt werden, haben es die Abwiegler geschafft, dass ein großer Teil der Öffentlichkeit erst in letzter Zeit begreift, was der aktuelle Wandel für sie und ihre Umwelt schon heute bedeutet.

Ein prominentes Beispiel für jemanden, der solche Taktiken über Jahre mitverfolgt hat, ist der ehemalige amerikanische Vizepräsident Al Gore. Er hatte – wir erinnern uns – nur um Haaresbreite in einer umstrittenen Präsidentschaftswahl gegen George W. Bush verloren. Nach seinem furiosen Comeback mit dem Dokumentarfilm »Eine unbequeme Wahrheit«

im Jahr 2006 musste sich Gore die Frage gefallen lassen, weshalb er als Stellvertreter Bill Clintons so wenig gegen den Treibhauseffekt getan habe, obwohl er doch die Möglichkeit dazu gehabt hätte.

Gore nannte heftigen Widerstand vonseiten der Energiekonzerne und der Republikaner als Hauptgrund für den Stillstand bei dem Thema, das er nach eigenen Worten immer im Herzen und auf der Zunge getragen habe. Es verwundert daher nicht, dass Clintons Nachfolger, der Republikaner George W. Bush, die Taktik des Abwiegelns fortsetzte und immer neue Forschungen über die globale Erderwärmung sowie deren Bekämpfung mithilfe neuer Technologien ankündigte, statt sich gemeinsamen internationalen Bestrebungen anzuschließen. Eine weitere Posse des ehemals mächtigsten Mannes der Welt war es, jede Verantwortung von sich zu weisen – schließlich sei ja der Rest der Welt für fast 80 Prozent der Treibhausgase verantwortlich.

Gegen das Leugnen

Die Entwicklung in Amerika erklärt, weshalb der Film des Friedensnobelpreisträgers Al Gore so viele, bei uns in Europa zum Teil bereits bekannte wissenschaftliche Fakten präsentierte, ohne sich ausführlich mit Lösungen zu befassen. »Ich konzentriere mich darauf, die Mauer des Leugnens zu durchbrechen«, lautete die Erklärung Gores. »Eine unbequeme Wahrheit« beginnt mit vergleichenden Bildern, die Entwicklungen aufzeigen: Gletscher in Patagonien, vor 75 Jahren eine Eisfläche, heute eine Seenlandschaft mit nurmehr einigen weiß bemützten Bergen. Der Kilimandscharo, nach dem Roman von Ernest Hemingway schneebedeckt – eine Tatsache, die in dreißig Jahren der Vergangenheit angehören wird.

Der mit einem Oscar preisgekrönte Film und die Fakten, die er aufzeigt, belegen es deutlich: Die Menschen haben nicht dazugelernt, wozu die Abwiegler ihren Teil beigetragen haben. Doch wenn »Dissidenten« wie Al Gore nun ebenso sachlich wie prominent für Aufklärung sorgen und wenn die USA im Vorfeld des Kopenhagener Weltklimagipfels im Dezember 2009 durch ihren Klimabeauftragten Todd Stern verkünden lassen, man wolle sich »kraftvoll und eifrig« an den Verhandlungen beteiligen – dann stärkt das meine Hoffnung. Eine Zuversicht, die ich ohnehin gefasst habe, seit US-Präsident Barack Obama verkündet hat, die Nutzung alternativer Energien massiv auszuweiten.

Die aktuelle Entwicklung könnte bedeuten, dass die Debatte nicht mehr nur kontrovers und polemisch geführt wird. Wie schön wäre es, wenn sich die Verantwortlichen an den Erkenntnissen unserer Zeit orientieren würden, die trotz aller Unkenrufe Raum für die Hoffnung lassen, im Hinblick auf die Klimaentwicklung das Schlimmste noch verhindern zu können.

Zwischen Ist- und Soll-Zustand

Was aber kann im ungünstigsten Fall passieren – und wie arg ist es bereits gekommen? An dieser Stelle erscheint es sinnvoll, daran zu erinnern, was wir unter »Klima« verstehen: Es handelt sich dabei um den durchschnittlichen Zustand des Wetters einer Region, meist betrachtet über einen Zeitraum von dreißig Jahren. Da wir es gewohnt sind, uns kurzfristig auf Sonne, Wind, Regen oder Schnee einzustellen, hat uns der Winter 2008/2009 fast vergessen lassen, unter welch teilweise außerordentlichen Temperaturen wir in den vergangenen Sommern gelitten haben. Glühende Hitze brütete zum Beispiel im sogenannten Supersommer 2006 über Deutschland, sodass Bauern, Binnenschiffer und Stromerzeuger über Wassermangel klagten und die Ärzte insbesondere alte Menschen aufforderten, zur besonders warmen Mittagszeit eine Siesta einzulegen.

Solche Rekordtemperaturen häufen sich in den letzten Jahren auffällig: Von den sechs bisher wärmsten Jahren seit Beginn der regelmäßigen Aufzeichnungen im Jahr 1901 wurden vier im neuen Jahrtausend gemessen: 2000, 2002, 2006 und 2007. Und der April des Jahres 2009 gilt nach Angaben des Deutschen Wetterdienstes als der wärmste seit Beginn der Messungen. Zum Vergleich: Im vergangenen Jahrhundert gab es nur 1934 und 1994 Rekordwerte, die natürlich längst nicht mehr gelten.

So warm wie jetzt war es seit mindestens 400 Jahren auf der Erde nicht mehr. Das belegt eine Untersuchung des Nationalen Forschungsrats der USA (National Research Council/ NRC), die auf Temperaturaufzeichnungen beruht, aber auch indirekte Hinweise wie die Jahresringe von Bäumen und Bewegungen der Gletscher registriert. Gegenüber der Zeit vor 1850 ist die Temperatur weltweit bereits um 0,76 Grad Celsius angestiegen. Am deutlichsten werden die Auswirkungen der globalen Erwärmung dort, wo es am kältesten ist – an den Polen. Dieser Trend bringt Veränderungen mit sich, die regelmäßig für Schlagzeilen sorgen: Forscher beobachten zum Beispiel in der Antarktis besorgt, wie Schelfeis von der Größe Nordrhein-Westfalens oder Österreichs wegbricht und verloren geht. Am äußersten Rand der Schelfeis genannten großen Eisplatten, die auf dem Meer schwimmen und mit einem Gletscher an Land fest verbunden sind, brechen zwar immer wieder einzelne Eisberge ab. Lösen sich jedoch die Eisschelfe insgesamt aus ihrer Verankerung, weil der Meeresspiegel angestiegen ist, dann sind sie nicht mehr in der Lage, das Inlandeis zurückzustauen und die Gletscher zu stützen.

Noch deutlicher wird der Wandel in der Arktis, wo die Temperaturen zügiger klettern als globale Klimamodelle vorhersagen. Dieses Tauwetter bewirkt laut aktuellen Studien, dass das Meereis des Ozeans dreimal schneller schwindet als bisher angenommen. Bereits in dreißig Jahren könnte die Arktis im Sommer komplett eisfrei sein, befürchten Wissenschaftler der US-Klimabehörde und der Universität des Bundesstaates Washington.

Das bedeutet: Der Erde geht langsam ihre Klimaanlage verloren. Denn die kalten weißen Flächen sorgen auf unserem Planeten für einen Klimaausgleich, indem sie das Sonnenlicht zu über 90 Prozent zurückspiegeln. Die dunkle Fläche des Meerwassers, das an die Stelle des schwindenden Eises tritt, nimmt hingegen mehr als 90 Prozent der Sonneneinstrahlung auf – auf diese Weise verstärkt sich die Erwärmung durch das anhaltende Tauwetter. Das warme Wasser der Ozeane, die durch das schmelzende Eis immer weiter aufgefüllt werden, dehnt sich aus. Der Meeresspiegel ist im 20. Jahrhundert um 15 bis 20 Zentimeter gestiegen und erhöht sich derzeit in jedem Jahrzehnt um drei Zentimeter.

Die Folgen des Klimawandels spüren wir in Europa und die Menschen in aller Welt bereits heute; das Wort »wetterwendisch« hat eine ganz neue Bedeutung bekommen. Wir erleben immer mehr bisher ungeahnte Extreme. Rekordniederschläge reihen sich an rekordmäßigen Mangel an Niederschlägen andernorts. Ein Hitzesommer jagt den nächsten, und leider lässt sich Gleiches auch über die sogenannten »Jahrhundertfluten« der Elbe sagen, die inzwischen alle paar Jahre auftreten.

In anderen Teilen der Welt wirkt warmes Meerwasser wie ein Treibstoff für tropische Wirbelstürme stärksten Ausmaßes – wenn man nur an den Hurrikan Katrina denkt, der die Stadt New Orleans im August 2005 fast vollständig zerstört hat. Dabei war Katrina ›nur‹ ein Wirbelsturm der Kategorie 3. Kaum auszudenken, was bei einem möglichen Nachfolger der stärksten Kategorie 5 passieren würde. Selbst hierzulande fürchten wir uns inzwischen vor Stürmen ähnlicher Art, seit der Orkan Kyrill Anfang 2007 mit Windgeschwindigkeiten von bis zu 225 Stundenkilometern durch Mitteleuropa fegte und Bäume wie Streichhölzer knickte.

KLIMAOPFER

Parallel zu solchen Ereignissen trocknet durch die Erderwärmung eine zunehmende Zahl von Waldgebieten derart aus, dass in tropischen Hochlandwäldern ganze Arten aussterben und sich vor allem in Südeuropa die Nachrichten über Brände häufen. Doch mediterrane Zustände haben wir vor unserer Haustür jetzt auch in anderer Hinsicht schon erreicht: Bunte Orchideen fühlen sich in Deutschland plötzlich heimisch, ebenso wie die leuchtend rote Feuerlibelle oder der Purpurreiher. Kurzstrecken-Zugvögel wie Star oder Singdrossel sparen sich die lange Reise und bleiben angesichts der milden Winter lieber im Lande.

Das hört sich idyllischer an, als es ist: Denn der Lebensraum der kälteliebenden Arten schwindet, während Tiere und Pflanzen, die gut mit Trockenheit und Wärme zurechtkommen, zu den scheinbaren Gewinnern des Klimawandels zählen. Eisbären, Pinguine und Polarfüchse sind jetzt schon populäre Beispiele für die Verlierer. Und der britische Vogelschutzverband, die Royal Society for the Protection of Birds (RSPB) spricht davon, dass die Vielfalt der Brutvogelwelt Europas deutlich schrumpft. So finden etwa der Fitis, ein Singvogel ähnlich dem Zilpzalp, und der Kuckuck schon jetzt kaum noch etwas zu picken, wenn sie traditionell im April aus ihren Winterquartieren südlich der Sahara zurückkehren. Sie müssen sich vom Klimawandel quasi ausgetrickst fühlen, weil die Insektenlarven in unseren Breiten immer früher schlüpfen und den Vögeln dadurch als Nahrung verloren gehen. Auch typische Gebirgspflanzen wie der Alpenbärlapp oder die Preiselbeere befinden sich auf dem Rückzug – sie werden schlicht von Konkurrenten überwuchert, die in Regionen vordringen, in denen es ihnen bisher zu kalt war.

Doch nicht nur am Boden wird die Veränderung in Flora und Fauna bemerkbar: Unter Wasser bleichen infolge der warmen Temperaturen die farbenprächtigen Korallenriffe aus. Der wichtigste Grund hierfür ist das Absterben der Mikroalgen, die mit den Korallenpolypen zusammenleben. Sie versorgen ihre Wirtskorallen mit Zucker, den diese zur Energiegewinnung und zum Wachstum benötigen. Wenn sich die Mikroalgen von den Korallen getrennt haben, beginnt für jene eine Fastenzeit, die viele Exemplare nicht überleben. Bakterien, Viren und andere, schädliche Algen überwuchern die geschwächten Korallen, die sich nur erholen können, wenn die Wassertemperatur sinkt und sich neue Mikroalgen ansiedeln. Diese Entwicklung haben Forscher der Zwischenstaatlichen Ozeanographischen Kommission (IOC) der UNESCO im Fokus. Sie beobachten an zahlreichen Riffen, dass die Vielfalt der Tiere, Pflanzen und Mikroorganismen kontinuierlich schwindet. Selbst das bekannteste Riff der Welt, das Great Barrier Reef vor Australien, bleibt nicht verschont: In mehr als der Hälfte des Gebiets sind noch weniger als 10 Prozent der Korallen von ihrem schützenden Algenmantel bedeckt.

Im Fall der Korallenriffe hat der Verlust von Biodiversität unmittelbar Folgen für das Klima, da sie eine wichtige Rolle im globalen CO_2-Haushalt spielen. Und auch bei vielen anderen Arten ist deren Verschwinden weit mehr als ein Verlust an Schönheit und Vielfalt der Schöpfung: Intakte Lebensräume, etwa Auen- oder Bergwälder, haben eine wichtige Schutzfunktion. Empfindliche Nahrungsketten, an deren Ende oft der Mensch steht, sind schnell vom Zusammenbruch bedroht. Artenvielfalt ist wichtig für die Fruchtbarkeit von Böden und Nutzpflanzen, für Wasserhaushalt und -qualität. Genetische Vielfalt ermöglicht die Züchtung von ertragreichen und robusten Nutztieren und -pflanzen. Aus Tieren und Pflanzen gewonnene Substanzen sind die Basis zahlreicher Medikamente. Und oft sind in komplexen Lebensräumen die Folgen des Verschwindens einzelner Arten nicht einmal abschätzbar.

Der Mensch als Klimaopfer

Wer nun meint, wenigstens der Mensch sei bei alldem bisher von den Folgen der globalen Erwärmung weitgehend verschont geblieben, der irrt: Die Weltgesundheitsorganisation (WHO) führt inzwischen Buch über die Todesfälle, die auf das Konto des Klimawandels gehen. 150 000 pro Jahr sollen es laut ihrer Schätzung sein. Inbegriffen sind Opfer der erwähnten Wetterextreme und der Mangelernährung, die aus grassierenden Dürreperioden und damit verbundenen Ernteausfällen resultieren. Kriege und Bürgerkriege sind immer öfter Konflikte um ohnehin knappe Ressourcen wie fruchtbare Böden und Wasser, deren Verfügbarkeit durch Klimawandel, Versteppung und Wüstenbildung weiter begrenzt wird. Zunehmend führen die Folgen des Klimawandels auch zu verstärkter Armutsmigration. Und wie so häufig auch in anderen Zusammenhängen, sind nicht die im Mittelpunkt des allgemeinen Interesses stehenden Bevölkerungsgruppen am meisten betroffen, sondern diejenigen, die mit wenig Hab und Gut an deren Rändern leben – traditionelle Kulturen wie die grönländischen Jäger, die aufgrund des Wandels allmählich ihre Nahrungsgrundlage verlieren. Wie sollen sie auf brüchigem Eis noch auf Pirsch nach den immer selteneren Eisbären gehen?

KLIMAWANDEL: DIE VERURSACHER

Führt man sich all diese Folgen der Klimaveränderung vor Augen, die auch bei nüchterner Betrachtung durchaus dramatisch sind, so muss man sich fragen: Wie konnte es so weit kommen? Und wo soll das noch hinführen, wenn nicht in die Katastrophe? Müssen wir Menschen uns an die eigene Nase fassen, um die Ursachen zu finden – und zu beheben? Oder gibt es nicht doch viele verschiedene Faktoren in der Natur, die hier eine tragende Rolle spielen?

Als Erster ahnte der schwedische Chemiker und Nobelpreisträger Svante Arrhenius, dass der Klimawandel vom Menschen verursacht ist. Er berechnete bereits 1896 die Erwärmungsprozesse durch die Verbrennung von Kohle und Torf. In den siebziger Jahren des vergangenen Jahrhunderts fragte dann die Weltmeteorologie-Organisation (WMO), ob die Verbrennung fossiler Energien wie Kohle, Öl und Gas durch die Menschen und die damit verbundene Luftverunreinigung Folgen für das Klima haben könnten. Nicht dass auf diesen Gedanken hin gleich Taten gefolgt wären. Doch immerhin war er Anlass für diese Sonderorganisation der Vereinten Nationen, 1979 zur ersten Weltklimakonferenz nach Genf einzuladen. Der Zusammenhang zwischen Kohlendioxid und Klimawandel wurde jedoch erst bei einer weiteren Zusammenkunft festgestellt. Genauere Daten sollten Wissenschaftler in internationaler Zusammenarbeit herausfinden. Um einen Überblick über die Fülle der aus den Studien resultierenden Fakten zu schaffen, wurde 1988 der Weltklimarat gegründet, das International Panel on Climate Change (IPCC).

Die Spezialisten, die zu diesem Beratungsgremium mit Sitz in Genf gehören, überprüfen die Ergebnisse naturwissenschaftlicher und sozialökonomischer Forschungen von Instituten und Universitäten in aller Welt. Sie fragen sich: Handelt es sich um eine Einzelmeinung oder um belegte wissenschaftliche Erkenntnisse? Alle vier bis sechs Jahre legt das IPCC einen Sachstandsbericht vor, in dem der internationale Stand der Forschung in drei Bereichen zusammengefasst wird:

1. Die Grundlagen zur Ermittlung des durch Menschen verursachten Treibhauseffektes;
2. Die Verwundbarkeit der Erde und des Lebens in einzelnen Regionen und Überlegungen zu den Möglichkeiten, sich dem Klimawandel anzupassen;
3. Die Optionen für Politik und Ökonomie, die Erderwärmung zu verhindern oder zumindest abzuschwächen.

Damit Politiker diese komplexen Sachverhalte kompetent diskutieren und daraus Schlüsse ziehen können, werden die wissenschaftlichen Resultate nach kritischer Debatte mit den Regierungsdelegationen auf 20 Seiten in den sogenannten »Summaries for Policymakers« zusammengefasst. Ein schwieriger Prozess, weil diese Zusammenfassung der Zustimmung vieler Beteiligter mit unterschiedlichen Länderinteressen bedarf. Wie man sich denken kann, müssen deshalb mitunter auch halbherzige Kompromisse gefunden werden.

Vier Sachstandsberichte, die Grundlagen für internationale Abkommen bildeten, wurden bereits vorgelegt. Der bislang letzte vom März 2007 schaffte endlich Klarheit, was den Einfluss des Menschen auf den Klimawandel angeht. Seine zentrale Aussage: Es sei »sehr wahrscheinlich, dass der größte Anteil der beobachteten Erwärmung seit Mitte des zwanzigsten Jahrhunderts von der durch den Menschen ausgelösten verstärkten Freisetzung von Treibhausgasen verursacht wird«. Wobei der Wahrscheinlichkeitsgehalt laut dem IPCC bei über 90 Prozent liegt. Damit sind die Wissenschaftler gegenüber dem weitaus zurückhaltenderen dritten Sachstandsbericht von 2001 erfreulich deutlich geworden sind.

Dass der Klimawandel nunmehr als anthropogen, also menschengemacht, angesehen wird und nicht mehr geleugnet werden kann, ist vor allem auf die zahlreichen Modelle der Klimawissenschaftler zurückzuführen, die mit Hilfe großer, leistungsfähiger Rechner erstellt werden. Diese arbeiten mit der Zeit immer detaillierter und präziser, und ihre Ergebnisse werden darüber hinaus mit der Vielzahl der Datenblätter aus der direkten Wetterbeobachtung sowie aus historischen Wetterrekonstruktionen abgeglichen.

Die Computermodelle sind alles andere als realitätsfern – ein Vorwurf, der von Skeptikern immer wieder geäußert wird. Sie bemängeln, dass nicht alle Effekte, die den Klimawandel bewirken, erklärt und nachvollzogen werden können. Doch die Computermodelle gleichen mathematischen Abbildern des Erdsystems, dessen physikalische Prozesse sie numerisch beschreiben und so realitätsnah wie nur möglich berechnen. Und sie wurden sozusagen geeicht, indem man sie Abläufe der Vergangenheit nachvollziehen ließ, über die es bereits eine Reihe von Nachweisen gibt. Von der Zuverlässigkeit der Vorhersagen ist man am Potsdam-Institut für Klimafolgenforschung fest überzeugt: Dort sind inzwischen ein Dutzend unterschiedlicher Rekonstruktionen der Klimaentwicklung über die letzten 1000, zum Teil 1300 Jahre bekannt. Und alle, ohne Ausnahme, zeigen: Heute ist es wärmer als jemals im letzten Jahrtausend.

Immer tiefer tauchen die Wissenschaftler in die Historie des Klimas ein, eine Aufgabe, die zuvörderst die Paläoklimatologen erfüllen. Sie versorgen uns mit Erkenntnissen über Wärme- und Kältezeiten sowie über deren Schwankungen, die weit vor dem Beginn der Messungen vor rund 150 Jahren lagen. Denn schließlich beginnt die Klimageschichte unseres Planeten mit seiner Entstehung vor circa 4,6 Milliarden Jahren. Heute noch findet man Zeugnisse längst vergangener Wärme- und Frostperioden in den Jahresringen von Bäumen und, diesen durchaus vergleichbar, in den Schichten des antarktischen und grönländischen Eises. An meterlangen Bohrkernen, die daraus gewonnen werden, lässt sich ablesen, wie viel Niederschlag vor Jahrtausenden gefallen ist. Sogar Luftbläschen aus diesen fernen Zeiten sind im Eis eingeschlossen und bieten die Möglichkeit, die damalige Konzentration der Treibhausgase zu analysieren. Als ebenso spannend erweisen sich die Schlüsse, die sich aus Ablagerungen in Seen und Ozeanen ziehen lassen. Diese Sedimente beweisen etwa, dass vor rund 2,5 Millionen Jahren die jüngste Eiszeit, das sogenannte Quartär, begann, die bis heute andauert. Innerhalb dieses Zeitalters leben wir nun in einer Warmzeit, dem Holozän, das vor etwa 10 000 Jahren begann. Klimatisch wird es zwar nur als ein Zwischenakt angesehen, der zwei Kälteperioden voneinander trennt, doch gehen die Wissenschaftler davon aus, dass dieser Akt lange währt.

Vermutlich genauso lange wie die letzte Warmzeit vor 400 000 Jahren, die immerhin 26 000 Jahre anhielt.

KLIMAWANDEL: DIE ENTWICKLUNG

Um die Entwicklung des Klimas bis zur heutigen Situation verstehen zu können, blicken wir kurz auf die Faktoren, die das Klima einer Region und der Erde insgesamt bestimmen.

Die Sonnenenergie

Unser zentrales Himmelsgestirn hat an der Oberfläche eine Temperatur von rund 5500 Grad Celsius und gibt seine Strahlung, die auf Kernfusionen im Inneren der Sonne zurückgeht, als Licht in alle Richtungen des Alls ab. Davon erreicht zwar nur ein winzig kleiner Teil unsere Erde. Doch das Licht transportiert die Energie aus den Kernfusionen in der Sonne durch das Vakuum des Universums direkt zu uns. Wie erheblich diese natürliche Energie ist, fasziniert mich immer wieder: Sie erreicht ganze 1366 Watt auf einem Quadratmeter am oberen Rand der Erdatmosphäre, wo sie der Sonne voll zugewandt ist, also am Äquator.

An anderen Stellen der Welt, etwa an den Polen, fällt das Licht schräg ein; außerdem wird immer nur eine Hälfte unseres Planeten von der Sonne bestrahlt. Insofern rechnen wir im Durchschnitt mit 342 Watt Sonnenstrahlung pro Quadratmeter. Davon erwärmen circa 235 Watt die Atmosphäre und in der Folge die Erdoberfläche, der Rest wird reflektiert.

Die Atmosphäre

»Der große Luftozean« – anschaulicher als mit dieser Bezeichnung des englischen Naturforschers Alfred Russel Wallace ist die uns umgebende Gashülle wohl kaum zu beschreiben. Ein

Ozean, ohne den auf dieser Erde nichts kreuchen und fleuchen würde. Die Atmosphäre besteht heute zu knapp 80 Prozent aus Stickstoff, zu etwa 21 Prozent aus dem lebenswichtigen Sauerstoff, zu 0,9 Prozent aus dem schützenden Edelgas Argon sowie aus Tausenden von Spuren anderer Gase. Wasserdampf und kleine Staubkörner vervollständigen die Atmosphärenmixtur, die knapp über dem Boden am dichtesten ist, während sie sich Richtung Weltall nach und nach verdünnt.

Die unterste Schicht ist für uns die wichtigste, hier leben wir und profitieren davon, dass uns diese Troposphäre 90 Prozent der gesamten Luft und fast den gesamten Wasserdampf bereitstellt. Deshalb ziehen hier die Wolken und wehen die Winde, die die Sonnenwärme verteilen – den Teil, der durch die darübergelagerten Schichten Stratosphäre, Mesosphäre und Thermosphäre gelangt ist.

Wenn die Sonnenstrahlung auf diese Schichten trifft, wird ein Teil der Strahlung durch die Atmosphärenteilchen »gestreut« und wieder ins All zurückgelenkt, der andere Teil wird von diesen Teilchen aufgenommen und erwärmt in der Folge die Atmosphäre. Soweit die Stratosphäre die UV-Strahlung aus dem ursprünglichen Sonnenlicht absorbiert, kommt diese nicht bei uns an. Und die Lichtstreuung ist es, die uns das Himmelsblau sehen lässt: Blaues Licht wird besonders stark gestreut.

Erdoberfläche und Treibhauseffekt

Wie durch einen Filter erreichen im Schnitt 198 Watt Sonnenstrahlung pro Quadratmeter die Erdoberfläche, die diese Strahlung zum Teil wieder abweist: Schnee- und Eisfelder ebenso wie die großen hellen Oberflächen der Sandwüsten sorgen mittels des bereits erwähnten Kühlanlageneffekts dafür, dass rund 30 Watt pro Quadratmeter reflektiert werden. Das heißt allerdings, da die Erde nicht leuchtet, dass sie unsichtbare Infrarotstrahlung abgibt.

168 Watt der übrig gebliebenen Sonnenenergie erwärmen dann durchschnittlich jeden Quadratmeter der Erdoberfläche, wo diese Strahlenmenge vor allem von den dunklen Arealen der Wälder und Meere aufgenommen wird.

Rechnet man Ein- und Abstrahlung von Wärme gegeneinander auf, müssten wir eigentlich bei circa minus 15 Grad frieren –, stattdessen können wir auf der Erde unter normalen Umständen mit durschschnittlich rund 18 Grad plus rechnen. Der Grund hierfür ist der Treibhauseffekt, der in seiner natürlichen Ausprägung also eine nützliche, ja geradezu lebenswichtige Wärmedämmung bedeutet. Die Treibhaus-These wurde von dem französischen Physiker Joseph Fourier bereits Anfang des 19. Jahrhunderts aufgestellt. Fourier betrachtete die Atmosphäre erstmals als eine Art Glasdach, das sich schützend über den Köpfen der Menschen wölbt. Wie die Scheibe eines Treibhauses lassen in der Atmosphäre vorhandene Gase die kurzwellige Sonnenstrahlung relativ ungehindert hindurch. Auf diese Weise tragen sie zur Erwärmung der Erde bei. Denn der Planet sendet die aufgenommene Wärme zwar in umgewandelter, das heißt langwelliger Form zurück, aber nur bis zur Grenze der Troposphäre. Dort wird diese Wärme zum Großteil eingefangen und beschert so den Erdbewohnern seit Jahrtausenden gemäßigte Temperaturen. In den anderen Sphären wird es mit zunehmender Höhe frostiger.

Wie der Mensch den Treibhauseffekt verstärkt

Dass wir hier unten in der Troposphäre immer mehr ins Schwitzen geraten, kann die Menschheit sich tatsächlich – wie der Weltklimarat IPCC festgestellt hat – größtenteils selbst ankreiden. Denn seit Beginn des Industriezeitalters sorgt sie dafür, dass sich der natürliche Treibhauseffekt immer mehr verstärkt. Das liegt vor allem daran, dass wir die Konzentration der Treibhausgase immer weiter erhöhen, allen auf internationalen Konferenzen beschlossenen Beschränkungen zum Trotz.

Mit den gerade noch rechtzeitig verbotenen Fluorchlorkohlenwasserstoffen (FCKW), die für das Ozonloch in der Stratosphäre verantwortlich sind, hatten wir sogar neue Treibhausgase erfunden, um uns selbst und die Welt mit chemischen Keulen zu besprühen.

In der Natur zählt zu den Treibhausgasen vor allem der Wasserdampf, der einen Anteil von 60 Prozent am normalen Treibhauseffekt hat. Hinzu kommen Kohlendioxid, beteiligt mit 25 Prozent, und Ozon mit einem Anteil von 8 Prozent. Stickoxide und Methan spielen normalerweise eine untergeordnete Rolle.

Der vom Menschen verursachte Treibhauseffekt, den wir der Natur zusätzlich zumuten, wird in erster Linie durch das Kohlendioxid ausgelöst. Vergleichsmessungen zeigen, dass es seit vorindustriellen Zeiten bis heute von 280 ppm auf mehr als 380 ppm gestiegen ist. Wobei ppm »parts per million« bedeutet: Eine Kohlendioxidkonzentration von 380 ppm bedeutet, dass 0,038 Prozent der Luft aus Kohlendioxid besteht. Die Hauptquelle dieses unsichtbaren Übels steht inzwischen fest: Es entsteht bei der Verbrennung von Öl, Kohle und Gas, die die Menschheit zur Stromerzeugung, in der Industrie, zum Heizen und im Straßenverkehr verbraucht, ist also weitgehend anthropogen.

Zu Beginn dieses Jahres stellten Klimaforscher bei der Jahrestagung des weltgrößten Forschungsverbandes AAAS (The American Association for the Advancement of Science) fest, dass der Ausstoß von Kohlendioxid durch die Verbrennung fossiler Brennstoffe seit 2000 jährlich um rund dreieinhalb Prozent gestiegen ist, dreimal so schnell wie in den Jahren 1990 bis 1999. Dass die Luft sozusagen immer dicker wird, liegt daran, dass Millionen Menschen in den sogenannten Schwellenländern China und Indien ihren Fortschritt nun auch immer mehr befeuern. Dies geschieht überwiegend mit Kohle, und in der Folge werden alle bisherigen Prognosen ausgehebelt. Die Rauchwolken, die jährlich beim Verbrennen tropischer Regenwälder in Amazonien und Südostasien aufsteigen, tragen das Ihrige zu der traurigen Entwicklung bei. Einer jüngst veröffentlichten Studie der Universität von Arizona zufolge tragen die immer zahlreicheren Waldbrände zu einem Fünftel zur Erderwärmung bei. Und auch diese Brände sind – Stichwort Brandrodung – zu 90 Prozent Menschenwerk. Am Ende fehlen diese Wälder dann zudem als Kohlenstoffsenken, als natürliche Speicher zur Aufnahme von CO_2.

Das zweite Treibhausgas, dessen Menge über die Maßen gesteigert wird, ist das Methan. Sein Gehalt in der Atmosphäre stieg seit der Industrialisierung um 151 Prozent an – hervorgerufen durch riesige Müllhalden überall in der Welt, aber auch durch intensiven Reisanbau, zum Beispiel in Thailand. Letzteres erklärt Reiner Wassmann vom Internationalen Reisforschungsinstitut auf den Philippinen so: »Keine Kulturpflanze sondert so viel Methan ab wie Reis.« Auch die weltweit wachsende Nachfrage nach Fleisch erhöht die Methanbelastung: Der Appetit der Fleischkonsumenten führt dazu, dass, etwa in Lateinamerika, riesige Rinderherden das gefährliche Gas ausdünsten. Ein bizarr anmutender Gedanke, dass diese Tiere einen wesentlichen Teil des Weltklimas beeinflussen!

Warum aber begünstigen diese durch menschliche Einflüsse so verstärkten Faktoren, unter denen ich nur die hervorstechendsten herausgegriffen habe, den Klimawandel in nie gekannter Art und Weise? Dahinter steckt ein komplizierter Prozess, den man als ein immer extremer werdendes Ungleichgewicht in der Atmosphäre beschreiben kann, die über die Jahrzehnte gleichsam zur Müllkippe der Industriegesellschaft geworden ist. Die beschriebene Strahlungsregelung funktioniert nicht mehr wie zuvor, durch die stärkere Konzentration der Treibhausgase ist ein sogenannter »positiver Strahlungsantrieb« entstanden, der für die steigende Erwärmung in Bodennähe sorgt.

Gemildert wird dieser Prozess derzeit noch durch die riesigen Ozeane. Deren Wassermassen schlucken noch viel Energie, ihre Temperatur steigt erst langsam. In den Weltmeeren landen 800 Kilogramm jeder Tonne ausgestoßenen Kohlendioxids, während 200 Kilogramm in die Atmosphäre wandern. Die Meerestiere erfahren diese kontinuierlich steigenden Belastungen zum Teil existenziell: Die schwache Säure, die durch das Mehr an CO_2 entsteht, wird von australischen Forschern zum Beispiel als Grund dafür angesehen, dass die Kalkschalen winziger Meeresbewohner immer dünner werden.

Zusammenfassend bestätigt sich das, was uns allen inzwischen mehr oder weniger klar ist: Der Klimawandel hat uns erreicht, und er verstärkt sich immer mehr. In Diskussionen zu diesem Thema höre ich dann stets, dass es im Laufe der seit Jahrmilliarden andauernden Erdgeschichte immer wieder teils ganz abrupte Klimawechsel gegeben hat. Allerdings ließen sich diese immer mit natürlichen Gegebenheiten erklären: Meeresströme flossen plötzlich in eine andere Richtung, oder die Strahlungsintensität der Sonne veränderte sich. Die heutigen Veränderungen jedoch beruhen nicht auf solchen unabänderlichen Ereignissen. Wir können etwas gegen sie unternehmen.

Wie notwendig dies ist, lernen wir ebenfalls aus der Klimageschichte. Sie zeigt uns deutlich, welche Folgen die Klimaerwärmung nach sich zieht. Folgen, die früher bei Weitem nicht so gravierend waren, wie sie es heute wären. Wenn vor den Eiszeiten, im Pliozän, der Meeresspiegel um 25 Meter gestiegen ist, dann traf dies ein paar urzeitliche Nage- und Raubtiere, nicht aber Großstädte in Küstenregionen, in denen Millionen von Menschen leben. Geschähe das Gleiche heutzutage, verlören diese Menschen Grund und Boden, Haus und Hof – wenn nicht gar ihr Leben.

KLIMAWANDEL: DIE PERSPEKTIVEN

Wie realistisch sind nun solche Szenarien? Welches Bild würde sich Außerirdischen bieten, die in einigen Hundert Jahren auf unserem Planeten landen würden – sofern wir uns nicht darauf besinnen, dem fortschreitenden Wandel ernsthaft entgegenzutreten?

Natürlich haben Wissenschaftler und Politiker bereits versucht, Veränderungen unseres Verhaltens in die Wege zu leiten. Nicht nur das: Jeder von uns hat sicherlich zumindest kurz selbst einmal darüber nachgedacht, welchen Anteil er am Klimawandel hat. Allerdings klafft nur in wenigen Bereichen ein so tiefer Graben zwischen Denken und Handeln wie beim Klimaschutz. So geben rund 87 Prozent der Deutschen in Umfragen an, dass sie für »einen konsequenten Umstieg auf erneuerbare Energien« seien – doch nur fünf Prozent erklären, dass sie bereits Ökostrom beziehen.

Ebenso lassen sich Zweifel an der Ernsthaftigkeit internationaler Anstrengungen anmelden. Die ersten öffentlich wahrgenommenen Aufrufe, die Erdatmosphäre zu schützen, kamen 1987 von den deutschen physikalischen und meteorologischen Gesellschaften – fast zeitgleich mit der Erkenntnis über ein Loch in der Ozonschicht, das sich über dem Südpol ausbreitete. Dessen Ursache ließ sich schnell feststellen und durch ein Verbot der ozonzerstörenden Fluorchlorkohlenwasserstoffe und Halone beheben – ein Erfolg, der sich auf die Ursachen des von Menschen verursachten Treibhauseffektes leider so rasch nicht übertragen lässt. Deshalb wurde auf dem Umweltgipfel 1992 in Rio de Janeiro die Klimarahmenkonvention unterzeichnet, in deren Artikel 2 zumindest das Ziel des Klimaschutzes allgemeingültig festgeschrieben wurde, nämlich »die Stabilisierung der Treibhausgaskonzentrationen in der Atmosphäre auf einem Niveau zu erreichen, auf dem eine gefährliche anthropogene Störung des Klimasystems verhindert wird«.

Seit 1994 ist diese Konvention in Kraft. Doch da von einer Stabilisierung in der Folge nicht die Rede sein konnte, mussten die Bestimmungen der Konvention konkretisiert werden. Das geschah 1997 beim dritten Klimagipfel im japanischen Kyoto: Im Kyoto-Protokoll verpflichten sich die Industrienationen, ihren Ausstoß an Treibhausgasen im Zeitraum von 2008 bis 2012 um mindestens fünf Prozent unter den Wert des Jahres 1990 zu senken. Das IPCC dagegen hält bis zum Jahr 2050 eine Senkung der Emissionen um 60 Prozent für erforderlich. Bleibt es bis 2012 bei den unzureichenden Minimalzielen, dann wird der CO_2-Ausstoß nach Berechnungen von Klimaexperten weltweit um 50 Prozent, in den Industriestaaten – den sogenannten »Annex I Parties« – immerhin noch um 11 Prozent zunehmen. Faktisch wird der Minimalkompromiss von Kyoto damit zur Obergrenze der CO_2-Reduktion geadelt.

Ein Pyrrhussieg also fürs Klima. Was sollen solche Vereinbarungen außerdem bewirken, wenn der größte Produzent von Treibhausgasen, die Vereinigten Staaten, sie nicht mitträgt – aus Furcht vor Nachteilen gegenüber Schwellenländern wie China oder Indien, die sich bisher ebenfalls nicht zur Verringerung ihrer Emissionen verpflichtet haben? Und so ist es kein Wunder, dass sich an der Zunahme der Treibhausgase kaum etwas ändert – bis auf die Tatsache, dass sie sich beschleunigt. Daran konnte auch der Handel mit Emissionsrechten, der in Kyoto beschlossen wurde, nichts ändern. Im Gegenteil: Indirekt bietet er ökonomische Anreize, nicht mehr gegen den Ausstoß von Treibhausgasen zu tun, als im Protokoll vereinbart. Er macht, so Hermann Scheer, »praktisch das Minimum zum Maximum«.

Der Handel mit Emissionsrechten

Die Idee des Emissionsrechtehandels geht auf den kanadischen Ökonomen John Harkness Dales zurück. Er schlug vor, einen Markt für »Verschmutzungsrechte« zu eröffnen, um Emissionen zu begrenzen. Voraussetzung dafür sind Obergrenzen für bestimmte Schadstoffe wie zum Beispiel Kohlendioxid innerhalb eines genau umschriebenen Gebiets und eines bestimmten Zeitraums. Im Rahmen dieser Grenze werden sogenannte Umweltzertifikate ausgegeben, die dazu berechtigen, Schadstoffe in der festgelegten Menge auszustoßen – einer Menge, die Jahr für Jahr gesenkt wird. So kann etwa für eine Region bestimmt werden, dass dort »nur« 50 Millionen Tonnen Kohlendioxid in die Atmosphäre gelangen dürfen. Folglich werden Zertifikate ausgegeben, die einem oder mehreren Unternehmen dort genau in diesem Umfang jenes Recht einräumen. Alles, was darüber hinausgeht, ist unter Strafe gestellt. Wer es aber schafft, mit Hilfe effizienter Anlagen weniger Schadstoffe zu produzieren, kann seine Rechte gewinnbringend verkaufen.

So sollen Investitionen in den Klimaschutz attraktiv werden. Emissionsrechte werden zwischen Staaten gehandelt, aber auch zwischen Unternehmen – beispielsweise innerhalb der europäischen Union.

Leider aber hat es sich bisher nicht als sinnvoll erwiesen, Kohlendioxid einen Preis zu geben, die Erdatmosphäre einzuteilen und mithilfe von Zertifikaten festzulegen, wie viel CO_2-Müll wo abgeschieden werden darf. Denn der Preis der Zertifikate wird durch die Nachfrage bestimmt, sie werden frei an der Börse gehandelt. Und dass sich diese Preise derzeit auf Tiefstständen bewegen, liegt neben den Auswirkungen der Finanzkrise daran, dass etliche Staaten, so auch Deutschland, beim Start des Emissionshandels mehr Zertifikate erhielten, als sie überhaupt

Kohlendioxid erzeugen. Allein Russland verfügt über rund eine Milliarde Tonnen mehr Emissionsrechte, als das Land tatsächlich Kohlendioxid in die Luft pustet. Und da Russen und Ukrainer ihre »Verschmutzungsrechte« verständlicherweise gegen Devisen auf den Markt werfen, können sich andere Staaten weitgehend oder sogar vollständig von ihren Reduktionsverpflichtungen freikaufen. Aus Sicht des Klimas ist dieser Handel nichts als eine Serie von Luftbuchungen. Der deutsche Staat hat diese »Verschmutzungsrechte« zudem noch falsch verteilt, indem er auf Druck von Lobbyisten vor allem den emissionsintensiven Industrien zu viele Zertifikate zugestanden hat. Bei der hohen Verfügbarkeit und den niedrigen Preisen aber fehlt den Umweltsündern der Anreiz, sich technologisch weiterzuentwickeln. Schließlich wurden auch noch Privilegien geschaffen und für bestimmte Anlagen, Anlagenkonstellationen und -betreiber Sonderregelungen eingeführt.

Mit dem segensreichen Wirken »marktwirtschaftlicher Steuerung« hat all das wenig zu tun. Die Instrumente des Emissionshandels schützen im Gegenteil die Kartelle der fossilen Energiewirtschaft vor der Marktkonkurrenz erneuerbarer Energien. Besser als Hermann Scheer kann man das traurige Fazit dieser auf dem Papier so schön klingenden Mechanismen nicht formulieren: »Statt zu marktwirtschaftlichen Lösungen führen sie ... zu einer bürokratisierten und entsprechend inflexiblen globalen Investitionslenkung. Statt kosteneffektiv ... wirken sie eher kostentreibend, weil sie die Zahl der Mitesser und Kostgänger im Energiesystem erhöhen. Statt die Umorientierung auf erneuerbare Energien zu erleichtern, werden sie schon jetzt als Schlagwaffe gegen diejenigen politischen Instrumente eingesetzt, über die in einigen Ländern der Aufbruch zu erneuerbaren Energien zustande kam. Sie verfestigen die Strukturen der überkommenen Energiewirtschaft und verhelfen diesen zu weiterer Expansion auch in die Entwicklungsländer: Damit verzögern sie die globale Umorientierung auf erneuerbare Energien.«

Mit einem Wort: Besser wäre es gewesen, höhere und feste Reduktionsziele für Treibhausgase zu vereinbaren und es allen Ländern selbst zu überlassen, mit welchen Mitteln sie diese Ziele zu erreichen versuchen.

Da seit Erscheinen des vierten UN-Klimareports 2007 offensichtlich ist, dass die bisherigen Maßnahmen nicht ausreichen, beschlossen die beteiligten Staaten gegen Ende des desselben Jahres auf Bali, einen Nachfolgevertrag für das Kyoto-Protokoll zu erarbeiten: Im Dezember 2009 wollen mehr als 2600 Delegierte aus 175 Ländern beim Weltklimagipfel in Kopenhagen ein neues Klimaabkommen für die Zeit nach 2012 auf den Weg bringen. Auf den Vorbereitungstreffen, unter anderem in Bonn, wurde bereits trefflich gestritten – meist über verbindliche Reduktionsziele für Treibhausgase und die Finanzierung von Klimamaßnahmen in Entwicklungsländern. Immerhin aber sind die USA seit Obamas Wahl an den Verhandlungstisch zurückgekehrt und haben sich bereit erklärt, über die Senkung auch ihres Kohlendioxidausstoßes zu sprechen – auch dies ist eine segensreiche Auswirkung des Machtwechsels im Weißen Haus. Zwar liegt ein konkreter Vorschlag von US-Präsident Barack Obama noch nicht vor, und die von ihm eröffnete Aussicht, die US-Emissionen bis 2020 auf das Niveau von 1990 zu senken, reicht – so auch das deutsche Bundesumweltministerium – nicht aus.

Doch aus eigener Erfahrung weiß ich, wie groß das Interesse an erneuerbaren Energien jenseits des großen Teiches ist: Immerhin wird SolarWorld in Hillsboro im US-Bundesstaat Oregon 2010 das größte Solarunternehmen des amerikanischen Kontinents realisieren – eine Solarsilizium-Wafer- und Solarzellenfabrikation mit einer Kapazität von 500 Megawatt.

Diese Entwicklung zeigt, dass Al Gores »unbequeme Wahrheit« nicht ungehört geblieben ist: Weltweit erstarkt nach der Einsicht in die Notwendigkeit zu handeln auch der Wille zur Tat. Wir brauchen keine Propheten mehr, um zu erkennen: Der Klimawandel in Gänze ist nicht mehr aufzuhalten, er kann aber gemildert und vielleicht in einzelnen Punkten aufgehalten werden.

Eins lässt sich indes nicht leugnen: Selbst wenn die Kohlendioxidproduktion sofort gestoppt würde, bliebe es über Jahrtausende hinweg zu warm. Dafür sorgen die Langzeitfolgen der Treibhausgase, die sich bereits in unserer Atmosphäre befinden. Die Ozeane, die sich ebenfalls nach und nach erwärmen, werden das Ihrige zu dieser Entwicklung beitragen.

Und so werden die Meeresspiegel langsam steigen – im günstigsten Fall nur um einen Meter bis zum Jahr 2100 gemäß letzten Schätzungen des Potsdam-Instituts. Im ungünstigsten Fall – wenn Grönlands Eis vollständig schmilzt – wäre ein Anstieg von rund acht Metern zu befürchten. Dann wird Wasser den Lebensraum von zehn Prozent der Weltbevölkerung bedrohen. Etwa 600 Millionen Menschen sind in Gebieten zu Hause, die nur wenig über dem Meeresspiegel liegen. Tokio, New York, Hongkong, Shanghai oder Mumbai, um nur einige Beispiele zu nennen: 22 der 50 größten Städte unserer Welt liegen an Küsten.

Wird der Kohlendioxidausstoß nicht drastisch begrenzt, könnte er schnell von den heutigen 380 Teilen pro Million (ppm) auf einen Wert von bis zu 600 ppm und weiter steigen. In einem solchen Fall müssten sich die Menschen in Südeuropa, Nordafrika, im Südosten der USA sowie in Westaustralien über Jahrhunderte auf heiße Sommer mit nur wenigen Regenschauern einstellen. Als Folge befürchtet Klimaforscherin Susan Solomon in einer Anfang 2009 veröffentlichten Studie Wassermangel, zunehmende Brände, eine Ausbreitung der Wüsten und schwerwiegende Störungen des Ökosystems. Als wichtigster Einschnitt wäre wohl zunächst zu spüren, dass sich der Wasserkreislauf der Erde intensiviert: An heute bereits trockenen Orten wird es noch trockener, da bei höheren Temperaturen dort mehr Wasser verdunstet. Die warme Luft nimmt dieses Wasser auf und transportiert es ab, damit es anderswo vermehrt als Regen fällt, wo auf diese Weise die Überschwemmungen zunehmen.

Viele Tiere könnten sich an die Klimaveränderungen nicht mehr anpassen und würden von der Erde verschwinden. Naturschutzorganisationen halten es inzwischen für möglich, dass bis zum Ende dieses Jahrhunderts 30 bis 50 Prozent der heute lebenden Arten aussterben. Schlechte Aussichten auch für die Gletscher dieser Erde – mit direkten Auswirkungen auf die Menschen: Klettert die Temperatur in der Welt bis zum Ende des Jahrhunderts um fünf Grad Celsius, wäre sogar der Himalaja betroffen, und Millionen von Chinesen und Indern müssten um ihre Wasserversorgung fürchten – ganz abgesehen davon, dass die Hitze ihnen immer weniger Ernteerträge und immer mehr Krankheiten, übertragen durch Schädlinge, bescheren würde.

Doch ich will den Blick auch auf die Möglichkeiten und Chancen richten, die wir haben, um dem Klimawandel zu begegnen. Und das wollen offenbar immer mehr Menschen. Grün wird zum Lifestyle. Auf Architekturkongressen, in Designschauen und auf Automobilmessen wächst inzwischen das Interesse an bislang abseitsstehenden Produkten und Bauten. Man brüstet sich immer seltener mit einem großen, schnellen Spritschlucker, sondern zeigt auch Umweltbewusstsein. An den roten Teppichen in Hollywood und anderswo auf der Welt halten hybridgetriebene Autos, aus denen dann bekannte Schauspieler wie Penélope Cruz entsteigen.

Dass in der Küche nicht der stromfressende Riesenkühlschrank, sondern einer mit der Energieeffizienzklasse A++ seinen Platz hat, ist heute keine Frage des Einkommens mehr. Ähnliches gilt für Waschmaschinen oder Fernseher, bei denen wir neuerdings selbstredend den Stand-by-Modus ausschalten, um Energie zu sparen. Auch ganze Häuser müssen sich inzwischen auf den Prüfstand stellen lassen, um den Energieausweis zu erhalten, der seit 2008 bei Verkauf oder Vermietung Pflicht ist. Wer vorausschauend baut, überlegt von Anbeginn, wie er daheim künftig heizen will – und wie sich eine Wärmepumpe oder die Solaranlage auf dem Dach rentieren. Denn Hausbesitzern, Mietern und Autofahrern ist inzwischen eines klar geworden: Energieeffizienz und die Nutzung von Energiequellen, bei denen keine Treibhausgase freigesetzt werden, stehen ganz oben auf der Liste der wichtigsten Maßnahmen, um den Klimawandel doch noch zu stoppen.

Von der Demontage zur Montage

Im Foyer unserer Bonner Firmenzentrale hängt eine große Aluminiumtafel mit einer Weltkarte, auf der große Punkte die Standorte der SolarWorld AG in Europa, den USA, Afrika und Asien markieren. Erst lange nachdem ich diese Karte habe anfertigen lassen, wurde mir klar, dass eine ähnliche Übersicht über sein »Imperium«, gespickt mit vielen Fähnchen, auch schon im Büro meines Vaters hing. Offensichtlich ist man doch stärker von seinen Vorfahren geprägt, als es einem auf den ersten Blick scheinen mag. Tatsächlich gehen die Anfänge meiner unternehmerischen Tätigkeit sogar auf eine Zusammenarbeit mit meinem Vater noch während des Studiums zurück.

Nachdem er seine Firma relativ früh verkauft hatte, betrieb er noch eine Zeitlang ein Ingenieurbüro für Industriedemontagen. Das heißt, er ließ in Deutschland alte Maschinen und Anlagen abbauen und verkaufte die gebrauchten, aber funktionstüchtigen Investitionsgüter ins Ausland. Bis er sich 1988 endgültig zur Ruhe setzte, half ich ein bisschen mit und sammelte erste berufliche Erfahrungen – wenn auch völlig abseits meiner akademischen Studien. Zum Beispiel verkauften wir die gesamten Förderbänder einer stillgelegten Zeche im Ruhrgebiet an einen Steinbruch in Jugoslawien, wo sie weiterhin hervorragende Dienste taten. Mein erstes Geschäft auf eigene Rechnung war die Demontage großer Edelstahltanks bei den Humana Milchwerken in Bielefeld, die ich nach Griechenland verkaufte, und zwar an eine Fabrik, die Feta, also Schafskäse, herstellte. 1984 machte ich sogar kurzzeitig in Pistazien: Da die zugehörige Fertigungsstätte aus kartellrechtlichen Gründen stillgelegt wurde, übernahmen wir eine relativ neue Schweißmaschine für Stahlmatten, wie sie beim Betonbau verwendet werden, und verkauften sie in die Türkei. Der Erwerber, ein kleiner Mischkonzern, war gerade nicht liquide, also nahmen wir kurzerhand Pistazien anstelle türkischer Lira. Deren Verkauf an einen Großhandel in Hamburg machte aus der Sache am Ende sogar ein gutes Geschäft. Außerdem knüpfte ich erste Kontakte im Lebensmittelgroßhandel, die ich bald darauf in Afrika gut gebrauchen konnte.

1988, nach meiner Zeit in Nigeria, gründete ich dann in Bonn ein Ingenieurbüro, das sich weiterhin mit Anlagenwartung und Industriedemontagen beschäftigte. Alles in allem operierte ich so über rund fünfzehn Jahre am offenen Herzen der »Old Economy« und bewegte beträchtliche Mengen Stahl durch die Welt. Zugleich konnte ich Betrachtungen über die Vergänglichkeit menschlicher Technik anstellen. Nicht nur, dass ich mit allen erdenklichen Formen des Verschleißes konfrontiert wurde. Auch das zunehmend rasante technische Altern industrieller Anlagen machte immer öfter Probleme. Wenn man eine Maschine verkaufte, die älter als zehn oder fünfzehn Jahre war, fand sich selbst bei renommierten Herstellern oft keinerlei gescheite Dokumentation mehr. Techniker hatten das Teil, so wie es grad passte, in Stand gesetzt, den Maschinenführer eingearbeitet und sich dann zum nächsten Projekt verabschiedet. Die betriebsinternen Dokumentationen warfen auch oft mehr Fragen auf, als sie beantworteten: War der gesamte Motor erneuert worden oder doch nur ein Teil? Handelte es sich dabei um ein altes Originalteil, um etwas Baugleiches oder um ein neueres Ersatzteil des Originalherstellers? Wenn die Leute dann in Rente waren und die Maschine kaputtging, musste man basteln und beten. Das ist übrigens einer der Punkte, die mich an unseren meist über dreißig Jahre alten Atomkraftwerken beunruhigen: Im Grundsatz ist das Technik aus der Zeit der ersten Mondlandung – und die Astronauten sind in Pension oder im Himmel!

Anfang der neunziger Jahre beschäftigte ich mich dann erstmals mit den erneuerbaren Energien. Zum Beispiel bauten wir eines der ersten Blockheizkraftwerke auf Rapsölbasis in Deutschland, und zwar in einem großen Mühlengebäude am Rhein bei Bonn. Dort kam ich auch in Kontakt mit der Photovoltaik, die damals noch etwas für Bastler war. Dabei faszinierte mich, der ich aus der Welt von Rostfraß und Schmierfett kam, die Solartechnik sofort: Da rauchte nichts, da stank nichts, da bewegte sich kein mechanisches Teil. Vorne kommt Sonne rein, hinten kommt Strom raus, fertig. Das gesamte technische Know-how wird sozusagen komplett laminiert. Die größten Verschleißteile sind einzelne Module und der Wechselrichter. Alles ist im Grunde sehr einfach konstruiert und dadurch menschennah. Wenn es Ihnen nichts ausmacht, auch mal aufs Dach zu klettern, können Sie ein Solarmodul im Steckverfahren selbst austauschen. Mehr noch: Ob Sie eine Taschenlampe oder ein 500-Megawatt-Kraftwerk betreiben wollen – Sie schalten einfach die immer gleichen Bauteile beliebig in Reihe. Fast so, wie Sie heute eine neue Birne oder eine neue Sicherung reindrehen.

Unser erstes Solarprojekt führten wir in Bonn aus. Damit war ich zum richtigen Zeitpunkt mit der richtigen Lösung am richtigen Ort. Umweltminister war damals Klaus Töpfer (CDU), die heutige Bundeskanzlerin Angela Merkel folgte ihm im Herbst 1994. Im September 1990 hatten Bund und Länder das sogenannte »1000-Dächer-Programm« aufgelegt. Gefördert wurden damals netzgebundene, auf Ein- und Zweifamilienhäusern montierte Photovoltaikanlagen mit einer Leistung zwischen ein und fünf Kilowatt. Obwohl große Firmen wie Siemens in diesem Markt tätig waren, hatten die Anlagen noch etwas an sich, was der Rheinländer »Frickelei« nennt. Denn während wir bei einer Demontage Generatoren mit 900 Kilowatt Leistung auf den Schrott warfen, hielten wir die Installation einer 900-Watt-Solaranlage auf dem Dach eines Häuslebauers für einen Großauftrag. Außerdem war eine Solaranlage ein teurer Spaß: Ein Kilowatt installierte Leistung kostete damals so um die 12 000

D-Mark. Mit der Folge, dass kaum jemand mehr als ein KW kaufte. Daher umwehte das Ganze der Geruch von grünem Ablasshandel. Ich fand, das sei alles zu kleinkariert gedacht.

Die Stadtwerke Bonn legten zur gleichen Zeit ein interessantes Förderprogramm auf, das keine Größenbegrenzung für einzelne Anlagen vorgab. Ehrlich gesagt: Man hatte entsprechende Angaben bei der Ausschreibung schlicht vergessen. Auf dem Dach des ehemaligen Gesundheitsministeriums sollte eine Photovoltaikanlage installiert werden, und ich habe damals gesagt: »Wie groß ist das Dach? So groß bauen wir die Anlage.« Auf 5000 Quadratmeter Dachfläche passten 500 Kilowatt Leistung. Nicht nur, dass das dem gesamten Fördervolumen des Programms entsprach, nicht nur, dass eine derart große Aufdach-Anlage in Deutschland bis dahin keiner gebaut hatte – 500 Kilowatt entsprachen zudem knapp einem Zehntel der damaligen Weltproduktion. Ich bin also in die USA geflogen und habe mich dort bei einer für heutige Maßstäbe kleinen Bastelwerkstatt namens Solarex groß eingedeckt. Damit war ich auf einen Schlag einer der größten deutschen Importeure von Solarmodulen. Über vier Jahre betrieb ich den Modulhandel nebenbei, bis ich bei etwa vier Millionen D-Mark Umsatz lag. Mein Hauptgeschäft, jedenfalls in zeitlicher Hinsicht, war dagegen immer noch die Maschinen- und Anlagenwartung in verschiedenen Entwicklungsländern.

1994 wurde mir endgültig klar, dass unsere Zukunft im Solargeschäft liegen würde und wir zumindest den Modulhandel würden professionalisieren müssen. SolarWorld begann dementsprechend als Handelshaus. Firmensitz war ein altes Kesselhaus im Bonner Hafen. Die Doppelgarage im Erdgeschoss diente als – anfangs reichlich chaotisches – Lager, die ersten zwölf Mitarbeiter saßen in der Büroetage darüber. Sehr bald übernahmen wir den Deutschlandvertrieb für jene amerikanische Firma, bei der ich ein Jahr zuvor die Module für das Stadtwerke-Projekt erworben hatte. Solarex wurde dann von British Petroleum aufgekauft, die – wie fast alle Öl- und Energiekonzerne – mal ein bisschen was fürs grüne Image tun wollten. Über Nacht war unsere Bude Vertragshändler von BP.

Das brachte mir noch im selben Jahr einen unvergesslichen Drei-Minuten-Termin beim damaligen BP-Chef Sir John Brown ein, der damit kürzer ausfiel als meine spätere Audienz bei Papst Johannes Paul II. Auf dem Besprechungstisch in Browns Büro lag aufgeschlagen der BP-Geschäftsbericht. Volle zehn Seiten befassten sich mit dem Solargeschäft des Konzerns, das kaum ein Promille von dessen Umsatz ausmachte – klassisches »Green Washing«, dachte ich sofort. Dann zeigte mir Sir John eine seiner in den USA gefertigten Solarzellen und bemerkte mit einer für den britischen Bilderbuch-Gentleman fast exaltierten Begeisterung: »Look, this is the square-edged oil of the future!« – Das ist das quadratische Öl der Zukunft!

In diesem Moment stand mein Entschluss fest: Ich würde nicht der Vertriebsdepp eines Konzerns bleiben, dessen CEO die Wahrheit kennt und für den das Solargeschäft nur ein ökologisches Feigenblatt ist. Ich würde meine Garagenfirma an die Börse bringen und selbst Solaranlagen herstellen. Keine Bastelsätze, sondern industriell gefertigte Produkte in großen Stückzahlen und zu kleinen Preisen. Keine Öko-Alibis, keine Heilsmaschinen mit eingebauten Funktionsmängeln, sondern Anlagen, mit denen in naher Zukunft jeder, unabhängig von Bekenntnis und Einkommen, seinen Strombedarf zu marktfähigen Preisen würde decken können.

1998 wurde die SolarWorld AG gegründet und am 8. November 1999, im Jahr des Starts des 100 000-Dächer-Programms der rot-grünen Bundesregierung, folgte der Börsengang. Mithilfe der rund 13 Millionen D-Mark Kapital, die wir dabei einsammelten, konnten wir im folgenden Jahr die Übernahme der Solarsparte der Bayer AG finanzieren. Dort saßen überaus innovative Leute, die zudem echte Überzeugungstäter waren. Wie nicht anders zu erwarten, standen sie aber in dem riesigen Chemiekonzern allein auf weiter Flur. Der wissenschaftliche Kopf der Sparte, Prof. Peter Woditsch, wurde so etwas wie mein photovoltaischer Ziehvater. Mit siebzig möchte er demnächst seine Position als CEO unserer Tochter Sunicon AG in Freiberg gegen den gewiss wohlverdienten Ruhestand eintauschen. Ich werde trotzdem bis zur letzten Minute versuchen, ihn von diesem Plan abzubringen.

2006 übernahm SolarWorld dann die Solarsparte von Shell. Auch das war ein leider typischer Fall: Der britisch-niederländische Ölkonzern hatte sich die neue Technologie ebenfalls zugekauft. In diesem Fall war das immerhin eine der großen Pionierfirmen der Branche, ARCO Solar, die schon die Module für die NASA, aber auch die ersten leistungsfähigen Module für den irdischen Betrieb gebaut hatte. Zuerst waren sie von Siemens übernommen worden, aber die Beamten der Elektro-Weltmacht verwalteten die Sparte wie eine Art Grundsatzreferat, deren Produkte sich dem Markt nicht stellen mussten. Damit wurde die technologische Kreativität abgewürgt, und Siemens reichte das ermattete Unternehmen 2003 noch für mehrere Hundert Millionen an Shell weiter. Noch mehr als bei der Konkurrenz erschöpfte sich die Rolle der Solarleute dort im dekorativen Beiwerk für den Geschäftsbericht. Wir bekamen sogar noch eine Kompensationszahlung in Höhe von 100 Millionen US-Dollar um alles ohne negative Presse für Shell abzuwickeln.

Unter unserer Regie wurde das Werk im kalifornischen Camarillo erstmal gründlich entrümpelt und die Produktion von 40 auf 150 Megawatt Leistung fast vervierfacht. Zusammen mit unseren neuen Produktionsstätten in Oregon sind wir heute der größte Hersteller von Solartechnologie in den USA.

Im Sommer 2009 feiern wir unser zehnjähriges Börsenjubiläum. Seitdem haben wir die Umsatzziele, die wir unseren Aktionären in Aussicht gestellt hatten, in jedem Jahr übertroffen. Bei der Gründung 1998 zerbrachen wir uns noch den Kopf, ob wir ein Umsatzziel von 250 Millionen Euro innerhalb der ersten zehn Jahre in unseren Businessplan schreiben könnten. In ihrem elften Jahr wird die AG erstmals mehr als eine Milliarde umsetzen.

Wie die solare Welt funktioniert

Schön warm geduscht, ausgiebig die Haare geföhnt und dann die Kaffeemaschine angeworfen heute Morgen? Klar, das macht man ja quasi noch im Schlaf. Und wer denkt im Schlaf daran, dass in einem solchen Augenblick nicht nur der eigene Körper sein inneres Kraftwerk anwirft, sondern auch das erste Erdgas oder Erdöl des Tages im eigenen Heim verfeuert wird. Selbst wer beim Einseifen umweltbewusst das Duschwasser abdreht, die neuesten und sparsamsten Elektrogeräte verwendet und auf den 24-Stunden-Stand-by-Betrieb von Fernseher oder PC verzichtet, vergisst leicht, wie viel Energie in Herstellung und Transport von Kaffeemaschine, Kaffee und Frühstücksflocken geflossen ist.

Hochgerechnet auf die Weltbevölkerung sind es gigantische Mengen, die wir vom Aufstehen bis zum Zubettgehen für unseren privaten und industriellen Energieverbrauch verbrennen: Mehr als zehn Millionen Tonnen Erdöl täglich, außerdem 12,5 Millionen Tonnen Steinkohle und 7,5 Milliarden Kubikmeter Erdgas. Dieses Ausmaß halten wir uns nicht ständig vor Augen. Doch wissen wir alle, dass die Vorräte zur Neige gehen. Wie wenig selbstverständlich es beispielsweise ist, dass uns eine unbegrenzte Menge Erdgas zur Verfügung steht, wurde zuletzt Anfang 2009 klar, als Russland seine Produktion aufgrund von Streitigkeiten mit der Ukraine drosselte. Auf einmal spürten wir dieses mulmige Gefühl, dass wir in absehbarer Zeit möglicherweise auf solche Lieferungen verzichten und frieren müssen.

Nicht nur das Wissen um die Grenzen der fossilen Brennstoffvorkommen zwingt indes zum Handeln. Es sind vor allem die Erkenntnisse über die bereits ausführlich beschriebenen Folgen, die der Energiehunger der Menschheit für das Weltklima hat. Kurz gesagt: Es geht ums Ganze, um die Welt, wie wir sie kennen. Wir wollen und können die globalen Veränderungen, die aus unserem Verhalten resultieren, nicht einfach geschehen lassen, sondern müssen versuchen, bewusst gegenzusteuern. Und da nicht zu erwarten ist, dass irgendjemand bei seinen Bedürfnissen im Hinblick auf Energie zurückstecken möchte, stellt sich die Frage: Wie können diese befriedigt werden, ohne den kommenden Generationen die Energie- und Lebensgrundlage zu entziehen? Zumal ja trotz des Geburtenrückgangs in Deutschland und anderswo feststeht, dass die Weltbevölkerung weiter wächst und zunehmend Energie benötigt.

Die Erkenntnis, dass nur eine Energiewende es möglich machen wird, die Lebensqualität zu erhalten, ist nicht neu. Je mehr wertvolle Zeit jedoch verstreicht, ohne dass wir unseren bisherigen Kurs deutlich korrigieren, desto radikaler muss die Wende irgendwann ausfallen. Denn die Probleme wachsen mit den steigenden Wohlstandsansprüchen von immer mehr Menschen. Nicht umsonst gilt das 21. Jahrhundert als Epoche der Weichenstellung. Dabei werden die wenigsten Staaten ohne Kompromisse auf den »grünen Pfad« wechseln – eine Chance, die sich nur bei einem hohen technischen Entwicklungsstand, gepaart mit einer geringen Bevölkerungsdichte eröffnet. So zum Beispiel im waldreichen Schweden, das sich das ehrgeizige Ziel gesetzt hat, bis zum Jahr 2020 unabhängig vom Erdöl zu werden. Holzheizungen und Biosprit sind als Alternativen auserkoren, wobei das Land auch verstärkt auf Kraftstoffe auf Holzbasis setzt. Allerdings beinhaltet der Plan auch, nach 30 Jahren Pause wieder Atomkraftwerke zu bauen, obwohl das Land mit gut 30 Prozent schon einen relativ hohen Kernenergieanteil an der Primärenergieproduktion aufweist.

Ein krasses Gegenbeispiel zu den Nordländern stellt Russland dar: Dort gibt man sich als eingefleischte Hardliner im

Hinblick auf die Nutzung fossiler Brennstoffe, verfügt man doch (noch) über die entsprechenden Ressourcen, vor allem an Erdgas, um sich ein deutliches Desinteresse an regenerativer Technik leisten zu können. Stattdessen werden mit milliardenschweren Investitionen Pipelines ausgebaut, um von der Abhängigkeit anderer Länder in Europa zu profitieren. Diese favorisieren inzwischen mehrheitlich den Weg der Mitte, einen Mix aus fossilen und regenerativen Energieträgern. Die Atomkraft hingegen gilt – auch wenn ihre Renaissance vereinzelt beschworen wird – als Technik ohne Zukunft. Denn die Kritiker, zu denen ich mich ebenfalls zähle, weisen auf schwindende Uranvorräte und ungelöste Sicherheitsprobleme bei der Endlagerung hin. Dies gilt besonders für das hochgiftige Plutonium, das eine Gefährdung der ganzen Menschheit für Zehntausende von Jahren bedeutet.

Was die Nutzung der erneuerbaren Energien anbetrifft, sind hingegen keine vergleichbaren Risiken bekannt. Sollten im Zusammenhang mit erneuerbaren Energien problematische Stoffe wie zum Beispiel Säuren entstehen, so gibt es inzwischen Mittel und Wege, diese umweltgerecht zu entsorgen. Der einzige riskante Rohstoff, der in der Solarindustrie heute Verwendung findet, ist das für die Herstellung von Cadmiumtelluridmodulen rein aus Kostengründen eingesetzte Cadmium – weshalb ich stets laut und deutlich sage, dass ich von dieser Technologie nichts halte, zur Solarenergie passt nun mal kein Ultragift.

ENERGIE AUS ERNEUERBAREN QUELLEN

Würde man eine Straßenumfrage zu erneuerbaren Energien machen, dann bekäme man mit Sicherheit den Wind und das Wasser neben der Sonne genannt. Vielleicht auch die Erdkruste – als Träger der Erdwärme, sprich Geothermie – und zusätzlich Holzpellets als ein Beispiel für Biomasse. Dabei machen sich viele Menschen gar nicht bewusst, dass die Sonne als wichtigste regenerative Energiequelle über allem steht. Sie bewirkt die energetischen Effekte bei den anderen Trägern überhaupt erst. Weil ihre Strahlung ungleich verteilt ist, werden Luftbewegungen erzeugt, die den Wind verursachen. Dieser kann dann mithilfe von Windrädern in mechanische, thermische oder elektrische Energie umgewandelt werden. Auch der Kreislauf des Wassers auf der Erdoberfläche wird durch Sonnenenergie vorangetrieben. Sie sorgt für die Verdunstung aus Flüssen, Seen oder Meeren und auf diese Weise dafür, dass sich Wolken bilden. Es regnet, das Regenwasser sammelt sich wiederum in Flüssen, die sich Richtung Meer bewegen und deren Kraft vom Menschen in technisch nutzbare Energie umgewandelt werden kann.

Auch die sogenannte Biomasse wäre ohne Sonne nicht denkbar: Das Gestirn regt die Photosynthese in Bäumen und Pflanzen an. Und diese liefern das Material für die Verbrennung, etwa von Holz, sowie die Grundlage für die Verwandlung in Ethanol-Kraftstoff oder Biogas.

Das Schönste daran ist: Die Sonne steht uns als Energiequelle im Gegensatz zu den fossilen Brennstoffen tatsächlich unerschöpflich zur Verfügung. Sie wäre in der Lage, für mehr als das Tausendfache des Energiebedarfs der ganzen Welt zu sorgen – ohne dafür eine Rechnung zu schreiben. Sie liefert sozusagen frei Haus. Kein Wunder also, dass unsere Vorfahren zu Sonnengottheiten beteten, es scheint, als wussten sie um den Ursprung aller Energie. Wir modernen Menschen müssen nun allerdings die Aufgabe bewältigen, ihre Strahlungsenergie mithilfe von physikalisch-chemischen Vorgängen umzuwandeln und für den breiten Verbrauch nutzbar zu machen.

KONZENTRIERTE STRAHLUNG: SOLARTHERMIE

Hinter dem Stichwort Solarthermie verbirgt sich die Nutzung der Sonneneinstrahlung, um sie in Wärme umzuwandeln. Dies geschieht inzwischen im großen Stil – in solarthermischen Kraftwerken. Im Grunde gibt es zwischen einem solchen Sonnenwärmekraftwerk und einem gewöhnlichen Dampfkraftwerk keine wesentlichen Unterschiede. Bis auf einen, allerdings entscheidenden: Das Sonnenwärmekraftwerk erzeugt den Wasserdampf nicht, indem es durch die Verbrennung von Kohle, Öl oder Erdgas das Klima belastet oder gar Uran spaltet, sondern allein mithilfe der Sonnenenergie. Dazu bedarf es hoher Temperaturen, weshalb die Sonnenstrahlung konzentriert werden muss. Eine ausgereifte Technik hierfür sind Parabolrinnen-Kollektoren, bis zu 400 Meter lange Rinnen aus parabolisch geformten Spiegelsegmenten. Ihre Biegung folgt dem Tageslauf der Sonne von Ost nach West, und die einfallende Strahlung wird in der Brennlinie der Spiegel bis zu 80-fach auf sogenannte Receiver konzentriert. Diese bestehen aus besonders beschichteten Absorberrohren, die durch eine Glashülle vakuumdicht isoliert sind.

Den Rohren kommt eine Schlüsselrolle zu, denn sie wandeln die konzentrierte Solarstrahlung in Wärme um: Das Thermoöl in den Receivern wird auf 400 Grad Celsius erhitzt. Ein nachgeschalteter Wärmetauscher erzeugt Dampf, der wie bei jedem anderen Kraftwerk unter Druck in eine Turbine gelangt, wo er einen Generator antreibt. Zwar ermöglicht es ein Wärmespeicher, dass die Stromproduktion rund um die Uhr läuft – auch wenn die Sonne nicht scheint. Doch lohnen sich solche Anlagen zuvorderst in sonnenreichen Gebieten der Erde. Sie müssen nämlich eine bestimmte Mindestgröße haben, um die hohen Betriebs- und Wartungskosten zu erwirtschaften. Die interessanten Regionen in der Europäischen Union sind daher vor allem die klassischen Urlaubsländer: Griechenland, Italien, Portugal und Spanien.

19 500 Quadratkilometer bieten hier, wie die Deutsche Forschungsanstalt für Luft- und Raumfahrt berechnet hat, eine Fläche für Anlagen, die insgesamt rund 1400 Terawattstunden Strom pro Jahr produzieren könnten – das wären drei Viertel des Strombedarfs der EU. Insbesondere die Spanier haben sich inzwischen dessen besonnen: In Andalusien werden heute die größten Solarkraftwerke Europas gebaut. Sie sollen jeweils eine Leistung von 50 Megawatt erbringen – Andasol 1, 2 und 3.

Die relativ einfache, konventionelle Technik der Solarthermie hat bereits eine längere Tradition: Bereits im Jahr 1912 wurden im ägyptischen Meadi Parabolrinnen zur Dampferzeugung für eine 45 Kilowatt-Dampfmotorpumpe gebaut, eine Tatsache, die auch hierzulande Aufsehen erregte: 1916 bewilligte der Deutsche Reichstag 200 000 Reichsmark, mit deren Hilfe die Wirksamkeit von Parabolrinnen in Deutsch-Südwestafrika erprobt werden sollte. Hätte es die Geschichte nicht verhindert, dass diese Technik weiterverfolgt wurde – wer weiß, wie weit sie es bis heute schon gebracht hätte? Aber Deutschland verlor gleich bei Ausbruch des Ersten Weltkriegs seine Kolonie, und Erdöl schien zudem doch als die günstigere Variante der Energieerzeugung.

Eine Variante dieser Technik stellen die Solarturmkraftwerke dar: Wenn die Sonne scheint, bringen sich Hunderte bis Tausende von Spiegeln, sogenannte Heliostate, automatisch in die richtige Position, um das Licht auf einen zentralen Absorber oder auch Receiver zu reflektieren. Dieser ist auf der Spitze eines Turms positioniert, wo dann Temperaturen von bis zu mehreren tausend Grad Celsius entstehen. In der Brennkammer wird auf diese Weise entweder flüssiges Nitratsalz, Wasserdampf oder Heißluft erwärmt. Auch bei den Solarturmkraftwerken haben die Spanier die Nase vorn: Nahe Sevilla ging Ende März 2007 ein solches mit elf Megawatt ans Netz, das war der Startschuss für den Bau eines Solarparks mit den unterschiedlichsten Technologien, die insgesamt 302 Megawatt leisten sollen.

Das kräftigste Rauschen im Blätterwald verursacht zurzeit das Projekt Desertec, zu dem sich zwanzig europäische Konzerne, darunter die Münchner Rück und die Deutsche Bank, Siemens, RWE, E.ON und Schott Solar zusammengeschlossen haben. 400 Milliarden Euro will das Konsortium investieren, um riesige Parabolrinnen-Kraftwerke in der Sahara zu errichten. Über unterseeische Hochspannungs-Gleichstromleitungen soll der Strom nach Norden fließen und ein Fünftel des europäischen Bedarfs decken. Doch sowohl die Gigantomanie des Projekts wie seine zentralistische Struktur von Stromproduktion und -verteilung sind klare Signale: Hier will man das klassische Oligopolgeschäft der Stromkonzerne ins Solarzeitalter hinüberretten. Zudem herrschen in Ländern wie Marokko, Algerien, Libyen oder Ägypten autoritäre Regimes – und wir würden unsere bisherige Ölabhängigkeit bloß gegen Elektrizitätsabhängigkeit eintauschen. Keine Frage: Solarthermische Anlagen dieser Art, die – weit kleiner – in den USA oder Spanien teils seit Jahrzehnten sauberen Strom, liefern, funktionieren. In südlichen Regionen mögen sie zum lokalen Energiemix beitragen. Doch das energiewirtschaftliche Denken hinter Desertec ist von gestern.

SONNENENERGIE SAMMELN UND SOGLEICH NUTZEN: KOLLEKTOREN

Ähnlich wie diese solaren Elektrizitätswerke, nur viel schlichter, funktionieren Sonnenkollektoren: Sie wandeln die Strahlung direkt um, ohne sie zu konzentrieren, und erreichen dabei Wirkungsgrade zwischen 60 und 75 Prozent. Damit sind sie geeignet, Temperaturen bis zu 100 Grad Celsius zu erzeugen. In Verbindung mit Wärmepumpen können Kollektoranlagen auch zu solaren Kühlsystemen werden. Innerhalb eines Kollektors erwärmt die Sonne ein bestimmtes Bauteil, das Absorber genannt wird und meist aus dunkel beschichtetem Blech besteht. Der Absorber nimmt die Strahlung auf und erhitzt damit ein Übertragungsmedium wie etwa Heizwasser. Die Flüssigkeit transportiert die Wärme aus dem Kollektor dorthin, wo sie entweder sofort genutzt oder gespeichert wird. So kann fast das gesamte Strahlungsspektrum ausgeschöpft werden, zumal sich die modernen Systeme inzwischen auch der Sonne nachführen lassen.

Die einfachsten Kollektoren werden derzeit dazu verwendet, Schwimmbäder zu beheizen: Sie bestehen lediglich aus einer schwarzen Kunststoffabsorbermatte. Diese wird von einem gasförmigen oder flüssigen Stoff durchströmt, der Wärme besonders gut aufnimmt. Das Verblüffende an diesen Kollektorentypen ist: Sie funktionieren bereits, wenn ihre Temperatur auch nur minimal über derjenigen der Umgebung liegt. Andere Systeme – wie zum Beispiel Flachkollektoren – müssen gut gedämmt werden, damit die Wärme nicht verloren geht. Auch diese Technik schreitet voran: Bis zum Anfang der neunziger Jahre wurde mittels Sonnenkollektoren meist nur Verbrauchswasser erwärmt, inzwischen lassen sich ganze Räume damit heizen. In Niedrigenergiehäusern ist das sogar zu allen Jahreszeiten möglich, zum Beispiel über den Fußboden oder über die Wand.

DER ZÜNDENDE FUNKE: SOLARZELLEN

Solarzellen und Sonnenkollektoren, wo ist da der Unterschied, mag mancher denken. Sind Solarzellen nicht Teil eines Systems, das sich als Ganzes dann Sonnenkollektor nennt? Weit gefehlt! Während die Kollektoren einfach nur Wärme mithilfe eines Übertragungsmediums weitergeben, erzeugen die Solarzellen mit Hilfe der Sonne unmittelbar Strom. Unter allen möglichen Techniken, auf regenerativem Wege Elektrizität zu produzieren, spielt die Solarzelle deshalb die herausragende Rolle. Denn sie kann eben mehr, als nur Antriebsenergie für einen Generator zu erzeugen. Sie kann ohne Umweg Licht in elektrische Energie umwandeln.

Den faszinierenden photoelektrischen Effekt und den ihm verwandten sogenannten inneren photovoltaischen Effekt habe ich bereits eingangs erklärt. Übrigens: Der Begriff Photovoltaik setzt sich zusammen aus dem griechischen Wort für Licht – Phos – und dem Namen des Physikers Alessandro Volta, nach dem auch die Maßeinheit für die elektrische Spannung benannt ist. Damit die photovoltaischen Zellen ihren Zweck erfüllen können, bestehen sie aus verschiedenen Halbleitermaterialien. Das sind Stoffe, die elektrisch leitfähig werden, wenn ihnen Licht oder Wärme zugeführt wird. Herrschen hingegen niedrige Temperaturen, so wirken sie isolierend.

Mehr als 95 Prozent aller Solarzellen werden derzeit aus dem Halbleitermaterial Silizium (Si) hergestellt. Das hat einen einfachen Grund: Silizium ist das zweithäufigste Element der Erdrinde. Es ist zum Beispiel in Mineralien wie Quarz (Sand), Feldspat oder Turmalin enthalten und macht rund ein Drittel des Gewichtes der Erdoberfläche aus. Obendrein kann es umweltverträglich verarbeitet werden. Obwohl Silizium schon bei der Errichtung der ägyptischen Pyramiden eine wichtige Rolle spielte und endgültig im Jahr 1824 von dem schwedischen Chemiker Jöns Jacob Berzelius als chemisches Element entdeckt wurde, galt es lange Zeit als eher träge und unscheinbar.

Das hat sich radikal geändert, seit bekannt wurde, welche Bedeutung das Halbmetall für den Menschen hat: Es ist als Strukturelement für Haut und Knorpel in unserem Bindegewebe sowie unseren Knochen eingelagert, und wir müssen täglich fünf bis zehn Milligramm davon zu uns nehmen – durch pflanzliche Lebensmittel wie etwa Kartoffeln, Getreide oder Spinat und Obst. Siliziummangel kann zu Wachstumsstörungen oder chronischen Hautekzemen führen.

Doch die Karriere des Siliziums geht weit über seine Rolle für unsere Gesundheit hinaus. Man setzt es inzwischen in erstaunlich unterschiedlichen Produkten ein, vom Glas über

Shampoo oder Ohrstöpsel bis hin zu Mikrochips. In einer Broschüre des Bundesministeriums für Bildung und Forschung aus dem Jahr 2004 wird Silizium auch als »Treibstoff der Informationsgesellschaft« bezeichnet. Kleine Randbemerkung: Die Engländer sprechen von »Silicon«, was schon für manches Missverständnis bei der Übersetzung gesorgt hat.

Wir bei SolarWorld benötigen das Halbmetall für unsere Solarzellen als hochreinen, monokristallinen Zelltyp, um möglichst hohe Wirkungsgrade zu erzielen. Zur Erinnerung: Anhand des Wirkungsgrades erkennen wir, wie viel der eingestrahlten Lichtmenge in elektrische Energie umgewandelt wird.

Um monokristalline Zellen mit einem Wirkungsgrad von 18 Prozent zu erreichen, werden aus einer Siliziumschmelze einkristalline Stäbe gezogen, die man anschließend in nur etwa $\frac{1}{5}$ Millimeter dicke Scheiben – die sogenannten Wafer – sägt. Die homogene Struktur, die im Inneren der Kristalle herrscht, lässt sich schon an ihrer gleichförmigen Außenfärbung erkennen.

Poly- oder auch multikristalline Zellen sind weitaus günstiger herzustellen, sie haben aber geringere Wirkungsgrade von bis zu 16 Prozent. Auch hier gießt man flüssiges Silizium in Blöcke, die in schmale Scheiben gesägt werden. Allerdings bilden sich dabei in der Regel unterschiedlich große Kristallstrukturen, wenn das Material erstarrt. An den Kanten dieser Strukturen treten immer wieder Defekte auf, die für die geringere Effektivität verantwortlich sind.

Durch noch geringere Wirkungsgrade von circa 6 Prozent zeichnen sich die sogenannten amorphen oder Dünnschichtzellen aus: Sie bestehen aus Glas oder einem anderen Substratmaterial, auf das eine Siliziumschicht aufgetragen wird. Zwar entstehen bei diesem Verfahren weniger Produktionskosten, da weniger Material benötigt wird; die Schicht ist nämlich nicht einmal einen Mikrometer dick, also noch feiner als ein menschliches Haar. Aus dem Blickwinkel des Umweltschutzes stellen sich nicht alle Dünnschichtzellen als uneingeschränkt empfehlenswert dar, denn für ihre Herstellung werden teilweise giftige und gesundheitsschädliche Chemikalien verwendet. So enthält ein gängiges Solarmodul aus Cadmiumtellurid rund 22 Gramm des gefährlichen Schwermetalls Cadmium pro Quadratmeter Zellfläche – und obendrein 25 Gramm Tellur, das Blut, Leber, Herz und Nieren schädigen kann. Durch den Verdampfungsprozess, bei dem beide Substanzen auf das Trägermaterial aufgebracht werden, wird die Produktionsanlage mit den Schadstoffen verseucht. Man kann sich vorstellen, wie aufwändig es ist, diese Anlagen umweltgerecht zu reinigen oder die Module zu entsorgen, gegebenenfalls zu recyclen. Von Gefahren im Brandfall mit durch die Bildung von wasserlöslichem Cadmiumoxid ganz zu schweigen.

Unser Unternehmen wird allerdings auch in Zukunft ausschließlich auf monokristalline Solarzellen und auf ihre polykristallinen Geschwister setzen. Auf diesem Gebiet sind wir jetzt schon in der Lage, uns sozusagen von der Wiege bis zur Bahre selbst um unsere Produkte zu kümmern: Von der Gewinnung von Reinstsilizium und dem Schmelzen der Blöcke über die Herstellung hochwertiger Wafer und den Bau von Solarmodulen bis hin zur Montage kompletter, quasi *plug and play* verbauungsfähiger Module für Haus- oder Großanlagen und schließlich zur Wiederverwertung ausgedienter Zellen beherrschen und betreiben wir alle Stufen der photovoltaischen Wertschöpfungskette. Parallel dazu haben wir verlässliche Lieferanten, sodass dieser wichtige Rohstoff für unsere Zellen für die Zukunft gesichert bleibt. Daher können wir auch anderen Herstellern Siliziumwafer anbieten.

Ich habe es kurz erwähnt, möchte aber noch einmal darauf eingehen: Die Solarmodule sind das eigentliche Endprodukt, mit dem der Strom erzeugt und ins Netz eingespeist wird, durch das er schließlich zum Verbraucher gelangt. Dafür müssen einzelne Zellen miteinander zu größeren Einheiten verschaltet werden. Um ein Modul zu schaffen, werden die verschalteten Zellen in transparentes Ethylen-Vinyl-Acetat eingebettet und erhalten einen Rahmen aus Aluminium. Ihre Front decken wir mit Glas ab, um sie wetterfest zu machen. Dies geschieht entweder in Freiberg in Sachsen, in Korea oder im US-amerikanischen Hillsboro und Camarillo. Unser Vorteil ist es, sowohl in den USA und in Asien als auch in Deutschland hochwertige Module zu produzieren, die weltweit gängigen Normen entsprechen und in Tests immer wieder Spitzenplätze belegen.

DIE PHOTOVOLTAIK ERZEUGT MEHR ENERGIE, ALS SIE VERBRAUCHT

Nachdem ich nun so viel über die Herstellung von Solarzellen erzählt habe, könnte man vielleicht den Eindruck gewinnen, dass der Aufwand, der für die Entstehung einer Solaranlage getrieben werden muss, den Ertrag derselben bei Weitem übersteigt. Tatsächlich lautet so eines der Vorurteile gegenüber der Photovoltaik, das sich besonders hartnäckig hält. Selbst ökologisch denkende Ökonomen wie Nicholas Georgescu-Roegen, der als Vordenker gilt, gaben Ende der siebziger Jahre der Solartechnik als zukunftsweisendem Energielieferanten keine Chance. Die Annahme lautete: Es werde indirekt mehr fossile Energie verbraucht als sich jemals durch entsprechende Anlagen gewinnen ließe. Eine solche Argumentation entsprach vielleicht noch zu Zeiten der Ölkrise der Wirklichkeit, als Solarzellen lediglich für Satelliten im Weltraum verwendet wurden. Seinerzeit steckte die Anwendung auf der Erde noch in den Kinderschuhen, inzwischen hat sich indes eine Menge getan.

Doch schauen wir uns den Energieaufwand Schritt für Schritt an, der für die Produktion von Solarzellen erbracht werden muss. Zunächst einmal sind auf mehreren Stufen hohe Temperaturen notwendig, um aus dem Rohstoff Quarzsand, chemisch Siliziumdioxid, monokristallines Reinsilizium zu gewinnen. Dabei wird Quarzsand zunächst einmal bei 1800 bis 2000 Grad zu metallurgischem Silizium eingeschmolzen.

Um dieses als hochreines Halbleitermaterial nutzen zu können, ist in der Folge noch einmal eine Erhitzung notwendig. Denn nachdem das Rohsilizium zu dem leicht entzündlichen Zwischenprodukt Trichlorsilan verarbeitet wurde, wird daraus das pure Silizium gewonnen, indem Stäbe aus Reinstsilizium auf 1100 Grad gebracht werden. Erst wenn sie sich in diesem Zustand befinden, lagert sich das Silizium aus dem Trichlorsilan an den Stäben ab. Eine ebenmäßige, monokristalline Struktur hat das Material zu diesem Zeitpunkt allerdings noch nicht. Diese erreichen wir erst, indem wir den Stoff noch einmal einschmelzen – was bei einer Temperatur von 1412 Grad geschieht. Auch für die etwas einfachere Herstellung von multikristallinen Solarzellen ist Hitze notwendig. Denn hierfür müsse Blöcke gegossen werden, die wir danach weiterverarbeiten.

In beiden Fällen werden diese Blöcke oder Stäbe zu hauchdünnen, circa 200 Mikrometer starken Wafern gesägt. Der Vorgang des sogenannten Trennläppens erfolgt mit modernsten, hochpräzisen Banddrahtsägen, die gekühlt werden. Doch wo gehobelt wird, da fallen bekanntlich Späne: In diesem Fall übersteigt das Volumen der Späne fast dasjenige der gehobelten Bretter. Zu guter Letzt müssen wir auch die Wafer noch einmal in den Ofen schieben, zur sogenannten Dotation: Dort impfen wir sie bei 800 bis 900 Grad mit Fremdatomen. Ähnliche Temperaturen sind notwendig, um die Vorder- und Rückseitenkontakte einzubrennen. Es hat also den Anschein, als müssten wir dauernd Feuerstätten in Betrieb halten, um unsere Produktion voranzutreiben – eine Tatsache, die bei Skeptikern den Zweifel nährt, ob sich der Einsatz von Photovoltaik lohnt.

Inzwischen können wir aber auf Basis wissenschaftlicher Studien den Beweis dafür erbringen, dass sich diese Technologie auszahlt: Nachdem über lange Jahre ein Zahlenwirrwarr im Hinblick auf die Energiebilanz von Solaranlagen herrschte, hat die Technische Universität (TU) Berlin diese Bilanz in einer Studie Anfang 2007 neu berechnet. Die Forscher kommen zu dem Ergebnis, dass der Energieaufwand bei der Herstellung von Solarzellen zwar erheblich sei. Doch weil fertige Solaranlagen im Gegensatz zu konventionellen Kraftwerken ohne jeden weiteren Energieverbrauch Strom produzieren, ergibt sich schnell eine positive Gesamtbilanz. Laut dem Magazin *Technology Review* aus dem gleichen Jahr amortisiert sich eine komplette Solaranlage energetisch innerhalb eines Zeitraums von zweieinhalb bis viereinhalb Jahren.

Die CO_2-Bilanz einer Solaranlage erreicht sogar schon im Laufe ihres zweiten Betriebsjahres den grünen Bereich. Auf Basis der in *Technology Review* veröffentlichten Zahlen der TU Berlin lässt sich für 2006 folgende Vergleichsrechnung aufmachen: In diesem Jahr wurde in Deutschland eine Photovoltaikleistung von 750 Megawatt neu installiert. Um sie zu produzieren, war es notwendig, insgesamt 1,5 Millionen Tonnen Kohlendioxid in die Luft zu pusten. Richtet man sein Augenmerk jedoch darauf, dass im selben Jahr insgesamt zwei Milliarden Kilowattstunden Solarstrom in der Bundesrepublik erzeugt wurden, und bedenkt man, dass dies einer Kohlendioxideinsparung von 1,1 Millionen Tonnen gegenüber fossiler Energieerzeugung entspricht, dann relativiert sich die scheinbar so hohe Summe deutlich. Und hier vergleichen wir wohlgemerkt nur die Werte im *ersten Betriebsjahr* der neu installierten Leistung.

Doch die Studien haben noch etwas viel Wichtigeres für unsere Energiezukunft ergeben: Wenn wir einen langen Atem bei der Nutzung der Photovoltaik haben, verbessert sich deren Kohlendioxidbilanz mit der Zeit beträchtlich. Langzeittests an der TU Berlin ergaben, dass es selbst für Solarmodule der ersten Generation gute Chancen gibt, 30 Jahre zu überdauern. In dieser Zeit erzeugen sie zwischen sechs- und 14-mal so viel Energie, wie wir für ihre Produktion gebraucht haben. Hinzu kommt, dass wir bei SolarWorld inzwischen große Anstrengungen in das Recycling ausgedienter Solarmodule investieren. Ohne nennenswerte Qualitätsunterschiede gegenüber neuen

Produkten sparen wir beim Recycling geschätzte 60 Prozent des gesamten Energieaufwands ein, und dieses Recycling lässt sich acht mal wiederholen, d. h. mehr als 200 Jahre Sonnennutzung. So lässt sich die Energierücklaufzeit nochmals um mehr als die Hälfte verringern.

Ein normales fossiles Kraftwerk kann hier auf keinen Fall mithalten: Es muss nicht nur unter hohem Energieaufwand gebaut und irgendwann einmal wieder abgerissen werden. Fest steht darüber hinaus, dass es sich in der Zwischenzeit energetisch *niemals* amortisieren wird, denn ein solches Kraftwerk ist auf ständige neue Lieferungen von Kohle, Gas oder Öl angewiesen, die es energetisch nur zu rund einem Drittel in Strom verwandelt. Zwei Drittel sind Abwärme, Abgase, Asche oder andere Reststoffe. Die rechnerisch niedrigere Energieeffizienz der Photovoltaik, ich wiederhole das immer wieder gern, hat dagegen angesichts unbegrenzter Verfügbarkeit des »Rohstoffs« Sonnenlicht nur Rückwirkungen auf die für Solaranlagen erforderlichen Flächen.

WARUM PHOTOVOLTAIK KEIN UMWELTRISIKO DARSTELLT

Befinden sich die Solarmodule einmal in Betrieb, dann ist die Sache klar: Sie produzieren über Jahrzehnte Strom, ohne dass Abgase entstehen. Und am Schluss können die Zellen sogar komplett wiederverwertet werden, ohne dass gefährliche Abfälle übrig bleiben. Das hochreine Halbleitermetall Silizium, das wir als Grundlage unserer Zellen und Module benötigen, schmelzen wir zudem mithilfe von Strom aus Wasserkraft ein. So werden bereits für die Verarbeitung erneuerbare Energien eingesetzt. Das Silizium selbst ist und bleibt völlig ungiftig.

Solarfabriken stoßen Kohlendioxid, wie beschrieben, nur während des Herstellungsprozesses aus. Konventionelle Kraftwerke traktieren die Umwelt hingegen kontinuierlich mit ihren Abgasen. Und selbst wenn die Emissionen von Solarstromanlagen aufgrund steigender Produktion ihr Einsparpotenzial heute noch übersteigen, so wird sich dies ganz schnell – und vor allem dauerhaft – umkehren. Umso schneller und stärker, als Solaranlagen die Aufgaben der konventionellen Kraftwerke übernehmen können.

Weshalb die Gesundheit nicht unter Photovoltaik leiden muss

Giftig, sehr giftig, hochentzündlich, ätzend – so lauten die Einstufungen einiger Stoffe, die erforderlich sind, um Solarstromanlagen herzustellen. Einige zur Produktion von Dünnschichtzellen, andere, um die klassischen Solarzellen aus kristallinem Silizium zu fertigen. So verwenden wir beispielsweise Fluorwasserstoff, auch Flusssäure genannt, zum Reinigen und um die Sägeschäden an der Waferoberfläche abzuätzen. In die Siliziumkristallstruktur der Solarzellen müssen Fremdatome wie zum Beispiel Phosphor eingebracht werden, was mithilfe des giftigen Phosphortrichlorids geschieht. Um die Sonnenstrahlung so ausgiebig wie möglich nutzen zu können, wird die Solarzelle mit einer Schicht aus Siliziumnitrid bedeckt. Dadurch erhält sie ihre bläuliche Farbe, der im Siliziumnitrid enthaltene Wasserstoff bewirkt eine deutliche Leistungssteigerung der Zelle. Allerdings benötigen wir für diesen Effekt eine gewisse Menge Ammoniak.

Das hört sich alles ein wenig nach Hexenküche an, und mancher macht sich aus diesem Grund Sorgen um seine Gesundheit. Niemand würde jedoch mit Blick auf die Herstellung von Mikrochips für die Computerindustrie auf solche Gedanken kommen. Dabei sind dort im Prinzip die gleichen Stoffe notwendig wie zur Herstellung kristalliner Solarzellen. Das Einzige, was die Mikrochips nicht erhalten, sind die Kontakte aus Silberpaste, die per Siebdruck auf die Solarzellen aufgebracht werden müssen, damit sie für ihre Zwecke eingesetzt werden können. Ansonsten handelt es sich um im Wesentlichen identische Prozesse.

Aus diesem Grund ist nicht nur die Technologie ausgereift und über Jahrzehnte geübt – für die Sicherheitsstandards gilt das Gleiche: Alle Anlagen sind von einem Gehäuse umgeben, um die entstehenden Dämpfe abzusaugen. Auch für die Bundesanstalt für Arbeitsschutz und Arbeitsmedizin ist die Photovoltaikindustrie deshalb kein Thema. Dort weiß man, dass es allein schon unser Produkt erfordert, dass wir höchst sauber – zum Teil sogar unter Reinraumbedingungen wie in einem Labor – arbeiten. Deshalb werden die Grenzwerte auch in allen Bereichen weit unterschritten. Die fertigen kristallinen Solarzellen enthalten keine einzige der gefährlichen Substanzen mehr, die wir für ihre Fabrikation gebraucht haben.

Was die Entsorgung ausgedienter Solarmodule angeht, so bleibt dazu zu sagen, dass Hersteller von Elektroartikeln durch eine EU-Richtlinie verpflichtet sind, ihre Produkte kostenlos zurückzunehmen. Rein rechtlich gilt diese Richtlinie zwar für Photovoltaikkomponenten (noch) nicht, doch haben sich alle führenden Hersteller Ende 2008 gegenüber der EU bindend verpflichtet, ebenfalls eine Rücknahme- und Recyclinggarantie abzugeben – für die wir uns entsprechend teuer versichern müssen. Deshalb ist es also gar nicht notwendig, den Haus- oder Gewerbemüll und in der Folge vielleicht Menschen damit zu belasten.

Das Thema Gesundheit hat im Zusammenhang mit Photovoltaik unabhängig von problematischen Stoffen noch einen anderen Aspekt: Eine Solaranlage erzeugt nämlich wie alle anderen elektrischen Geräte und Leitungen auch ein elektrisches Feld. Wie also sieht es mit möglichen Risiken durch Elektrosmog aus? Die Antwort auf diese Frage ist zweigeteilt: Wird bei der Anlage ein Wechselrichter mit einem Trafo verwendet, dann sind bereits bei einem Abstand von zehn Zentimetern hinter den Modulen die von Baubiologen festgesetzten Richtwerte unterschritten. Beim Einsatz von trafolosen Wechselrichtern werden diese elektrischen und magnetischen Richtwerte mit einer Distanz von einem Meter unterschritten. Baubiologen empfehlen zudem Feldstärken, die um den Faktor 500 bis 1000 geringer sind als die Grenzwerte der Bundesimmissionsschutzverordnung. Insofern kann man ruhigen Gewissens von einer unbedenklichen Elektrosmog-Wirkung sprechen, zumal Solarstromanlagen zu einer Zeit, in der die Menschen besonders empfindlich auf Elektrosmog reagieren, gar nicht in Betrieb sind – nachts, wenn sie schlafen.

WARUM PHOTOVOLTAIK EINE ALTERNATIVE ZUM KRAFTWERK IST

Stetig schwankend, weit verstreut und nicht vorhersehbar – nein, ich rede hier nicht von Vorurteilen gegenüber nomadischen Lebensformen. Ich rede von den Merkmalen der täglichen Belastung unseres Stromnetzes, dem sogenannten Lastgang. Er wird bestimmt durch eine Vielzahl verschiedener Verbraucher – vom privaten Haushalt bis zum großen Industrieunternehmen. Ob und wann dort jemand eine Waschmaschine anwirft oder das Licht einschaltet, das ist nicht im Voraus berechenbar. Sicher bleibt, dass nachts am wenigsten Strom verbraucht wird. Und sicher ist auch, dass die Spitzenlast zur Mittagszeit einher geht mit der höchsten Sonneneinstrahlung. Betreiber und Befürworter der stets lieferbereiten konventionellen Kraftwerke gehen traditionell auf Nummer sicher und argumentieren gegenüber der Solarenergie: Sie könne keine Grundlast liefern – das heißt, es sei nicht möglich, die Anlagen regelmäßig am Morgen an- und am Abend wieder abzuschalten. Gerne wird auch eine Art Schreckensszenario entworfen: Sollte über die Grundlast hinaus mehr Strom benötigt werden, also eine Mittel- oder gar Spitzenlast entstehen, sei die Solarenergie erst recht ungeeignet, denn sie könne eben nicht plötzlich mehr liefern, nur weil der Strom knapp wird. Mit der

175

gleichen Begründung wird übrigens häufig die Windkraft abgelehnt. Wer sich den erneuerbaren Energien auf diese Weise entgegenstellt, übersieht gleich eine Reihe von Aspekten. Niemand hat behauptet, dass wir unseren Energiebedarf künftig ausschließlich über die Arbeit der Windräder oder allein durch die Kraft der Solarzellen decken können. Entscheidend wird ein regenerativer Mix sein, der auch von den meisten europäischen Industrienationen angestrebt wird. Um die richtige Energiemischung zu erreichen, müssen wir uns allerdings von »alten« Sicherheits- und Reserve-Denkschemata verabschieden, die noch viel zu fest in den Köpfen verankert sind.

Stattdessen gilt es, flexibler zu werden und die Vorteile der erneuerbaren Energien miteinander zu kombinieren. Denn in Kombination sind sie durchaus geeignet, auf die schwankende Grundlast, deren Kurve Berg- und Talfahrten antritt, wirksam zu reagieren. Wenn die Sonne einmal nicht scheint, dann weht der Wind. Dass beides nicht der Fall ist, kann nur nachts vorkommen. Denn Photovoltaikanlagen liefern selbst dann noch Strom, wenn der Himmel bedeckt ist. Und sollte einmal eine dicke Wolkendecke über Deutschland dafür sorgen, dass die Stromerzeugung auf diesem Weg unterbrochen wird, dann wird es nicht zugleich völlig windstill sein. Entstehen dennoch einmal Lücken im Stromangebot, lassen sie sich mit Biomasse-Kraftwerken oder durch Pumpspeicheranlagen ausgleichen.

Auch solar- und geothermische Kraftwerke können im Fall von Versorgungsengpässen durchaus einen wertvollen Beitrag leisten. Obwohl Biomasse häufig über den grünen Klee gelobt wird, weil sie im Dauerbetrieb Strom liefern kann, stellt sich bei ihr allerdings die Frage: Warum sollte man diese kostbare Ressource auch zu Zeiten einsetzen, in denen die Sonne Energie im Überfluss zur Verfügung stellt oder der Wind Gleiches tut?

Ein ausgeklügeltes Netzwerk aus vielen kleineren, dezentralen Stromerzeugern, das je nach Bedarf gesteuert wird, erscheint mir dabei als beste Lösung. Ein Beispiel, wie so etwas funktionieren kann, ist das Regenerative Kombikraftwerk, das SolarWorld in Kooperation mit Enercon und der Schmack Biogas AG virtuell betreibt (www.kombikraftwerke.de). Es verknüpft und steuert 36 über ganz Deutschland verstreute Anlagen. Windkraft und Solarenergie leisten je nach Verfügbarkeit von Wind und Sonne ihren Beitrag zur Stromerzeugung. Zum Ausgleich von Angebotsschwankungen werden zusätzlich Biogas und Wasserkraft eingesetzt: Diese werden je nach Bedarf in Strom umgewandelt oder vorübergehend gespeichert. Damit ist das Regenerative Kombikraftwerk ebenso zuverlässig und leistungsstark wie ein herkömmliches Großkraftwerk. Es beweist, dass einer Vollversorgung mit erneuerbaren Energien technisch nichts im Wege steht.

Ich bin mir auch sicher, dass sich die Verbraucher auf entsprechende Angebote der Stromerzeuger einlassen würden. Ähnlich wie bei den Telefontarifen wären günstigere Strompreise zu bestimmten Zeiten denkbar, frei nach dem Motto: Wenn Sie jetzt einschalten, sparen Sie. Die Menschen würden sich Speicherbatterien anschaffen, um die günstigere Energie für teurere Zeiten zu speichern.

Und warum sollten wir nicht elektrisch betriebene Geräte auf die veränderte Stromstruktur einstellen? Wie wäre es mit Kühl- oder Gefrierschränken, die einen Kältespeicher besitzen? Mit Geschirrspülern und Wärmepumpen, die sich erst dann einschalten, wenn sie mit ausreichendem Strom aus Solar- oder Windkraftanlagen versorgt werden?

Sollten tatsächlich einmal alle Stricke reißen und fossile Brennstoffe eingesetzt werden müssen, dann eignen sich Erdgas-(in Zukunft Biogas-)Kraftwerke am besten, um erneuerbare Energiequellen zu ergänzen. Denn sie lassen sich einerseits sehr schnell hochfahren – was notwendig ist, wenn kurzfristig Bedarf geschlossen werden muss. Andererseits muss für ihren Bau wenig investiert werden – eine Tatsache, die die höheren Kosten für den – dann – nur gelegentlich genutzten Brennstoff mehr als wettmacht.

Vor diesem Hintergrund ist es kaum zu glauben, dass laut einer Antwort der Bundesregierung auf eine kleine Anfrage vom Mai 2008 in Deutschland heute 17 neue Kohlekraftwerke im Bau oder in der Planung befindlich sind. Und das, obwohl EU und Bundesregierung beabsichtigen, den Anteil der erneuerbaren Energien bis zum Jahr 2020 auf 30 Prozent des Bedarfs zu erhöhen. Hinter neuen Kohlekraftwerken steckt folgendes Kalkül der Elektrizitätswirtschaft: Um sie wirtschaftlich betreiben zu können, brauchen sie eine möglichst hohe Zahl von Volllaststunden. Deswegen müssen ihre Betreiber immer gegen den Zubau erneuerbarer Energien sein. Denn diese stellen aus ihrer Sicht zu hohe Anforderungen an die Flexibilität der fossilen Kraftwerke. Vor allem aber sind sie eine aus Sicht der konventionellen Energiewirtschaft zu schnell wachsende Konkurrenz. Erneuerbare Energien dagegen brauchen gerade einen flexiblen Kraftwerkspark. Aus unserer Sicht verstopfen kaum regelbare Atommeiler und Kohlekraftwerke mit ihrer »Grundlast« das Stromnetz.

Das Deutsche Zentrum für Luft- und Raumfahrt hat zusammen mit dem Wuppertal-Institut für Klima, Umwelt und Energie in Sachen erneuerbare Energien schon einmal ins Jahr 2050 geblickt und errechnet, dass dann die Kosten für einen regenerativen Energiemix durchschnittlich rund sechs Cent pro Kilowattstunde betragen würden. Wie wird die Zukunft dieser Energielieferanten aussehen angesichts schwindender Rohstoffe, fest gesteckter Klimaschutzziele und externer Kosten der Stromproduktion, die man dem Preis der fossilen Energieerzeugnisse noch hinzurechnen muss? Man muss kein Prophet sein, um zu erkennen: nicht gerade rosig.

DIE LEUCHTENDE ZUKUNFT

Während also der klassische Energiebetrieb gewissermaßen von der Abendröte beschienen wird, geht für die Solarenergie die Sonne auf: Ein Szenario der Fachzeitschrift *Photon* zeigt, dass schon in wenigen Jahren eine Photovoltaik-Kapazität von 60 Gigawatt in Deutschland bereitgestellt werden kann – vorausgesetzt, dass zügig neue Anlagen aufgebaut werden können. Bei vollem Sonnenschein wäre es möglich, dass diese Systeme tatsächlich auch 60 Gigawatt ins Stromnetz einspeisen und die Grundlastkraftwerke unserer Republik zu einer deutlichen Produktionsminderung zwingen. Denn schließlich hat Strom aus erneuerbaren Quellen bislang Vorrang vor fossil erzeugter Elektrizität – ein Vorteil, den wir uns unbedingt erhalten müssen, da er die großen Versorger über kurz oder lang unter Druck setzen wird.

Der Fortschritt der Technik wird den erneuerbaren Energien Rückenwind geben, denn die Entwicklungschancen – speziell bei der Photovoltaik – sind noch lange nicht ausgereizt: Wir werden künftig in der Lage sein, die Sonnenenergie noch intelligenter und effizienter als Energielieferanten zu nutzen, das Potenzial ist enorm. Doch nicht nur stetige Forschungsergebnisse werden der Solarenergie neue Möglichkeiten eröffnen, sondern auch die Interessen der Hausbesitzer und Bauherren. Diese müssen bereits seit dem Jahr 2008 mit einem Energiepass nachweisen, wie viel Energie ihr Haus verbraucht – und werden sich aus Kostengründen immer öfter dafür interessieren, wie viel sie mithilfe von Solararchitektur, dezentraler Solarthermie und vor allem durch Photovoltaik sparen können. Man stelle sich vor, die Fläche aller geeigneten Dächer wäre mit Solarzellen bedeckt! Der komplette Stromverbrauch der privaten Haushalte könnte so mit Leichtigkeit gedeckt werden.

Das Thema Energiesparen gewinnt schon heute immer mehr an Bedeutung. Energieberater können das bestätigen: Wer beispielsweise Altbauten aus den sechziger Jahren gut dämmt, anstatt zum Beispiel durch schlecht isolierte Fenster die Umgebung gleich mitzuheizen, der kann seinen Energieverbrauch um 30 Prozent reduzieren. Hinzu kommen all die Sparmöglichkeiten durch Austausch von Stromvernichtern wie alten Kühlschränken oder Waschmaschinen.

Mit anderen Worten: Wenn wir die vielen Chancen beim Energiesparen mit dem Potenzial der erneuerbaren Energien verbinden, können wir einer sorglosen Energiezukunft entgegensehen – in der wir auch dann nicht im Dunkeln frieren müssen, wenn im letzten Kohlekraftwerk die Kohle, aber nicht das Licht ausgeht.

Das Wachstum der solaren Welt

Wir Deutschen sind oft große Bedenkenträger. Wo sind die großen Unternehmer, die den Weltmarkt erobern? Wo ist der Schwung der Wirtschaftswunderzeiten geblieben? Das Telefax war ursprünglich eine deutsche Erfindung, produziert wurde es dann in Asien. Auch die MP3-Technologie ist in Deutschland erdacht worden. Bereits 1995 wurde sie bei uns vorgestellt, aber erst der iPod von Apple sorgte 2001 für den Welterfolg. Wir sind technologisch ganz vorn dabei, aber in der Vermarktung unserer Erfindungen verlässt uns oft der Mut. Diesen Fehler dürfen wir bei der Solarenergie nicht wiederholen.

In anderen Bereichen der deutschen Wirtschaft ist man zu lange auf den ausgetretenen Trampelpfaden des Erfolgs gewandelt. Warum auch sollte man Neues versuchen? Deutschland ist unbestritten ein Autoland. Deutsche Marken wie Mercedes, BMW, Audi, Porsche, aber auch Volkswagen und Opel sind weltweit gefragt. Findige Ingenieure haben die Autos »made in Germany« immer sicherer gemacht, die Motoren wurden immer leistungsstärker. Auch ich fahre gerne einen schnellen Wagen, einen Maserati aus Modena. Ich erfülle mir damit einen Kindheitstraum. Etwas anderes ist es, ob solche starken und schnellen Vehikel zukunftsfähig sind. In Deutschland wurde die Entwicklung über Jahre verschlafen. In der Krise sind jetzt kleinere Autos gefragt, die Klimakatastrophe zwingt zum Handeln: Nicht die Stärke des Motors, sondern der CO_2-Ausstoß ist plötzlich ausschlaggebend. Die Deutschen stehen nicht allein dumm da, die US-amerikanischen Konzerne sehen noch viel schlechter aus. Ihre energiehungrigen Maschinen wurden zu Ladenhütern. Der Rest ist bekannt.

Nur immer leistungsfähigere, bessere, größere und schnellere Autos für den Stau zu bauen ist eine riskante Maxime. Nicht nur für die Umwelt, sondern auch für die Unternehmen selbst. Wenn auf den Straßen der Weltwirtschaft ein Stau entsteht, ist die Karambolage da. Wir erleben es gerade. Für Deutschland geht es um viel: um Arbeitsplätze, um Wertschöpfung, um Zukunft. Die Politik steckt wie immer im Dilemma: Einerseits soll sie Arbeitsplätze retten. Bei Opel oder Arcandor geht es um die Zukunft von Zehntausenden von Arbeitnehmern, die auch Wähler sind. Andererseits soll sie Rahmenbedingungen schaffen, unter denen das Land besser und schneller zukunftsfähig wird. Das erklärt so manchen Hakenschlag in der Wirtschafts- oder der Forschungspolitik.

Aber jetzt fange ich auch schon zu lamentieren an. Typisch deutsch. Dabei sehe ich die wirtschaftliche Zukunft für Deutschland positiv – wenn wir auf neue Technologien setzen und unsere finanziellen Ressourcen nicht in sinnlosen Kraftakten gegen die Folgen des notwendigen Strukturwandels verschleudern. Es gibt diese klaren Signale in der Politik, doch im Mainstream der Alltagsnachrichten gehen sie vielfach unter.

SIGNALE FÜR DIE GRÜNE WENDE

Wer etwa kennt schon den Umwelttechnologie-Atlas »Green Tech Made in Germany«? Dort werden sechs Leitmärkte der Zukunft aufgelistet: umweltfreundliche Energieerzeugung, Energieeffizienz, Rohstoff- und Materialeffizienz, Kreislaufwirtschaft, nachhaltige Wasserwirtschaft und nachhaltige Mobilität. Auch wenn das sehr bürokratisch klingt, handelt es sich dabei doch nicht um ökologische Nischen. Im Auftrag des Bundesumweltministeriums befragte Roland Berger Consultants rund 1300 Unternehmen der Umwelttechnik und 200

Forschungseinrichtungen in Deutschland. Und siehe da: Trotz weltweit schrumpfender Konjunktur wächst der Markt für Umwelttechnologien. Weltweit soll bis 2020 der Umsatz auf 3,2 Billionen Euro steigen. Deutschland könnte da mit effizienteren Solarzellen und Hightech-Batterien, die Energien aus erneuerbaren Quellen speichern, punkten. Wenn ich solche Zahlen lese, erfüllt es mich durchaus mit Stolz, mit unserem Unternehmen auf der Sonnenseite zu stehen. In Deutschland wird nach Berechnungen des Umweltministeriums der Anteil grüner Technologien am Bruttosozialprodukt von acht Prozent im Jahre 2007 bis 2020 auf 14 Prozent wachsen. Das nenne ich meine Agenda 2020. Für die Politik ist dabei wohl noch wichtiger, dass in ökologischen Branchen immer mehr Arbeitsplätze entstehen. »Ökologische Industriepolitik kommt dem Wirtschaftstandort Deutschland zugute und schafft Arbeit«, hat Bundesumweltminister Sigmar Gabriel erkannt.

Früher galt der grüne Weg immer als der teurere und weniger wirkungsvolle. Die aktuelle Wirtschaftskrise und natürlich noch mehr die Diskussion der Klimafrage kommen der grünen Industrie entgegen. Das hat auch die Politik, zumindest ein Teil von ihr, erkannt. Plötzlich landen Pressemitteilungen mit ganz neuen Inhalten auf den Bildschirmen der Medienvertreter. Der Klimawandel bestimmte auch das Treffen der Umweltminister der G8-Staaten im April 2009 im italienischen Syrakus. Im Mittelpunkt standen die notwendige Entwicklung hin zu einer kohlenstoffarmen Gesellschaft, der Abschluss eines Klimaabkommens für die Zeit nach 2012 in Kopenhagen, der Erhalt der biologischen Vielfalt sowie Auswirkungen von Umwelteinflüssen auf die Gesundheit von Kindern. Matthias Machnig, Staatssekretär im Bundesumweltministerium und Leiter der deutschen Delegation in Syrakus, hielt als Ergebnis fest: »Im Umweltschutz gibt es ein immenses Potenzial für Wirtschaftswachstum und eine kohlenstoffarme – und damit umweltfreundlichere – Zukunft. Grüne Investitionen sind eine zentrale Antwort auf die Wirtschafts- und Klimakrise.« Dem kann ich nur zustimmen. Im Übrigen hoffe ich, dass die Politik fähig ist, für das Kyoto-Protokoll in Kopenhagen ein starkes Nachfolgeabkommen zu verabschieden. Die Zeichen stehen nicht schlecht, vor allem, weil auch die Regierung der USA in der Klimafrage einen Richtungswechsel vollzogen hat. Die hoffnungsvollen Nachrichten kommen nicht nur aus dem Umweltressort. Auch im Bundesministerium für Wirtschaft und Technologie fördert man Hightech-Strategien, bei denen es technologieübergreifend um Lösungen für die globalen Herausforderungen der Zukunft wie Klima- und Ressourcenschutz, Gesundheit, Mobilität und Sicherheit geht. Gut, mein Thema steht da neben anderen, aber es ist ganz oben auf der Agenda angelangt. Auch wenn das anderen als ungeduldig erscheint, mir genügt das nicht, vor allem, wenn falsche Schlüsse gezogen werden. Wenn zum Beispiel das Programm Cooretec bei der CO_2-Reduktion Forschung und Entwicklung von Technologien fördert, die auf emissionsärmere, aber fossil befeuerte Kraftwerke ausgerichtet sind, halte ich das für den falschen Weg. Damit schaffen wir keine Zukunft, sondern subventionieren nur die überholten Kohlekraftwerke.

Die gegenwärtige Wirtschaftskrise ist ein Dreh- und Angelpunkt, an dem politische und finanzielle Fehlentscheidungen in jedem Wortsinn sehr teuer kommen können. Weltweit nehmen viele Regierungen riesige Summen in die Hand, Milliarden von Dollar oder Euro, um die Konjunktur zu stützen. Die Milliarde scheint heute sowieso die kleinste gebräuchliche Zahlungseinheit zu sein. Warum kann man diese Gelegenheit nicht nutzen und die Konjunkturprogramme ökologisch und nachhaltig ausrichten? Damit meine ich nicht die Energiesparmaßnahmen bei Schulen aus dem Konjunkturprogramm II der Bundesregierung, wie sie jetzt die Kommunen umsetzen. Ottmar Edenhofer, stellvertretender Direktor des Potsdam-Instituts für Klimafolgenforschung und Berater von Bundesaußenminister Frank-Walter Steinmeier, hat zusammen mit seinem britischen Kollegen Nicolaus Stern dem G20-Treffen in London vorgeschlagen, jeden fünften Euro der Konjunkturpakete in grüne Technologien zu stecken. In der Abschlusserklärung ist davon leider nichts mehr zu finden. Das Weltklima hat nicht so eine starke Lobby wie die heimische Industrie. Da sollten wir uns als Bürger mehr einmischen und nicht alles der Politik überlassen.

Dabei hat auch die Industrielobby durchaus erkannt, dass man mit grünen Forderungen Geld verdienen kann. Heiko Stiepelmann vom Hauptverband der Deutschen Bauindustrie glaubt, dass die Herausforderungen des Klimawandels für Bauwirtschaft und Baustoffindustrie in den nächsten Jahren große zusätzliche Marktchancen mit einem erheblichen Potenzial für Wachstum und Beschäftigung bieten. Das habe eine aktuelle Studie ergeben. Und so erklärt Helmut Echterhoff, Vizepräsident dieses Verbandes, der Klimaschutz werde als bauliche Zukunftsaufgabe alle Bausparten erfassen. Energieeffizienz kann sich zum wahren Jobmotor der deutschen Bauwirtschaft entwickeln. Die Experten sprechen von mehr als 220 000 Arbeitsplätzen, die gesichert oder neu geschaffen werden. Und da geht es lediglich um die Sanierung bestehender Wohnungen.

Allerdings ist Vorsicht geboten. In der Krise ist sich jeder selbst der Nächste. Viele schauen nur auf den eigenen Vorteil und verkaufen des Kaisers neue Kleider, ohne wirkliche Zukunftsstrategien bieten zu können. »Die Krise als Chance nutzen« ist zurzeit ein beliebtes Kongressthema, man kann sich sogar entsprechend coachen lassen. Doch die veränderten Bedürfnisse der Kunden als alleiniges Motiv sind mir zu wenig, um zukunftsfähige Strategien für die Wirtschaft und die Gesellschaft zu entwickeln. Ein neues Denken bedeutet nicht nur, seine altgedienten Geschäftsmodelle auf den Kopf zu stellen.

2009 ist das Jahr der Wissenschaft. Im Berliner Hauptbahnhof starteten Bundeskanzlerin Angela Merkel, Bundesforschungsministerin Annette Schavan und der Präsident der Max-Planck-Gesellschaft, Peter Gruss, den Ausstellungszug »Expedition Zukunft«. Sechzig Jahre nach Gründung der Bundesrepublik und zwanzig Jahre nach dem Mauerfall feiert sich

Deutschland mit dem Wissenschaftsjahr, das besonders in die Öffentlichkeit hineinwirken soll. Wenn solche PR-Maßnahmen jedoch nicht gut organisiert sind, bleiben die Effekte bescheiden. Die Politik nimmt dabei zu oft zu viel Rücksicht auf die konventionellen Unternehmen. Mit Blick auf die Finanzmarkt- und Wirtschaftskrise verwies SPD-Generalsekretär Hubertus Heil darauf, dass Deutschland Industrien für die Leitmärkte der Zukunft brauche. Und damit meinte er die Automobilbranche, den Maschinenbau, Gesundheitstechnologien sowie die Energiewirtschaft. Die Stärkung dieser Industrien sichere in Deutschland Arbeitsplätze und Wohlstand.

Dabei sind wir doch eigentlich schon wesentlich weiter. Im November 2008 beschloss das Kabinett den Masterplan Umwelttechnologien. Damit will die Bundesregierung Leitmärkte für diese Technologien erschließen. Dieser Masterplan geht auf Bundesforschungsministerin Annette Schavan und Bundesumweltminister Sigmar Gabriel zurück. Gemeinsames Ziel ist, ihr großes ökonomisches Potenzial gezielt für die deutsche Wirtschaft zu erschließen und die Umwelt- und Innovationspolitik stärker zu verzahnen. Jetzt, wo Umwelttechnologie wirtschaftlich bedeutend wird, ist sie hochwillkommen. Deutschen Unternehmen im Umweltschutz wird von Berlin eine Spitzenposition bescheinigt. Was richtig ist, denn 2006 exportierten sie Produkte für den Umweltschutz im Wert von 56 Milliarden Euro, ein Welthandelsanteil von 16 Prozent.

»Umwelttechnologien sind ein hervorragendes Beispiel dafür, wie wir durch Innovationen einen nachhaltigen Beitrag zur Stabilisierung der Konjunktur leisten können«, so Annette Schavan. Dazu passt es allerdings nicht, wenn für die Autoindustrie noch einmal die Schonzeit bei der Reduktion der Abgaswerte verlängert wird, so wie auf einem EU-Gipfel Anfang 2009 geschehen. Mit solchen Beschlüssen wird der Innovationsdruck unnötig verringert. Auch in den Konjunkturprogrammen offenbart sich zu viel vom alten Geist, dem zufolge sich Investitionen hauptsächlich in Beton bemessen.

DEUTSCHLAND MACHT MÄCHTIG WIND

In Teilbereichen aber haben wir schon viel erreicht. Um nicht immer nur aus der Bibel der Solarenergie zu predigen, nehme ich als Beispiel hier einmal die Windenergie. Deutschland verfügt in diesem Bereich über eine weltweit führende Industrie, die direkt und indirekt 100 000 Arbeitsplätze geschaffen hat – vom kleinen Ingenieurbüro bis zum Anlagenbauer mit mehreren Tausend Beschäftigten. Windkraft ist einer unserer Exportschlager.

Deutschland war lange mit den meisten Turbinen und einer Gesamtkapazität von aktuell rund 24 000 Megawatt auch Windkraftweltmeister. Doch andere Länder haben aufgeholt. Spanien und die USA stellen inzwischen mehr Windräder im Jahr auf als wir. Ende 2008 haben die USA Deutschland als führende Windnation überholt. US-Präsident Barack Obama will die Versorgung mit erneuerbaren Energien in drei Jahren sogar noch verdoppeln. Im Jahr 2008 wurden in den USA über 8300 Megawatt, in China 6300 Megawatt Leistung neu installiert. Das war weltweit Spitze.

Bei uns dagegen sinken derzeit die Wachstumsraten. Und so blicken die Hersteller verstärkt auf die wachsenden Auslandsmärkte in Spanien, Portugal, den USA, Indien und China. Die deutschen Hersteller und Zulieferer von Windenergieanlagen beherrschen etwa ein Drittel des Weltmarktes. Rund 70 Prozent der deutschen Anlagen werden exportiert. An den rund 22 Milliarden Euro, die 2007 weltweit in Windenergieanlagen investiert wurden, erreichten die deutschen Hersteller und Zulieferer einen Anteil von 36 Prozent.

Die langfristigen Prognosen sind glänzend. Bis 2020 wird ein jährlicher Zuwachs von 100 000 bis 150 000 Megawatt weltweit durch Windenergieanlagen erzielt werden, das entspricht Investitionen von 100 bis 150 Milliarden Euro. Rund 15 Prozent des Weltstromverbrauchs könnte dann durch Windenergie gedeckt werden. Der Bundesverband Windenergie frohlockt daher nicht ohne Grund: Die politischen Rahmenbedingungen auf dem Weltmarkt stimulieren weitere Zuwächse. Der zunehmende Energiehunger von expandierenden Volkswirtschaften wie China und Indien bezieht erneuerbare Energie längst ein. China hat Ende 2005 ein Gesetz verabschiedet, das erneuerbare Energien fördert. Alle Staaten, die die Ziele des Kyoto-Protokolls erreichen wollen, setzen auf nachhaltige Alternativen zur fossilen Wirtschaft.

Das beflügelt auch die deutsche Industrie, die nicht nur Windkraftanlagen selbst liefert. Generatoren, Wälzlager, Getriebe, Kupplungen, Fundamente oder Stahltürme aus Deutschland stecken auch in den Windrädern von General Electric aus den USA, der spanischen Gamesa oder des Weltmarktführers Vestas aus Dänemark. Vestas produziert Bauteile auch an deutschen Standorten wie Husum, Lübeck, Magdeburg und Lauchhammer in Brandenburg. Und auch General Electric unterhält eine Produktionsstätte im niedersächsischen Salzbergen.

Damit das nun nicht in eine wirtschaftspolitische Jubelveranstaltung ausartet, schütte ich auch ein wenig Wasser in den Wein: Viele Akteure in diesem Markt sind kleine und mittlere Unternehmen, die mit wenig Eigenkapital ausgestattet sind und für die Auslandsinvestitionen ein großes Risiko bedeuten. Ohne langfristige Verträge über Stromabnahme und ohne spezielle Kreditprogramme werden die Kleinen nicht mithalten können. Und auch die Großen spüren die Finanzmarkt- und Wirtschaftskrise. Nach vier Boomjahren fallen die Zuwachsraten, auch wenn sie im Vergleich zu anderen Industrien noch relativ hoch sind. Deshalb bleibt die Förderung auch der Windenergie weiterhin wichtig. Und das vor allem deshalb, damit kleinere private Anbieter auch weiterhin auf den Markt drängen können. Dagegen folgen Pläne für große Offshore-Anlagen, etwa im Wattenmeer vor der friesischen Küste, nur wieder der Logik der großen Energie-Oligopolisten. Der so erzeugte Strom ist gegenüber Onshore-Wind zu teuer – und er muss weiträumig über die Hochspannungsnetze verteilt werden.

Damit läge das Geschäft mal wieder in den Händen der Großkonzerne statt privater Anbieter.

Das Erneuerbare-Energien-Gesetz (EEG) und das Gesetz zur Beschleunigung der Planung von Infrastrukturvorhaben von 2006 haben auch in Deutschland gute Rahmenbedingungen für den Ausbau der Windenergieanlagen vor der Landesküste geschaffen. Das EEG hat die Anfangsvergütung für Anlagen an Land im Januar 2009 auf 9,2 Cent pro Kilowattstunde angehoben, für Windparks auf offener See auf 15 Cent. Damit ist die Windkraft in Deutschland wirtschaftlich konkurrenzfähig. Das Bundesumweltministerium gibt für 2030 das ehrgeizige Ziel vor, 20 000 bis 25 000 Megawatt Windleistung zu erreichen. Das heißt, rund 15 Prozent des deutschen Strombedarfs würde durch den Wind an Nord- und Ostsee gedeckt. An den hiesigen Milliarden-Investitionen beteiligen sich auch ausländische Investoren, darunter arabische Staatsfonds. Deutschland hält seine Vorrangstellung in Europa. Auch im Inland werden die bestehenden Anlagen erneuert und ersetzt. »Repowering« beschert mehr Windenergieleistung. Bei einer Halbierung der Anlagen und gleichzeitiger Verdoppelung der Turbinenleistung könnte sich der Ertrag verdreifachen. Das ist eine Rechnung, die aufgeht.

Stahlindustrie, Chemiebetriebe und Schiffbauer haben an Nord- und Ostseeküste neue Aufgabenfelder gefunden und sogenannte Windcluster, Verbünde von Herstellern, Zulieferern und Forschungseinrichtungen, gebildet. Weltweit trifft man dort auf das dichteste Netz für Windenergiekompetenz. Die wichtigste Messe »Husum Wind Energy« zieht mittlerweile alle zwei Jahre zehntausende Fachbesucher in die Provinz an der Küste. Diese Entwicklung in der Windenergie trägt mittlerweile spürbar zur größeren Unabhängigkeit von Energieimporten und zum Ausgleich von Strompreissteigerungen bei.

DIE NACHHALTIGE ZUKUNFT HAT LÄNGST BEGONNEN

Nach den Prognosen der Regierung wie der Fachleute werden die Kosten für Strom aus erneuerbaren Energien deutlich sinken, während die Preise für konventionell erzeugten Strom weiterhin steigen. Daher ist es prinzipiell völlig vernünftig, dass die Vergütungen für den ins Netz eingespeisten Ökostrom in den nächsten Jahren schrittweise gesenkt werden. Auf Dauer müssen sich die erneuerbaren Energien dem Wettbewerb stellen. Nur dann werden auch die schon heute überholten Polemiken endgültig verstummen, die Subventionen nach dem EEG seien ein Strompreistreiber – tatsächlich beträgt der Anteil der EEG-Abgabe am Preis pro Kilowattstunde aktuell nur 0,4 Cent, also weniger als 2 Prozent.

Umweltminister Sigmar Gabriel rechnet bis 2020 mit Investitionen in die Stromerzeugung aus Wasser, Wind, Photovoltaik, Geothermie und Biomasse in Höhe von 75 Milliarden Euro – und damit mit deutlichen wirtschafts- und beschäftigungspolitischen Impulsen für die Wirtschaft in Deutschland. Erneuerbare Energien werden absehbar zum Massenmarkt.

Heute gibt es bereits über 230 lokale und regionale Solarinitiativen, die sich zum Ziel gesetzt haben, den eigenen Energiebedarf ausschließlich aus regenerativen Quellen zu decken. Dazu gehört das Dorf Güssing im Burgenland. 1990 erschien der Güssinger Sonderweg wie der Widerstand des Gallierdorfs von Asterix und Obelix gegen die Römer. Das Dorf im Grenzgebiet zu Ungarn liegt in einer der ärmsten Gegenden Österreichs. Hohe Arbeitslosigkeit und starke Abwanderung schienen unumkehrbar. So entschloss sich der Gemeinderat auch aus Geldnot, die jährlichen Ausgaben für Strom, Öl und Gas in Höhe von 1,3 Millionen Euro zu vermeiden. Der hundertprozentige Ausstieg aus fossilen Energien wurde mit einem Energiemix aus Solarthermie, Fernwärme aus Holzbefeuerung und einem Biomasse-Wärmekraftwerk bewältigt. Güssing war ein früher Beweis, dass Kommunen ihren Energiebedarf zu 100 Prozent aus erneuerbaren Quellen decken können. In Güssing wurde nicht nur gespart, es entstand auch eine neue Wertschöpfung. So siedelten sich 50 neue Betriebe an, rund 1000 neue Arbeitsplätze entstanden.

Auch mehrere deutsche Bioenergiedörfer wie das niedersächsische Jühnde oder Mauenheim in Baden-Württemberg haben auf heimische Biomasse gesetzt. Die Schwarzwaldgemeinde Freiamt ging jedoch einen anderen Weg. Je eine Windenergie-, Solarstrom-, Wasserkraft- und Biogasanlage wurde dort gebaut und über Beteiligungsmodelle in das Eigentum der Bürger der Region übertragen. Da die Energieanlagen 13 Millionen kWh erzeugen, die Gemeinde aber nur rund 10 Millionen verbraucht, wird der Ökostrom sogar noch exportiert.

Im Modell wurden solche Konzepte für ein ganzes Bundesland berechnet. Für einen Workshop der Zukunftsinitiative Rheinland-Pfalz entwickelte die Juwi AG in Wörrstadt ein Energiekonzept, nach dem das Land seinen Energiebedarf bis zu 100 Prozent mit einem Mix aus erneuerbaren Quellen decken könnte. Windkraft nimmt dabei mit über 40 Prozent eine zentrale Rolle ein. Solarenergie, Geothermie und Biomasse folgen mit jeweils 18 Prozent. Die Planer sahen 100 Windparks mit je fünf Windrädern vor, das bedeutet einen Flächenbedarf von 3000 Hektar oder 0,2 Prozent der land- und forstwirtschaftlichen Fläche. Für vier Terawattstunden Solarstrom wurden 1400 Hektar Fläche gerechnet, vorwiegend auf den Dächern von Gewerbe- und Industriebauten, aber auch auf Freiflächen. Die Modellrechnung sieht Investitionen von rund 15 Milliarden Euro vor, eine jährliche Rendite von zwei Milliarden. Außerdem könnten rund 50 000 neue Arbeitsplätze entstehen. Tatsächlich werden in Rheinland-Pfalz heute etwas über 30 Prozent des Stroms aus erneuerbaren Energien erzeugt. Es gibt sie also, die Denkmodelle, die Lösungsvorschläge und die genau berechneten Planspiele. Man müsste sie nur aus den Schubladen hervorholen, in denen sie noch viel zu oft versteckt werden.

Immerhin ist überall ein Umdenken zu spüren. Die Wirtschaftskrise tut ein Übriges, die Suche nach neuen Lösungen und Auswegen voranzutreiben. Schließlich verändert sich auch die Hochschullandschaft. Nach einer Untersuchung des Wissenschaftsladens Bonn ist die Zahl der Studiengänge, die auf eine Tätigkeit im Bereich erneuerbare Energie vorbereiten, in den Jahren 2007 und 2008 von 144 auf 251 gewachsen. Vielen Studienanfängern dürfte aber noch gar nicht in vollem Umfang bewusst sein, wie breit die Palette auch ganz klassischer Berufe ist, die bei den Erneuerbaren gefragt ist. Um zum Beispiel einen Windpark vor der Küste zu planen und zu errichten, braucht man Geografen, Biologen, Ingenieure und Betriebswirtschaftler. Die Hersteller und Zulieferer der Windräder benötigen Ingenieure und Fachkräfte für Mechanik, Elektronik oder Kunststoffverarbeitung. Bei Bau und Wartung von Erdwärmeanlagen sind Bauingenieure, Architekten, Elektrotechniker und Maschinenbauer gefragt.

SOLARENERGIE: BILDUNG, JOBS UND WACHSTUM FÜRS KLIMA

Dabei sehe ich die Zukunft für Beschäftigung und Wertschöpfung in der Solarenergie. Schon im Jahr 2004 gab es im Bereich der erneuerbaren Energien deutlich mehr Arbeitsplätze als bei Steinkohle, Braunkohle und Atomenergie zusammen. Heute stehen die erneuerbaren Energien mit 280 000 Arbeitsplätzen an der Spitze, während der Steinkohlebergbau mit 44 000, die Braunkohle mit 22 000 und die Atombranche mit 38 000 Beschäftigten weit weniger aufzubieten haben. Die vier großen Energiekonzerne E.ON, RWE, Vattenfall und EnBW haben in Deutschland zusammengenommen 123 000 Mitarbeiter. Allein in der Solarbranche – Photovoltaik und Solarthermie – sind gegenwärtig insgesamt 74 000 Menschen in 15 000 Unternehmen beschäftigt, davon über 200 Hersteller von Solartechnik. In den nächsten zehn Jahren wird diese Zahl auf 200 000 Beschäftigte steigen, hat der Bundesverband Solarwirtschaft errechnet.

Für junge Menschen eröffnen sich hier höchst aussichtsreiche Berufsperspektiven, und auch erfahrenen Handwerkern und Ingenieuren bietet diese technologische Entwicklung sonnige Aussichten. Ohne Zweifel werden im Bereich der fossilen Energien langfristig Arbeitsplätze verloren gehen. Aber die dynamische Entwicklung bei den erneuerbaren Energien wird im Vergleich dazu deutlich höhere Wachstums- und Beschäftigungsimpulse setzen. Die genannten Zahlen aus der aktuellen Beschäftigungsstudie des Bundesumweltministeriums belegen dies eindeutig.

Der weltweite Umsatz allein mit Photovoltaik-Technologie wird 2020 rund 60 Milliarden Euro betragen, eine Verachtfachung gegenüber 2005. Deutsche Unternehmen werden davon ein gutes Fünftel umsetzen, nämlich 12,3 Milliarden Euro. Das geht aus der aktuellen Ausbauprognose »Stromversorgung 2020« hervor, die der Bundesverband Erneuerbare Energie e.V. und die Agentur für Erneuerbare Energien im April 2009 vorgelegt haben.

Der Anteil erneuerbarer Energien am Endenergieverbrauch in Deutschland, so die aktuellen, vom Umweltministerium herausgegebenen Daten der Arbeitsgruppe Erneuerbare-Energien-Statistik lag 2007 bei fast 10 Prozent, der am gesamten Primärenergieverbrauch immerhin schon bei 7 Prozent. Zum Bruttostromverbrauch trugen die erneuerbaren 14 Prozent, die Photovoltaik allein 3,1 Prozent bei. Der Beitrag erneuerbarer Energiequellen an der Wärmebereitstellung lag bei 7,5 Prozent. Dadurch wurden insgesamt 115 Millionen Tonnen CO_2 eingespart, allein durch die nach dem EEG vergütete Stromeinspeisung rund 57 Millionen Tonnen.

Bis 2030 könnte der Photovoltaik-Anteil an der Stromerzeugung auf 25 Prozent wachsen. Ein ähnliches Wachstum ist bei der Solarthermie zu erwarten. Ihr Anteil am Wärmeverbrauch in Deutschland, heute weniger als ein Prozent, könnte sich auf 30 Prozent vervielfachen. Solarenergie ist kein Außenseiterprojekt mehr, sie ist in der Mitte der Gesellschaft angekommen. Zuletzt im November 2008 hat *forsa* die Meinung der Bundesbürger zum Thema erneuerbare Energien abgefragt. Insgesamt 97 Prozent halten deren weiteren Ausbau für »wichtig« oder »sehr wichtig«, 81 Prozent deren verstärkte Nutzung. Noch stärker ist die Zustimmung in Baden-Württemberg und Bayern. Und drei Viertel der Befragten wünschen sich langfristig sogar eine vollständige Stromversorgung aus Sonne, Wind, Wasserkraft, Bioenergie und Erdwärme. Quer durch alle politischen Lager liegt die Zustimmung hier über 70 Prozent. Das zeigt: Nachhaltigkeit in der Energiepolitik ist für die Bürger im Grunde kein politisches Streitthema mehr.

Viele CDU-Ministerpräsidenten bekennen sich ganz deutlich gerade zur Solarenergie. Günther Oettinger, Ministerpräsident von Baden-Württemberg, spricht sogar bereits von Tradition: »Am Beginn des Solarbooms Mitte der neunziger Jahre stand der Bau von Solarfabriken im Südwesten.« Das Musterländle schätzt den Doppelnutzen aus Klimaschutz und Wirtschaftswachstum. Und für Thüringens Ministerpräsident Dieter Althaus zählt die Solartechnik »ohne Frage zu den Spitzentechnologien mit den besten Wachstumschancen«. Peter Müller, Ministerpräsident im Saarland, will den Strukturwandel in seinem Land weiter vorantreiben: »Wir sind Energieland und wollen es auch in Zukunft bleiben. Deshalb werden wir dafür sorgen, dass mit dem bestehenden Investitionsbedarf im Kraftwerksbereich auch heimische neue Energien eine Chance erhalten.« Um die Spitzenstellung des Saarlandes im Bereich erneuerbare Energien weiter auszubauen, fordert Müller Investitionssicherheit und diskriminierungsfreie Netzzugänge.

Ich kann als Bürger Asbeck nur ermuntern: Weiter so! Für die technologische Entwicklung und das weitere Wachstum der entsprechenden Investitionen müssen die Unternehmen sorgen. Doch unsere Chancen im weltweiten Wettbewerb um diesen gigantischen Zukunftsmarkt hängen wesentlich auch von der Politik in Berlin und Brüssel ab. Die Regierung hat es in der Hand, die Rahmenbedingungen günstig zu gestalten, damit diese großartigen Potenziale mobilisiert werden können. Abbau bürokratischer Hemmnisse, verlässliche Perspektiven für die Einspeisung von Solarstrom und die Entwicklung intelligenter Finanzierungsmodelle – das sind die Schlüssel zum Boom des Solarmarktes. Das 1991 von der CDU/FDP-Regierung auf den Weg gebrachte Stromeinspeisegesetz und das von Rot-Grün weiterentwickelte Erneuerbare-Energien-Gesetz aus dem Jahr 2000 waren Schritte in die richtige Richtung und werden mittlerweile weltweit kopiert. Dass diese und eine Reihe weiterer Gesetze und Förderprogramme zustande kamen, ist nicht zuletzt dem beharrlichen Einsatz des Energieexperten und Trägers des Alternativen Nobelpreises Hermann Scheer (SPD) zu verdanken, der von sich zu Recht sagt: »Ich bin weltweit anerkannt als ein Vorreiter für die Wirtschaftsorientierung der Zukunft. Und wenn das einige scheinbar besonders kluge Köpfe noch nicht verstanden haben, ist das nicht mein Problem.«

Deutsche Unternehmen haben bei Solarenergie heute eine Spitzenposition. Wir besitzen die Chance, Solartechnik zu einer Leitindustrie des 21. Jahrhunderts zu entwickeln. Ich wüsste keine andere Technologie, die für Deutschland in nächster Zeit ein derartiges Potenzial eröffnet. Für einen Bruchteil des Geldes, mit dem Kohleförderung und Atomindustrie subventioniert wurden, konnte in relativ kurzer Zeit eine Zukunftsbranche zum Blühen gebracht werden.

Aber nicht nur Arbeitsplätze, saubere Umwelt oder wirtschaftspolitische Vorteile sprechen für Solarenergie. Jeder Hausbesitzer und Mieter kann kräftig sparen, wenn die Kosten für das Heizen ihn nicht mehr zum Schwitzen bringen, sondern durch Solarenergie sinken. Der Energieverbrauch der privaten

Haushalte entsteht zu 90 Prozent durchs Heizen. Isolierverglasung und Dämmung reichen auf Dauer nicht aus. Die Chancen für einen nachhaltigen Klima- und Verbraucherschutz sind bei der Wärmeerzeugung für private und öffentliche Gebäude bei Weitem noch nicht ausgeschöpft. Eine Nutzungspflicht könnte die Entwicklung beschleunigen und als Motor den Aufschwung anstoßen. Die Bundesverbände Solarwirtschaft und Erneuerbare Energien haben Entwürfe für ein Wärmegesetz erarbeitet. Auf Länderebene hat Baden-Württemberg als Vorreiter ein solches Modell bereits eingeführt. Ein bundesweites Wärmegesetz könnte zu einem Boom bei Solarkollektoren, Holzpellet-Heizanlagen und Wärmepumpen führen. In wenigen Jahren wären dann die unerschöpflichen heimischen Energien auch gegenüber dem konventionellen Strom konkurrenzfähig.

Der Zeitpunkt, zu dem Strom im Haushalt aus der Photovoltaikanlage zum gleichen Preis wie Strom aus dem Kohlekraftwerk angeboten werden kann, wird auch in Deutschland schon in wenigen Jahren, nämlich 2012 oder 2013, erreicht sein. An Standorten mit sehr hoher direkter Sonneneinstrahlung, etwa Spanien oder Kalifornien, kann die Netzparität sogar schon früher erreicht werden. In der EU wird voraussichtlich Italien die Netzparität zuerst erreichen. Grund sind die vergleichsweise hohen Strompreise von 23 Cent je Kilowattstunde in 2007. Wenn die Preise jährlich weiter um 6 Prozent steigen, liegen die Solarstromanbieter 2011 gleichauf. Frankreich ist von einer Netzparität etwas weiter entfernt, weil der Atomstrom mit 15 Cent aus abgeschriebenen, störanfälligen Uraltanlagen – politisch gewollt sehr günstig angeboten wird.

Wie auch immer: Je schneller und kräftiger die Nachfrage wächst, desto kostengünstiger können Photovoltaik-Elemente produziert werden. Und dass die Strompreise der großen Anbieter in Deutschland weiter steigen werden, davon ist ohnehin auszugehen – das arbeitet der Solarenergie in die Hände.

Es ist schon erstaunlich, wie langsam sich solche Erkenntnisse in der breiten Öffentlichkeit durchsetzen, wie lange sich hingegen die Vorurteile gegen die »teure Solarenergie« halten. Doch Solarenergie ist längst nicht mehr nur das Steckenpferd eingeschworener Ökofreaks. Sogar die Philosophen geben uns recht. Ich habe das Buch »Du musst dein Leben ändern« von Peter Sloterdijk geschenkt bekommen. Dort heißt es u. a., die einzige Tatsache von universaler ethischer Bedeutung in der aktuellen Welt sei die allgegenwärtig wachsende Einsicht, dass es so nicht weitergehen könne. Dazu passt Barack Obamas Wahlkampfslogan: Change – yes, we can! Denn es stimmt: Mit Solarenergie können wir die Welt verändern. Die Handelsbilanz ins Plus bringen, den CO_2-Ausstoß vermindern, den Arbeitsmarkt ankurbeln und die Versorgungssicherheit mit Wärme und Energie gewährleisten. Für den Anfang ist das schon eine ganze Menge. Frei nach dem Dalai Lama lautet daher mein Motto: »With the realisation of the sun potential and confidence in our ability we build a solar world.«

»Geh mir ein wenig aus der Sonne«

Es gibt keine tragfähigen Gründe, den Aufbruch in die solare Welt weiter zu verzögern. Gewiss: Jede neue Idee hat es mit Bedenkenträgern zu tun, besonders unter den Spezialisten. Fast alle sind in irgendeiner Weise wegen irgendetwas befangen: Sie stecken in überkommenen Denkgewohnheiten fest, sind geistig oder materiell übersättigt; sind »politisch« oder gar finanziell von Interessen Dritter abhängig; oder sie leiden an gekränkter Spezialisten-Eitelkeit, weil andere auf etwas aufmerksam machen oder etwas ermöglichen, was sie selbst für nicht machbar hielten. Und natürlich gibt es die etablierten Energieinteressen, die sich bedroht fühlen von einer strukturellen Revolution, die schon ins Laufen gekommen ist und weiter an Tempo zunehmen wird. Auch die Diskussion über Atomenergie versus fossile Energien ist zu sehr geprägt von den Gefahren, und zu wenig von den gangbaren Wegen aus der Gefahr. Die Atomgefahr ist überlebensgroß. Aber Gefahren schüren nur Ängste – und Ängste sind meist kein guter Ratgeber für neue Entwürfe. Doch gegenüber großen Gefahren brauchen wir große Entwürfe, erweiterte Horizonte und eine optimistische Einstellung.

Ich unterscheide zwischen aufgesetztem und begründetem Optimismus. Begründet ist Optimismus, wenn die praktischen Möglichkeiten sichtbar und greifbar sind – und zwar hier und jetzt, nicht irgendwann. Ich erkenne diese Möglichkeiten und greife sie auf. Die solare Welt ist möglich. Sie ist eine »Mission possible«. Ich bin Possibilist. Ich plädiere auch nicht für die solare Welt, weil ich Solarunternehmer bin. Umgekehrt: Ich bin

Solarunternehmer, weil ich in einer solaren Welt leben und weil ich diese selbst noch erleben will. Selbst etwas zu unternehmen, was für alle richtig und wichtig ist, gibt Befriedigung, Zuversicht und Kraft, kurzum: menschliche Energie.

Alles, was wir auf unserem wundervollen, einzigartigen Planeten sehen und nutzen, verdanken wir der Sonne. Sie allein ermöglicht wirkliches wirtschaftliches Wachstum. Wachstum heißt nämlich im unverfälschten Wortsinn, dass etwas entsteht, was vorher nicht da war. Die Sonne lässt Schnee und Eis schmelzen und Meerwasser verdampfen. Ihr verdanken wir das Süßwasser. Sonnenlicht und Wasser ermöglichen jede Form von Leben und lassen die Böden fruchtbar werden. Warum das so ist, konnten sich die Menschen auf früheren Stufen der Zivilisationsgeschichte noch nicht wissenschaftlich erklären. Deshalb wurden in den meisten Kulturen die Sonne und die von ihr geschaffenen Naturerscheinungen vergöttert. Heute kennen wir die naturwissenschaftlichen Zusammenhänge. Es gibt weltliche Erklärungen und weltliche Wege, aus diesem Potenzial reichlich zu schöpfen.

Umso paradoxer ist es, dass aus diesem Wissen nicht längst die auf der Hand liegende Konsequenz gezogen wurde: Dass die Menschen ausschließlich dieselbe Energie nutzen wie die übrige Natur auch. Dass der Wechsel zu solaren Energien – und das sind *alle* erneuerbaren Energien – noch rechtzeitig gelingt, entscheidet darüber, ob die industrielle Revolution Anfang und Ende eines globalen zivilisatorischen Raubbaus war – oder ein Aufbruch zur Erschließung neuer Möglichkeiten für mehr Wohlstand, leichtere Arbeit, gleiche Chancen und kulturelle Vielfalt. Sonnenenergie heißt: Es ist genug Energie für alle Menschen da, für alle Zeiten. Atomenergie und fossile Energie heißt: Es ist nicht genug für alle da. Das führt zu ungleichen Chancen, ungerechter Verteilung und zu Konflikten um die Restreserven. Das sind Grundgedanken, wie sie ausführlich in dem Buch »Solare Weltwirtschaft« von Hermann Scheer, dem Träger des alternativen Nobelpreises und

Vorsitzenden des Weltrats für Erneuerbare Energien, darge-legt sind.

Solange wirtschaftliches Wachstum auf nicht erneuerba-re Energien gegründet ist, bedeutet jeder Energieeinsatz einen Verlust an Energieressourcen, also ein Minuswachstum, zu-dem eine Beschädigung oder Beeinträchtigung der Ökosphäre und damit anderer Ressourcen: der Luft, des Wassers, der Bö-den, der Flora und Fauna – und nicht zuletzt der Gesundheit der Menschen und der Qualität ihres Lebens. Der Wechsel von Atomenergie und fossilen Energien zu erneuerbaren Energien – die solare Energiewende – ist der »archimedische Punkt« einer Neuorientierung. Ohne diesen Wechsel gibt es kein Wirtschaf-ten und keinen Konsum ohne Reue, keine Nachhaltigkeit, kei-nen gesicherten Natur- und Landschaftsschutz. Dieser Wechsel ist nicht alles, aber ohne diesen Wechsel ist alles nichts.

DER ARCHIMEDISCHE PUNKT

»Gebt mir einen Platz, wo ich stehen kann, und ich werde die Erde aus den Angeln heben.« Das ist der berühmte Satz des Griechen Archimedes, des genialen antiken Mathematikers und Ingenieurs aus Syrakus im heutigen Sizilien. Er konstru-ierte Hebeinstrumente und solare Brennspiegel. Der Mär nach konzentrierte er damit die Sonnenstrahlung und lenkte sie auf die Segel der römischen Flotte, als diese in den Hafen von Sy-rakus einlief, um die Stadt zu erobern. Römische Geschichts-schreiber erwähnen das nicht, wohl weil die Blamage zu groß war, dass ohne jede Schlacht ihre gesamte Flotte vernichtet wurde. Lieber ließen sie – auch das allerdings eine Legende – den Urheber dieser Schmach hinrichten.

In der Mechanik bezeichnet man als archimedischen Punkt einen fest verankerten Hebelpunkt außerhalb eines Systems oder Versuchsaufbaus, von dem aus alles Übrige bewegt wer-den kann. Auf die elementare Energiefrage übertragen ist die

Aktivierung der Solarenergie der archimedische Punkt, der ein höheres, gleichwohl menschen- und naturgerechtes Niveau des Lebens und Wirtschaftens herbeiführt. Die solare Welt entsteht aus dieser »archimedischen Wende«.

Wir müssen uns beeilen, weil dafür nicht mehr viel Zeit bleibt. Die solare Welt, das ist meine Überzeugung, kann viel schneller realisiert werden, als viele denken. Dafür gibt es ein ermutigendes aktuelles Vorbild: die Informationstechnologie, vor allem das Mobiltelefon und den Personal Computer. Alle Prognosen von Wirtschaftswissenschaftlern über deren Marktentfaltung sind weit übertroffen worden. Es waren Wissenschaftler und Unternehmen wie IBM, die noch in den achtziger Jahren des vorigen Jahrhunderts der Meinung waren, die Zukunft der Informationstechnik sei der Zentralrechner, alles andere sei nicht ernst zu nehmen. Diese Leute wurden von der Realität schnell und vollständig widerlegt. Sie unterschätzten die Marktentwicklung um 1000 Prozent und mehr. Der Grund: Sie hatten die vorherige Entwicklung nur fortgeschrieben und an eine begrenzte Zahl von Investoren und Anwendern gedacht. Sie hatten dagegen nicht die mindeste Vorstellung, was passiert, wenn es auf einmal zahllose individuelle Anwender und damit Käufer gibt.

Wie bei Laptops und Mobiltelefonen geht diese Zahl auf dem Weg in die solare Welt in die Milliarden. Es kommt nicht mehr ausschließlich, ja nicht mal mehr in erster Linie auf wenige Großkraftwerkbetreiber an. Diesen wird ihr Anbietermonopol und damit ihr Markt buchstäblich entrissen. Bei der Solarenergie kann es mindestens genauso schnell gehen wie bei den genannten Informationstechnologien. Aber Internet oder Mobiltelefonie funktionieren nicht ohne kommerziell betriebene Kabelnetze oder Satelliten. Der »Satellit« der Solarenergie dagegen wird nicht kommerziell betrieben. Er ist einfach da und arbeitet unaufhörlich. Niemand kann ein Patent auf Sonnenstrahlung anmelden oder eine Exklusivlizenz auf Wind erwerben. Man braucht nur ein »Empfangsgerät« zur Befriedigung seiner Energiebedürfnisse sowie lokale oder regionale Netze, um seine Überschüsse an andere weiterzugeben. Das ist die technologische Revolution, die letztlich niemand aufhalten kann. Alle Kosten der Solarenergie sind Technikkosten. Dank des technologischen Fortschritts und preiswerter Massenfertigung sinken diese Technikkosten beständig. Das entzieht die Energieversorgung der Kontrolle der Energiekonzerne. Die Energiewirtschaft wird Technikwirtschaft und hört auf, Brennstoffwirtschaft zu sein. Wir ersetzen Brennstoffkosten und Umweltfolgekosten durch die Arbeit von Menschen, die Solartechnik produzieren und installieren. Wir befreien die Energieversorgung von den Ketten der Energielieferanten. Das ist der größte denkbare Massenmarkt der Zukunft, denn das einzige Produkt, das alle Menschen zu allen Zeiten immer brauchen, ist Energie – in Form von Nahrungsmitteln oder in Form zusätzlicher Energie für alle weiteren Bedürfnisse.

DIE HUNDERT-PROZENT-BEWEGUNG

Der mögliche Auftrieb für diese Entwicklung wird sogar von jenen Wissenschaftlern regelmäßig unterschätzt, die die Energieszenarien erarbeiten. Die eher optimistischen Szenarien über den Zuwachs bei erneuerbaren Energien habe ich zum Teil erwähnt. Aber ich selbst bin noch optimistischer, was die kurzfristigen Möglichkeiten anbetrifft. Häuser, die sich selbst vollständig mit erneuerbaren Energien versorgen und keinen Energielieferanten mehr brauchen, sind längst tausendfache Realität. Das Haus wird zum Kraftwerk und braucht keinen kommerziellen Energielieferanten mehr. Allein darin liegen, auf unseren gesamten Immobilienbestand bezogen, 40 Prozent der Lösung unserer Energieprobleme. Das bedeutet: Die heutige Energiewirtschaft verliert mittelfristig 40 Prozent ihres Marktes alleine durch private Solarinvestitionen. Die anteiligen Kosten für ihre Infrastruktur steigen, weil sie von immer weniger Kunden in Anspruch genommen wird, und ihre Kapazitäten werden immer weniger ausgelastet. Wer heute noch in große Atom- oder Kohlekraftwerke investiert, riskiert also Investitionsruinen. Und je teurer fossil-atomare Energieangebote werden, desto mehr Menschen steigen um. Der Trend geht deshalb zur Dezentralisierung: regionale und lokale Energiequellen für regionalen und lokalen Bedarf. Ganze Kommunen und Landkreise haben sich schon auf den Weg gemacht, 100 Prozent ihres Energiebedarfs direkt nachvollziehbar aus erneuerbaren Energien zu decken. Allein in Deutschland sind es schon über einhundert, und es werden wöchentlich mehr. Eine Hundert-Prozent-Bewegung zur energetischen Selbstversorgung wächst, angefangen vom einzelnen Haus über Wohnviertel und Unternehmen, Gemeinden, Landkreise und Regionen, bis hin zu ganzen Staaten und schließlich Kontinenten – und das überall auf der Welt, je mehr Erfolgsbeispiele es gibt.

Diese Bewegung befruchtet die Industrie – neue Unternehmen ebenso wie existierende, Elektrofirmen wie Anlagenbauer, die Automobilindustrie ebenso wie die Bauindustrie, die Glasindustrie oder die chemische Industrie. Es ist eine technologische und eine wirtschaftliche Revolution: neue Geräte, Anlagen, Anwendungen und Infrastrukturen, die es uns ermöglichen, erneuerbare Energien zu »ernten«, umzuwandeln und zu verteilen.

DAS POTENZIAL DER MENSCHEN

Das natürliche Potenzial der erneuerbaren Energien ist gigantisch und unerschöpflich. Ihr technisches Potenzial erweitert sich. Ihr wirtschaftliches Potenzial wächst mit laufend sinkenden Kosten gegenüber laufend steigenden Kosten für Atomenergie und fossile Energien. Ihr wichtigstes Potenzial aber sind die Menschen. Je mehr Menschen mit ihren unterschiedlichen Möglichkeiten den solaren Weg beschreiten, desto mehr ermuntern sie andere.

Wer seine fünf Sinne mitsamt seinem Verstand – dem sechsten Sinn – beieinander hat, der wird sich bei freier Wahl für Solarenergie und gegen Atomenergie und fossile Energien entscheiden. Deshalb versuchen die Besitzstandswahrer der heutigen Energiewirtschaft den Menschen fortwährend einzureden, dass erneuerbare Energien nicht ausreichen, unerschwinglich seien oder zumindest Zeit brauchten. Sie wollen Zeit gewinnen, um noch ein paar Jahrzehnte weitermachen zu dürfen wie bisher. Wohl sagen sie schon, Atom- oder Kohlekraftwerke seien eine »Brücke« ins Solarzeitalter. Aber wir brauchen diese Brücken nicht mehr.

Das natürliche Potenzial der Sonne ist in fünfzig oder hundert Jahren genauso groß wie heute. Was wir in fünfzig oder hundert Jahren tun können, das können wir auch heute tun. Damit vermeiden wir die atomaren und fossilen Gefahren, bevor sie sich endgültig zur Katastrophe ausweiten. Jedes aufgeschobene Jahr ist ein verlorenes. Jede Beschleunigung ist ein Gewinn. Diese Beschleunigung ist gerade mit Solartechnik möglich. Und zwar nach der einfachen Formel: Je mehr »Input« an politischen und unternehmerischen Initiativen, an Technologieentwicklung und an Motivation, desto mehr »Output« an erneuerbarer Energie – bis wir alle Energiebedürfnisse mit den Kräften der Sonne gestillt haben.

Was ich dazu beitrage, sind unternehmerische Initiativen – und etwas Anstiftung anderer Menschen. Was Politiker beitragen müssen, ist eine Erweiterung und Verbesserung der Rahmenbedingungen für Investitionen in eine solare Zukunft – durch Gesetze wie das EEG, durch Steuerbefreiungen für saubere Energie, durch Abbau von Genehmigungshürden in der Bauleitplanung, durch eine generelle Privilegierung erneuerbarer Energien.

Kaum etwas geht schneller als die Installation von Solarmodulen. Entfernen wir die Bretter vor unseren Köpfen. Es geht nicht nur um die Vermeidung der Klimakatastrophe. Selbst wenn es diese Gefahr nicht gäbe, gibt es massive Gründe für den solaren Weg: saubere Luft, sauberes Wasser, kein Atommüll, kein in die Erde verpresstes CO_2. Blauer Himmel nicht nur über der Ruhr, sondern überall. Befreiung von Energiezwängen statt Abhängigkeit von Monopolisten. Zahllose statt weniger Stromproduzenten. Es ist der Weg von der unterirdischen zu jener oberirdischen Energie, die die Atmosphäre unseres Planeten durchströmt. Das bedeutet mehr Freiheit für jeden Einzelnen, und es ist gleichzeitig gemeinnützig, weil wir als solare Energienutzer anderen Menschen die Folgen der atomaren und fossilen Energiewirtschaft ersparen. Alle reden heute von erneuerbaren Energien, selbst die Energiekonzerne, die gerne bis zum letzten Tropfen Öl, zur letzten Tonne Kohle oder Uran oder zum letzten Kubikmeter Gas weitermachen wollen – und die jetzt ein bisschen »Greenwashing« betreiben, um genau davon abzulenken.

Mein Credo ist, dass alle zugunsten der erneuerbaren Energien handeln können. Das ist der Maßstab für alle: Reden und Handeln zusammenführen. Mit jedem einzelnen Schritt in die solare Welt wird die Welt ein bisschen besser. Wenn alle mitmachen, wird sie im Ganzen besser. Das besagt der Satz von Leonardo da Vinci: »Die Sonne hat noch nie im Schatten gestanden«. Oder, mit Diogenes zu den Schatten dieser Welt gesprochen: »Geh mir ein wenig aus der Sonne!«

Ein bisschen die Welt retten

Im Jahr 2002 erhielt ich auf verschlungenen Wegen eine Einladung vom Papst. Auf der Karte für die wöchentliche Generalaudienz las ich etwas von »Prima Fila«. Schon hier mit meinem Latein am Ende, ließ ich mich belehren, dass dies meine, ich habe einen Platz in der ersten Reihe. Nach den Regeln des Vatikans bedeute das, dass ich mit dem Heiligen Vater würde sprechen können.

Ich saß als erster der sogenannten Einzelpilger neben einer Reihe von zwölf Bischöfen. Selbstredend war ich furchtbar aufgeregt und fühlte mich, als müsste ich noch einmal meine Diplomprüfung ablegen und zugleich bei der Geburt meiner Kinder zugegen sein. Von dem Wunsch beseelt, dem Papst eine großartige Technik nahezubringen, hatte ich eine unserer Solarzellen mitgenommen. Zunächst erläuterte ich mit wenigen Sätzen eines unserer Sozialprojekte in Afrika. Als Abschluss hatte ich mir den Satz zurechtgelegt: »Heiliger Vater, wir können aus Sand und Sonne Strom machen.«

Darauf sah Johannes Paul II. erst mich, dann die Solarzelle an, nahm diese in die Hand und sagte heiter: »Mein Sohn, der liebe Gott kann alles!«

Die außerordentliche Persönlichkeit Karol Wojtylas und der Genius Loci leisteten sicher ihren Beitrag. Aber den damaligen Segen des Papstes, verbunden mit der Aufforderung, die Solarenergie weiter voranzutreiben, empfinde ich bis heute als prägenden Antrieb.

Schon damals reifte in mir die Idee, das Bodenpersonal Gottes müsse unbedingt auch an der Energie seiner Sonne teilhaben. Tatsächlich bezieht der Vatikan seit November 2008 den größten Teil seines Stroms per Standleitung vom lieben Gott. Nach relativ langwierigen Gesprächen – Rom hat wenig Grund zur Eile – stiftete unsere Firma dem Vatikan 2394 Solarmodule für das Dach der Audienzhalle, vor der mich einst Johannes Paul II. empfangen hatte. Die Anlage erzeugt pro Jahr etwa 300 000 Kilowattstunden Strom, was dem Bedarf von 300 Menschen entspricht und jährlich 225 000 Kilogramm CO_2 einspart. Damit ist der Vatikan der erste Staat der Erde, der mehr als drei Viertel seines elektrischen Stroms aus Photovoltaik bezieht – ein schönes Sinnbild, das ich als Ansporn für Politik, Wirtschaft und Gesellschaft betrachte.

Solar2World

Eine wichtige Grundlage für jede gesellschaftliche Entwicklung ist die sichere Verfügbarkeit von bezahlbarer und sauberer Energie. Doch zwei Milliarden Menschen weltweit haben keinen Zugang zum Stromnetz. Zur Energieversorgung müssen sie Milliarden Tonnen Diesel oder Petroleum verbrauchen, die Umwelt und Gesundheit belasten. Großkraftwerke, die mit Öl, Kohle oder Gas betrieben werden, sind für die verstreuten Siedlungen Afrikas technisch ungeeignet. Außerdem stürzen sie arme Länder nur in neue wirtschaftliche Abhängigkeiten von Energieimporten. Solarenergie bietet den Menschen dagegen die Möglichkeit, unabhängig von teuren fossilen Brennstoffen Licht zu haben, Arzneimittel zu kühlen, Wasserpumpen zu betreiben, einen Computer oder ein Mobiltelefon zu nutzen. Damit ist sie ein erster Schritt auf dem Weg zu einer fairen Entwicklung.

Von Beginn an engagierte sich die SolarWorld AG mit Non-Profit-Projekten im Bereich der Photovoltaik, und zwar hauptsächlich in Afrika. Seit Dezember 2007 bündeln wir diese Projekte unter dem Dach der Initiative *Solar2World,* die stets mit Partnern vor Ort kooperiert. Jeder unserer Mitarbeiter kann sich in der Aufbauphase an einem Projekt beteiligen und erhält dafür bezahlten Extraurlaub. Der Nachhaltigkeitsgedanke soll so in Form einer konzernweiten Strategie zur ökonomischen, ökologischen und sozialen Verantwortung langfristig verankert werden. Denn Solarenergie bietet gerade in Afrika in vielen Bereichen die einzige zuverlässige und bezahlbare Möglichkeit zur Stromversorgung.

- *Licht und Kommunikation:* Einzige Energiequelle ist in den ländlichen Regionen Afrikas meist eine Petroleumlampe, die kaum Licht, aber sehr viel gesundheitsgefährdenden Rauch abgibt. 24 Milliarden Euro müssen die Menschen in Afrika jedes Jahr allein für Leuchtpetroleum ausgeben! Durch diesen Petroleumverbrauch und durch Lichtstromerzeugung mit Dieselgeneratoren werden in Afrika jedes Jahr 77 Milliarden Tonnen CO_2 emittiert – das entspricht ungefähr dem jährlichen Ausstoß Argentiniens. Durch fehlendes Licht wird die Hausarbeit eingeschränkt, Kindern fehlt die Möglichkeit, zu Hause Lesen und Schreiben zu üben; darüber hinaus werden sie durch Petroleumdämpfe gesundheitlich geschädigt. Auch die Fortbildung von Erwachsenen in den Abendstunden scheitert meist am fehlenden Licht. Ebenso benötigen die Menschen lokale Zugänge zu Mobiltelefonen und einfachen Computern. Auch das ist in den meisten Entwicklungsländern nur mit solaren Insellösungen möglich.
- *Medikamentenkühlung:* In den ländlichen Gesundheitsstationen Afrikas werden Medikamente meist in dieselbetriebenen Kühlschränken gelagert. Solarstrom hat demgegenüber entscheidende Vorteile: Die Betriebssicherheit ist dank der Unabhängigkeit von Brennstofftransporten deutlich höher, und die Betriebskosten sind erheblich geringer.
- *Wasserversorgung und -aufbereitung:* Die Menschen brauchen Wasser – für den eigenen Verbrauch wie für die Bewässerung ihrer Felder und die Sicherstellung einer ausreichenden Ernte. Mit Solarstrom betriebene Wasserpumpen sind

eine preiswerte und betriebssichere Lösung, um diese elementare Versorgung sicherzustellen. Da den Menschen häufig nur unsauberes Trinkwasser zur Verfügung steht, beugen solargetriebene Desinfektionsanlagen der Ausbreitung von Krankheiten vor, die angesichts schlechter medizinischer Versorgung überhaupt nicht oder nur mit großem Aufwand behandelt werden können.

Ein Aids-Waisenhaus in Malawi

Seit 2007 liefern acht Module mit einer Gesamtleistung von 1,3 Kilowatt Peak Solarstrom für ein Aids-Waisenhaus in der südostafrikanischen Republik Malawi, einem der ärmsten Länder der Welt. Von den knapp 13 Millionen Einwohnern sind mehr als 50 Prozent jünger als 15 Jahre. 700 000 Kinder haben ein oder beide Elternteile verloren. Schätzungen zufolge kann ihre Zahl bis ins Jahr 2010 auf über 1,5 Millionen wachsen. Denn jeder fünfte Einwohner ist an Aids erkrankt, landesweit sterben jeden Tag 140 Menschen an der Immunschwächekrankheit. Sie ist damit für fast drei Viertel aller Todesfälle verantwortlich. Hinzu kommt eine hohe Säuglings- und Kindersterblichkeit.

In dem Dorf Chilonga in der Nähe des Malawisees leben über 500 Aidswaisen. Diese Kinder leiden häufig selbst an der Immunschwäche. Unser Projektpartner ist die Liebenzeller Mission. Sie hat ein Dorfprogramm aufgelegt, das Strom- und Wasserversorgung, medizinische Hilfe und Ausbildung der Jugendlichen fördert. Der Solarstrom wird für Beleuchtung, Wasserversorgung und den Betrieb von Kühlschränken zur fachgerechten Lagerung von Medikamenten genutzt. Kraftstoff für Dieselaggregate müsste mehrere Hundert Kilometer weit transportiert werden. Eine Grundwasserpumpe und ein Wassertank sorgen heute dafür, dass die Frauen des Dorfes nicht mehr täglich zwischen zwei und neun Kilometer laufen müssen, um verschmutztes Trinkwasser mit dem Eimer zu holen.

Kenia: Wasser, Licht, ländliche Entwicklung

Ein Schwerpunkt der Arbeit von *Solar2World* liegt in Kenia. Seit 2007 unterstützen wir zwei weiterführende Schulen bei einem Trinkwasserprojekt. Sie liegen nahe dem rund 400 Kilometer von Nairobi entfernten Ort Kisumu und werden von über 2000 Schülerinnen und Schülern besucht. Mithilfe solarbetriebener Wasserpumpen steht ihnen erstmals sauberes Wasser zur Verfügung.

Auch unser neuestes Projekt, das wir seit Jahresbeginn 2009 zusammen mit dem Global Nature Fund als lokalem Partner umsetzen, dient der solaren Stromversorgung einer modernen Wasseraufbereitungsanlage. Das System produziert täglich 1000 Liter sauberes Trinkwasser für rund 1000 Schülerinnen einer Mädchenschule in Tonga am Viktoriasee. Rund um den See leben 30 Millionen Menschen ohne Zugang zum Stromnetz. In Tonga wurde aus umliegenden Bächen stammendes Wasser bisher ungereinigt getrunken, was wiederholt zu Durchfallerkrankungen bei den Kindern geführt hatte.

Ebenfalls am Viktoriasee ist *Solar2World* als Projektpartner von Osram und Nokia an einem weltweit einzigartigen Projekt zur netzunabhängigen Lichtversorgung beteiligt. Die Kleinstadt Mbita hat keinen Zugang zum Stromnetz, verfügt aber über eine funktionierende Ökonomie, die auf Fischfang basiert. Rund 175 000 Fischer locken jede Nacht mit Petroleumlampen Fische an. Für sie rechnet sich das Umsatteln auf solarbetriebene Energiesparlampen bereits nach vier Wochen. Denn bislang verschlangen allein die Petroleumkosten über die Hälfte ihres Einkommens. Heute können die Anwohner an einer Solarstation Akkus für energiesparende Lampen und andere Elektrogeräte günstig und umweltschonend aufladen. Gleichzeitig werden durch die Solarstationen Arbeitsplätze und Ausbildungsmöglichkeiten geschaffen. Für die Finanzierung von Lampen und Akkus betreibt die lokale Nichtregierungsorganisation OSIENALA ein Mikrokreditprogramm.

Ein Berufsbildungszentrum in Ruanda

In Zusammenarbeit mit der Hilfsorganisation Grünhelme e.V. von Rupert Neudeck, dem Gründer der Hilfsorganisation Kap Anamur, unterstützen wir im Ort Ntarama im Distrikt Bugesera ein Berufsausbildungszentrum mit *Solar2World*-Modulen. Dort sollen Jugendliche und Erwachsene als Solarteure, also Solar-Installateure, ausgebildet werden und damit neue Berufschancen erhalten. Ruanda verfolgt ein ehrgeiziges Solarprogramm, bei dem die Ausbildung von Erwachsenen und Jugendlichen eine bedeutende Rolle spielt. Die Solaranlage in Ntarama hat eine Größe von 30 Kilowatt Peak und versorgt das Ausbildungszentrum komplett mit Strom.

Ländliche Entwicklung in Mali

In Zusammenarbeit mit dem Mali-Folkecenter NYETAA hat *Solar2World* in 14 Orten in der Region Sikasso im Süden Malis ein Dorfentwicklungsprogramm umgesetzt. Solarstrom bringt Licht in die Dörfer und wird für Radio, Fernsehen, Computer, Drucker und Mobiltelefonie genutzt. Zuvor wurde Elektrizität mit umweltschädlichen und teuren Dieselgeneratoren erzeugt. Im Westen Malis, in der Region Kayes, versorgt eine Solaranlage die Wasserpumpen des Dorfes Magadougou mit Strom. So konnte unter anderem ein großer Gemüsegarten angelegt werden, der den Frauen des Dorfes eine neue Einkommensquelle verschaffte.

Ein Krankenhaus in Goma

In Goma im Ostkongo unterstützen wir das dortige Bethesda-Hospital mit einer 2,8-Kilowatt-Anlage. Die Region um Goma hat sehr unter dem Bürgerkrieg im benachbarten Ruanda und im Ostkongo gelitten und ist außerdem durch einen Ausbruch des Vulkans Nyragongo teilweise zerstört worden. Unser Partner vor Ort ist die Baptistengemeinde Communauté Baptiste au Centre de l'Afrique. In Deutschland wird das Projekt von der Vereinten Evangelischen Mission in Wuppertal und der »Aktion Kleiner Prinz« in Warendorf begleitet. Auf dem Gelände des Hospitals gab es zuvor gar keine sichere Energieversorgung. Solarstrom wird heute unter anderem für die Arzneikühlung sowie für die Beleuchtung der Operationsräume und der Geburtshilfestation eingesetzt.

Ausbildung und ländliche Entwicklung in Uganda

In Zusammenarbeit mit dem Deutschen Entwicklungsdienst haben wir für ein Computer-Ausbildungszentrum in Lira in Norduganda eine 3-Kilowatt-Anlage errichtet. In dem Zentrum werden junge Menschen in der Nutzung moderner EDV ausgebildet und lernen das Internet als Wissens- und Fortbildungsmedium zu nutzen. Damit bekommen Jugendliche in einer ehemaligen Bürgerkriegsregion eine neue Lebens- und Berufsperspektive. Das löchrige und veraltete ugandische Stromnetz erlaubt keine sichere Energieversorgung. Solarstrom schützt das Ausbildungszentrum vor den ständigen Stromausfällen und ermöglicht eine kontinuierliche Arbeit an den Computern. Darüber hinaus lernen Lehrkräfte und Studenten Funktionsweise und Nutzung von Solarstrom kennen.

Seit Oktober 2008 fördert *Solar2World* ein umfangreiches Projekt zur ländlichen Entwicklung im Dorf Kasambya im Südwesten Ugandas. Der Ort mit rund 500 Einwohnern liegt etwa 110 Kilometer von der Hauptstadt Kampala entfernt. Die Menschen bauen Bananen, Kartoffeln und Süßkartoffeln fast ausschließlich für den Eigenbedarf an. Das tägliche Pro-Kopf-Einkommen, das mit dem Verkauf von Korbwaren aus Bananenblättern sowie von landwirtschaftlichen Erzeugnissen erzielt wird, liegt bei 27 Cent, also weit unter der absoluten Armutsgrenze von einem Dollar pro Tag. Es gab bislang keine Stromversorgung und keinen Zugang zu öffentlichen

Verkehrsmitteln. Die nächste befestigte Straße ist 30 Kilometer entfernt, und die Kinder aus Kasambya haben einen fünf Kilometer langen Schulweg. Medizinische Versorgung und Hygiene sind schlecht, nur die Hälfte der Häuser verfügt zum Beispiel über eine Toilette. Zusammen mit dem Projekt »Hand in Hand for a better Life« errichten wir bis 2010 eine Hybridanlage für die Stromproduktion, bestehend aus diversen Photovoltaikmodulen mit einer Gesamtleistung von 21 Kilowatt Peak sowie einem Pflanzenölgenerator, der aus den Früchten der Wildpflanze Jatropha gespeist werden soll. Damit werden die Menschen in Kasambya in Zukunft bei gleichbleibendem Verbrauch keinerlei Treibstoff mehr kaufen müssen. Die einzelnen Wohnhäuser werden überdies mit Solarpaneelen und Batterien für die Versorgung der Bewohner mit Licht und kleineren Mengen Brauchstrom ausgestattet. Am zentralen Marktplatz werden Werkstätten, Kühlschränke für Medikamente sowie Waschmaschinen mit Strom aus Photovoltaik und dem Pflanzenölgenerator versorgt.

DAS SOLARWORLD-KONJUNKTURPAKET FÜR SCHULEN

Wenn ich morgens, nachdem unsere drei Kinder in der Schule sind, zu lange frühstücke und an der Zeitung klebe oder wenn ich noch um neun Uhr meinen Gedanken nachhänge, dann sagt meine Frau Susi immer zu mir: »Los Frank, geh jetzt bitte die Welt retten.« Die Beispiele aus unserem Programm *Solar2World* sind dabei nur Leuchttürme unseres Verständnisses dessen, was Unternehmen gerne großspurig »Corporate Social Responsibility« nennen – während sie gleichzeitig vielleicht Kleinsparer ruinieren, umweltschädliche Produkte herstellen, ihre Kampfpreise mit Kinderarbeit kalkulieren oder mit gut gemeinten Sachspenden lokale Anbieter entsprechender Produkte in den Ruin treiben. Für mich sind Nachhaltigkeit und soziale Verantwortung keine kosmetische Veranstaltung nach Feierabend, sondern Grundlage unseres täglichen Geschäfts. Wir, das heißt ich persönlich, das Management der SolarWorld AG und alle Mitarbeiter, möchten mit unserer Arbeit und unseren Produkten dazu beitragen, die Welt ein bisschen besser zu machen. Und wir möchten nicht *trotzdem*, sondern *damit* gutes Geld verdienen.

Dass wir fortlaufend die Energieeffizienz unserer Produktion und den Wirkungsgrad unserer Module verbessern, ist eine simple betriebswirtschaftliche Notwendigkeit – die eben zugleich der Umwelt zugutekommt. Dass wir bis Ende 2009 mit den bleigelöteten Leiterbahnen die letzte umweltschädliche Substanz aus unserer Wertschöpfungskette entfernen, kostet uns schon mehr Geld und Hirnschmalz. Aber ein »sauberes« Produkt wie die Photovoltaik sollte eben auch sauber produziert werden.

Da ich davon überzeugt bin, dass jedes Produkt, das unsere Werke verlässt, ein kleiner Beitrag zu einer lebenswerteren Welt ist, habe ich überhaupt kein Problem damit, soziale Projekte auch mit dem normalen Geschäft – sogar mit Werbung für unser Unternehmen – zu verbinden. So haben wir uns nach der Erfindung der staatlichen Abwrackprämie und der Verabschiedung der Konjunkturpakete I und II zum Beispiel gesagt, dass man mit diesem Modell auch Sinnvolleres fördern könnte als die Anschaffung neuer Benzinkutschen und das Verbauen frischen Betons. Deshalb haben wir ein eigenes kleines Konjunkturpaket zur Förderung der Solarenergie aufgelegt: zur Unterstützung von Photovoltaikanlagen auf Schuldächern. Mit einer solaren Aufbauprämie machen wir Schulen das Angebot, staatliche Infrastrukturgelder als Zukunftsinvestition einzusetzen. Installateure, die nach Ausschreibung und Auftrag eine Solaranlage ab 10 Kilowatt Peak aus SolarWorld-Modulen errichten, erhalten 2009 von uns eine Gutschrift über 2500 Euro, die sie an die betreffende Schule weitergeben.

Damit wollen wir auch erreichen, dass die Auseinandersetzung mit moderner Energieerzeugung bei der Schulbildung beginnt. Für den Unterricht stellen wir deshalb kostenlos Schulungsmaterial und Anzeigedisplays zur Verfügung. Mit einem speziellen Internetprogramm können die Schüler so jederzeit überprüfen, wie viel Strom auf dem Dach ihrer Schule produziert und wie viel Kohlendioxid dadurch vermieden wird. Gleichzeitig schaffen Solarstromanlagen dauerhafte und sichere Erträge für eine Schule beziehungsweise deren Schulträger. Eine Photovoltaikanlage ist quasi eine solare Dachsparkasse. Denn wer auf dem Schuldach sauberen Strom aus der Sonne gewinnt, profitiert von der über zwanzig Jahre garantierten Einspeisevergütung nach dem Erneuerbare-Energien-Gesetz. So werden Jahr für Jahr Einnahmen erzielt, die für neue Anschaffungen in der Schule eingesetzt werden können. Für mich heißt das: Umwelt und Bildung einmal nicht als liturgische Formeln für Sonntagsreden, sondern als schlichtes Tagesgeschäft.

Ich habe von meiner Arbeit, von den sie tragenden Ideen und von dem Sinn berichtet, den ich in ihr sehe. Wenn dieses Buch dazu beiträgt, mehr Menschen von einer Zukunft auf der Basis erneuerbarer Energien zu überzeugen, dann würde mich das freuen. Ansonsten tue ich jetzt, was meine Frau von mir verlangt: Ich gehe wieder ins Büro und rette ein bisschen die Welt.

Harald Schumann / Christiane Grefe. Der globale Countdown.
Finanzcrash, Wirtschaftskollaps, Klimawandel. Wege aus der
Weltkrise. KiWi 1113

Nach dem Finanzcrash: Wege aus der Weltkrise

Die Globalisierung hat eine neue Dimension erreicht. Völker
und Staaten sind in einer beispiellosen gegenseitigen Abhängigkeit miteinander verbunden, eine Weltgesellschaft entsteht.
Doch das neue System ist bedrohlich instabil. Reicht die Zeit,
um die Weichen richtig zu stellen?

»Ein fulminanter Bericht zur Lage der Welt und ihrer Wirtschaft
– bissig, brillant recherchiert und voller Fakten.« *Spiegel online*

www.kiwi-verlag.de

Boris Palmer. Eine Stadt macht blau. Politik im Klimawandel –
das Tübinger Modell. KiWi 1105

Klima schützen, Geld sparen, besser leben: Tübingen will Mo-
dellstadt sein. Die schwäbische Universitätsstadt hat deshalb
2006 den damals 34-jährigen Grünen-Politiker Boris Palmer
zum Oberbürgermeister gewählt. Er zeigt in diesem Buch, dass
Klimaschutz am besten dort gelingt, wo sich die Menschen
kennen und auskennen: in den Städten und Gemeinden.

»Der neue Joschka – während sich die Grünen in Berlin zerflei-
schen, zeigt Tübingens Bürgermeister, wie es geht.« *Vanity Fair*

www.kiwi-verlag.de

KiWi
PAPERBACK

Toralf Staud / Nick Reimer

WIR
KLIMARETTER
➡ SO IST DIE WENDE
NOCH ZU SCHAFFEN

Toralf Staud / Nick Reimer. Wir Klimaretter. So ist die Wende noch
zu schaffen. KiWi 998

»In ihrem gründlich recherchierten Buch ist es, als stellten
die Autoren das Rauschen um Heiligendamm leise, damit
man sich mal auf das Mögliche konzentrieren kann. Nur
darum ist es dem Buch zu tun: den individuellen, gesellschaftlichen und politischen Handlungsspielraum, eben das
Machbare, darzustellen.« *Die Zeit*

»Kaufen, lesen, mitmachen.« *Deutschlandradio Kultur*

www.kiwi-verlag.de

Götz W. Werner / Adrienne Goehler. Freiheit, Gleichheit, Grundeinkommen. Von der Erwerbsarbeit zur Kulturgesellschaft. Gebunden

Wir stehen am Scheideweg: Machen wir gesellschaftlich notwendige Arbeit weiter unbezahlbar? Konsumieren wir auf Kredit, während wir als Steuerzahler mit Milliarden marode Banken »retten«? Oder nutzen wir die tiefgreifende Krise, um Arbeit neu zu denken? Ein bedingungsloses Grundeinkommen für alle würde die Menschen von Existenzangst befreien – und ihre Eigeninitiative wecken.

www.kiwi-verlag.de

Kiepenheuer
&Witsch